股市投资的生存法则

主力资金的操盘谜底　价值黑马的启动先机

解密操盘

职业操盘手的交易逻辑和实战策略

江　海◎著

中国经济出版社
CHINA ECONOMIC PUBLISHING HOUSE
·北 京·

图书在版编目（CIP）数据

解密操盘——职业操盘手的交易逻辑和实战策略/江海著.
—北京：中国经济出版社，2018.8（2022.7 重印）
ISBN 978-7-5136-5279-7

Ⅰ.①解… Ⅱ.①江… Ⅲ.①股票投资—基本知识 Ⅳ.①F830.91

中国版本图书馆 CIP 数据核字（2018）第 150485 号

责任编辑　丁　楠
责任印制　马小宾
封面设计　任燕飞

出版发行　中国经济出版社
印 刷 者　北京艾普海德印刷有限公司
经 销 者　各地新华书店
开　　本　710mm×1000mm　1/16
印　　张　16.25
字　　数　239 千字
版　　次　2018 年 8 月第 1 版
印　　次　2022 年 7 月第 7 次
定　　价　48.00 元
广告经营许可证　京西工商广字第 8179 号

中国经济出版社 **网址** www.economyph.com **社址** 北京市东城区安定门外大街 58 号 **邮编** 100011
本版图书如存在印装质量问题，请与本社销售中心联系调换（联系电话：010-57512564）

序言一

PREFACE

投资需要建立系统

我与江海老师相识已经8年，他在股市中的投资经验已17年有余，拜访过十几位中国股市中的前辈，跟随其在股票投资上的授业恩师8年，加上自己的自律、勤奋，因此在证券投资上取得了非凡的造诣。从2011年到今年一路走来，2011年7月20日、2011年10月17日、2014年7月24日、2015年6月12日、2015年8月18日、2016年熔断、2017年3月29日、2018年1月26日……大盘每次的变盘点都能够提前做出精准预判。

我们早在几年前就有约定，如果江海老师出版股票投资的书籍，我一定会为他作序。因为我见证了中国股市一次又一次的涨涨跌跌起起落落，见证了中国股民在这条道路上所走的弯路，甚至有的人走向了万劫不复的深渊，伤害了自己、伤害了家庭、伤害了周围的朋友。江海老师愿意将他所学、所知、所悟向中国股民公开，对于整个证券市场都是值得庆祝的好事。而且更让我欣慰的是，江海老师会将其所学的证券投资知识通过江氏交易天机系列丛书的方式毫无保留地向读者公布出来。

曾经和江海老师开玩笑时问道：你的这套交易体系已经足够让您轻松地在这个市场中如鱼得水甚至平步青云，为什么还整天不辞辛苦地奔波于全国各地讲课，每天工作时间都超过14小时？他回答：我个人以及我的家庭在这个市场中都不会为财富发愁，我也可以通过我的财富去帮助更多需要的人，但是授人以鱼不如授人以渔，凭一己之力又能帮助多少人呢？

我愿意通过讲课的方式将我们交易体系的知识传授给有缘人，愿意帮助他们在这个市场中成长，一方面是将我们交易体系的知识进行传承，成就更多的人一起把爱传递开来，另一方面“法布施得智慧”，生命不息、学习不止，这是我的人生信条，也是我愿意站在讲台上的原因，为证券投资传经布道，启迪他人，修炼自己。

中国证券市场还在不断发展和完善的过程中，上市公司的数量会不断增多，交易规则会不断完善，投资的难度越来越大，如果不通过有效地学习把自己变得更加专业，就很可能让自己变成任人宰割的羔羊。江氏交易天机的整套图书在经典技术分析的基础上，充分结合了A股市场的特性，从多方位进行对股票价格的运行进行分析，而且充分考虑到不同水平投资者的需求，从浅入深，充分结合案例进行深度解读。证券投资不是一招一式就能做到稳定盈利的，一定是在对技术有了全方位的研究之上，熟悉了股价运行的结构和逻辑后，才能够“悟”到的，更不是按照自己的思维方式去预测股价。在丛书中，作者会经常提到主力思维的重要性，培养散户要养成这种思维方式，建立自己的交易模型，并且需要严格去执行，不去妄测市场，而是要跟随趋势。

K线是证券投资的基础，是进入证券市场的第一堂课，《买在起涨》对各种K线形态进行了量化的定义，每个形态背后多空资金是如何博弈的，散户的思维方式和主力的思维方式有何不同，同一个形态在股价运行的不同位置出现时的不同含义是什么等问题，都进行了深度解读。在传统的技术分析中，从K线图中只能解读到高开低走有限的信息，《买在起涨》颠覆了这种红买绿卖表象的分析方式，而是从多空博弈的角度解读了股价运行的逻辑。

涨停板是最吸引投资者的一种股价快速上涨的技术形态，因为它可以带来最丰厚的投资利润。从统计学和概率论的角度上来说，风险和收益之间是对称的，获得更大的收益要面临更大的风险，但是对于理解股价运行逻辑的人来说，好的投资机会一定是承受小的风险的同时能够带来更大的收益。《涨停聚金》是针对不同位置的涨停板进行透彻分析，深度剖析什么位置的涨停板最具有小风险大收益的投资机会。

趋势是打开证券交易的一把钥匙。这把钥匙在这个市场中已经传递了近百年，但是能够正确使用这把钥匙打开证券投资这把锁的人却屈指可数。每一位能够正确使用这把钥匙的人都付出了无数的努力和辛酸，所以都不会轻易讲出它的核心在哪里，更不愿意将其公之于众。《趋势为王》是我读过的证券投资类书籍中关于趋势、波段讲解比较透彻的一本，它将道氏理论、波浪理论、时间周期理论等多种定性的理论进行定量分析，一层一层地揭开了股价运行的内部结构，是能够实现投资者同市场进行对话的一本难得的好书。

虽然盘口是股票交易中的最小单位，但是它决定了任何一种行情机会的转变，更是主力资金同散户进行互动的最直接的“战场”。投资者经常能够从盘口中看出当下主力的是在建仓、拉升还是出货，但是结果却是事与愿违，股价的真实方向和判断的主力意图是相反的。这就要上升到人性和博弈层面上，并且切实地结合股价运行的位置要素进行综合分析，才能准确地发现主力运作行径。这是市场上众多盘口书籍不能解决的问题，而正是《庄散博弈》这本书最大的亮点。

均线对于交易的辅助作用非常大，但是均线的参数该如何设置，不同的均线参数会直接决定交易的结果。实际上均线和 K 线的阴阳一样，只代表市场运行过程中的一种表象，均线背后的真实意义才是最具有研究价值的。《黑马在线》立足于从面到点，从整体到局部的分析方式，建立了均线分析之前的位置要素分析模式，跳出“均线参数”的谜团，更注重主力行为和趋势的分析，回归价格结构的本源分析。

本人对《价值爆点》的感触最大，证券市场不仅有股价的起起落落，更有其背后人性上的明争暗斗。西方传统的价值投资经典在 A 股上难免水土不服，但是有理论支撑的基础上再结合 A 股的特色，更容易形成一套战无不胜的交易系统。如果说江氏操盘经典系列的其他书籍偏向于对“术”层面上的讲解，那么《价值爆点》则是百尺竿头将整个体系的投资精髓晋升到了“法”和“道”的层面上。

《解密操盘》是江老师的最新的一本书，它站在了人性的层面上看待技术分析，站在了大势的高度上看待风险和机会。除了进一步解读了主力的作盘方法和思维外，着重强调了德州扑克对人性的修炼和对养成投资习惯的重要作用。如果说江老师之前的6本书是让投资者对证券市场有了全方位的认识，那么这本书则是让局内人抽身出来，懂得如何站在局外看局中。

我对国际金融研究得比较多，中国的金融市场和证券市场正在蓬勃发展，严格监管更是为它的健康发展提供了新的机遇，在这个过程中会有无数优秀的投资个体、投机机构快速发展。江海老师的书一定会为要在中国证券市场快速发展的进程中取得优异成绩的您插上双翼、助您快速起航、搏击证券投资的苍穹。

吕随启

2018年7月12日

（吕随启：北京大学中国金融研究中心证券研究所所长）

序言二

PREFACE

时间如电光火石般擦肩而过，从我拜访过褚时健老人家后决定带着责任感和使命感将整个江氏交易天机发扬光大的那天起，已时隔三年。在这三年里，江氏交易天机体系日渐完善，最重要的是越来越多的普通投资者、职业投资者知道江氏交易天机、认可江氏交易天机。非常感恩一路走来，每一位学员、朋友对我的支持和鼓励，我一直坚信股市如人生，做好人才能够买到好的股票。所以在《解密操盘》付梓之际，和大家分享我是如何理解“如何成为更好的人”的。

≫ 信任

信任是我有今天成就的种子，是我能保持执着地走在这条路上的源泉。我相信这个市场是有规律的，而且一定有人通晓这个规律，所以我不断地去寻觅那个可以把我真正带入这个市场的贵人，直到我认识我的授业恩师。8 年时间里我坚定不移地跟随在恩师的身边，我用别人想象不到的勤劳和汗水不断地学习和精进，夜以继日地走近这个市场、探索这个市场，数不清多少个不眠之夜、记不得阅读过多少本书籍、留下来一本又一本的笔记，坚定地迈开每一步稳健的脚印。

对一件事情感兴趣不难，难的是可以持之以恒地做同一件事。数年来的坚持不懈的能量都来自我对恩师的信任和在这条道路上走下去的决心。我对我的高级学员、徒弟的要求也是一样，当你全然地相信、全然地接受时，证券市场的大门才会真正为你打开。

≫ 宽容

感恩恩师对我每一次错误的宽容，更是这样的品质让我感受到作为一名投资大师的心胸和格局，宽容不只是对身边的人、也包括身边所发生的一切好的、坏的事情。像宽容自己一样宽容身边的每一个人，宽容市场给予你的每一次亏损，宽容每一个诽谤你的人，因为学会了宽容遇事会更加平和，因为学会宽容我有更成熟的心态面对市场的千变万化，因为学会宽容我结识了更多来自五湖四海的朋友，因为宽容我们江氏交易天机的家人们的心越来越紧地在一起。

≫ 感恩

如果你还没有体味到感恩这个词的奥妙和能量，那么真心地建议有缘的读者朋友由心地去实践下，就会发现你的生活会发生微妙的变化。因为感恩我的生活减少了抱怨多了美好，因为感恩才会在逆境中寻找到希望。对美好的事物感恩很容易，然而精彩的人生属于那些对挫折也心存感激的人，感恩证券市场才成就了亿万的投资者，感恩主力资金辛勤地运作才让我们有获利的机会，感恩每一次刻骨铭心的往事让我们变得更加坚强、更加勇敢。

≫ 爱自己

当信任、宽容、感恩成为你的生活的一部分的时候，你会时刻被正能量包围着，渐渐地你会发现自己也在发生变化，越来越光彩照人，因为在践行信任、宽容和感恩的同时，我们自己才是最大的宠儿。爱自己不是买最贵的衣服，不是住最漂亮的房子，不是开最豪华的车，而是愿意让自己不断增长内心平和、洞察万物的能力。因为只有我们自己才是我们能够拥有的全部，让我们自己看到阳光才会感到整个世界看到阳光。爱自己不是自私，而是爱周围一切的开始。

股市是最好的修行场所！但是修的不是技术，修的却是我们那个躁动不安的心。如果证券投资还没有带给你快乐，请你去修行信任、宽容、感恩、爱自己，这才是能够让你在这个市场无论是精神还是物质都会变得富足的根源。

开卷有益，欢迎大家和我们江氏家族一起在证券市场中成长、前行！

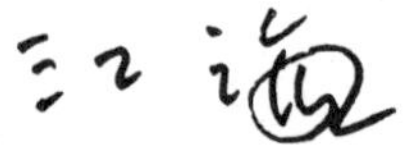

2018年7月1日

序言三

PREFACE

有些炒股经验丰富的投资者，十几年来都是在见证股价的涨涨跌跌，然而账户的收益不尽人意，虽然对市场也有领悟但是始终不能形成一个有效的交易系统。这些人一旦遇到高人指点，多年沉淀下来的盘感和经验会让自己对市场有全新的领悟，操作上也会取得突破性的进展。和大部分投资者相比我是幸运的，一进入这个市场就遇到帮自己指路的人，遇到一个和自己一起前行的团队。

几年的潜心学习和实战让我对市场有了全面的了解和认知。无论哪一位投资者在市场中都需要这个过程，学习理论、用于实战、总结归纳、修正理论、再用于实战、再总结归纳……像是一块宝玉反复雕琢的过程，有敲击的痛苦，有成形的喜悦，无论发生什么，无论问题多少，终点只有一个——琢玉成器。无论是我们体系中卓悦的学员、操盘手，还是每个能够站在行业巅峰位置的人，都要经历的过程。

每个人的一生中都会遇到无数的贵人，但是他们在你的身边出现的方式会有很大差别，有的是以导师的方式指引你方向，有的是以敌人的方式让你更加坚强，有的是以亲人的方式给予你无限的关爱和温暖，有的是以伙伴的方式与你并肩前行……只有心怀感恩，才能接纳来到我们身边的每一位贵人，才能接纳万物，才能视万物皆为大自然的恩赐。因为接纳和包容，世界才会在你心中显得无比美好，苦味在你口中才会变得甘之如饴。

感恩一路走来身边的恩师和学长，是你们的包容和谅解让我在证券市场上日渐成熟，虽然在一起前进的道路上难免磕磕绊绊，但是每一个荆棘都让我们更加凝聚，每一次冲云破雾后的喜悦让我们更坚定地一起走下去。

随着我们投资者教育事业的不断开展，有越来越多的80后、90后加入我们的行列，有的要成为操盘手、有的要成为投资培训讲师，越来越年轻的队伍让我们感受到了无限的朝气和希望。在一个和平、幸福的年代，每个人生命的意义会被重新编曲。师父、师父的师父、师父的师父的师父……其中有前人栽树后人乘凉的奉献，其中有知识超越一个人生命的传承，其中有适应一代又一代变迁的包容！感恩运道使然，让我成为江氏交易天机的一员。

江氏交易天机是一套证券投资的交易系统，它能够应对牛熊，不仅适合想在市场中偷菜的普通投资者，也适合要以其为生的交易员，还适合掌管大资金的操盘手。整套体系以主力思维、趋势思维、强者思维、风险思维和逐利思维为指导方向，继承了证券市场众多经典投资理论的精华，加之江海老师数十年个人和机构的投资经验，大到基本面的研判、小到分时盘口的解读，处处围绕市场内在的根本结构，和A股市场政策、资金主导的特殊交易机制，有效识别不同的行情机会，系统、理性地实现避险逐利的投资目的。

在我们江氏交易天机新书《解密操盘》即将出版之际，预祝更多有缘人因为我们的书籍而结识，因为我们江氏交易天机这套体系而受益！

2018年7月1日

目 录
CONTENTS

导读——操盘手的心路历程

在对我二十余载的股市生涯的不断复盘和总结的过程中，让我更加感慨股市所带给我的心路历程和财富积累上的变化，而且增强了我对事物本质更深的思考和洞察，让我对人生和世事更加通透和练达。最重要的是，选择成为一名操盘手导师使我结识了各个行业的精英，为他们在投资的道路上指引过方向，让我在“授人以渔”的过程中体验到了立足在社会上要有的责任，让更多的投资者知道我们江氏操盘天机，让更多的投资者从业余走向专业，从亏损走向盈利。

随着我们学员的范围越来越广，每次听到来自全国各地的学员分享对投资的见地和盈利的喜悦，我以及我们团队越来越坚信我们所坚持和信仰的东西，我们会紧盯 A 股市场的变化，及时给大家提供投资的最新风向，陪伴大家一起在投资的道路上成长。这本书重点和大家分享主力思维，也就是怎么样站在市场引导者的位置上看待市场，看待股价的变化。这需要对基础知识、人性博弈、实事动态有全方位的把握后才能够深入理解的，这本书也是在前几本专业教材的基础上针对操盘学员所写的。

在股市中的修炼和成长和人的一辈子是一样的。回顾我人生的三个不同阶段，首先是大学期间，那时候还是懵懂的少年，虽然对充满变数的未来充满无限的茫然，但是“未来是美好的”的信念让我无时无刻不努力地拼搏着；然后是 2000 年我刚下海做生意并开始接触股票，公务员出身的我在从商后有着一个桀骜不驯的心，因为我觉得自己对各种游戏规则了如指掌；之后就是当下了，我已年近 50，虽然不可避免地留下岁月的印记，但是感恩半个世纪的阅历让我的人生变得豁达、坦然。

我人生的三个阶段也是每个人的一生中必然会经历的三个阶段，同样也是参与股票交易必然会经历的三个阶段：从对市场一知半解的小白，到有过盈利后的大彻大悟，再到真的开始读懂市场的云淡风轻。因为我们对市场的认识深度不同，会直接决定我们自己的状态都会不一样，曾经会有过茫然、焦虑、不可一世，但是当你对市场真的大彻大悟的时候这一切都是过眼云烟。当然这一定是一个漫长的过程，你需要上课、看书、做笔记、复盘、交易、总结、交易、总结……

每次在和大家做裸 K 交易或者只用成交量判断买卖的时候，学员老是会要求我多分享一下交易系统的秘密，其实它所具有的秘密全部都在课程的内容里，你只是做到了“听到”，并没有把它变成你自己的东西，因为这是需要漫长的训练和总结的。市场中任何一位高手，无论是在交易的操盘手还是分享资本逻辑的老师，都是在经过多年知识的沉淀后才能够有所成的。

股海中如大浪淘沙，能够走出来的人都不容易，可谓是几经牛熊，见过大风大浪的。能够成为市场的佼佼者一定离不开高人的指引、贵人的帮扶和亲人的支持。其实我并没有太多的优势，只是我花在股票中的时间更多，付出的更多，所以我有更多的心得和大家分享，所幸的是分享的这些内容真的可以帮助到大家。很多刚进市场的投资者都会比较心急，因为总想一夜暴富，但是其实在这个市场的修行是必须要经历几个阶段的，根据我这些年在市场中的经验，我把一位职业操盘手的成长历程分为 8 个阶段，以帮助大家在不同的阶段时意识到自己所面临的问题和处理方案，解密操盘不仅是操盘的方法上，还有就是操盘手在不同阶段所具备的心态上。当然不同的人经历每个阶段的顺序会有一些差异，甚至说会跳过某些阶段，但是他们对投资的指导性逻辑是不变的。

1. 操盘手第一阶梯：小有斩获

手上有了一点闲钱，存在银行的利息太低了，听说股市里可以“钱生钱”。而且听说最近行情还不错，张三、李四、王五都赚钱了，那么我去买股票也一定可以赚钱，于是开始正式踏入股市。此时对股票交易规则、股市运

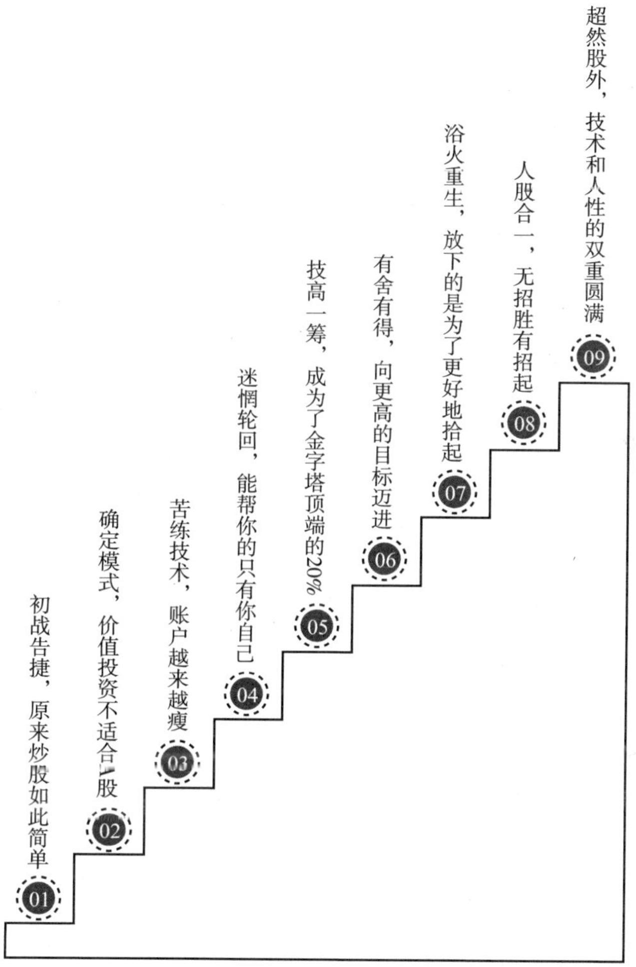

投资者的进阶过程

行规律、股市术语、技术指标等知之甚少或完全不知，我还遇到过炒股 2 年连开盘价和收盘价都不知道是什么的投资者。此时你只是一个参与者，买卖很随意，仅凭感觉，但是盈利还不错，因为市场的氛围很好。

这个时候你已经对股市充满了好奇和激情，因为确定这是一个可以让你发财的场所，所以开始各种学习、虚心向周围那些赚了钱的人请教，准备在股市上大干一场。随着收益的增加，在股市中赚钱的信心也越来越大。

从表面上看这是最幸运的一类投资者，因为一开始就能够赚钱，财运不错，但是这为后期埋下了重大隐患，因为人在经过数次重大判断正确之后就会变得骄傲、自大，而市场是最喜欢让桀骜不驯的人低头的。如果刚开始交易就是亏损的，反而会让你更加理性，能够谨慎地对待市场，反而会降低后期翻大船的风险。

2. 操盘手第二阶梯：寻找模式

此时市场一片阳光，每天利好不断，各路股评家研究员纷纷看多股市，利好性的政策也频繁出现，但是你的账户开始出现了亏损。之前的操作模式完全不灵了，从出手就有盈利到买一次亏一次。前期的利润悉数吐出，本金开始回撤。

大盘顶部，基本面所有的消息都是利好，看多人气也爆棚到了极限；大盘底部，基本面所有的消息都是坏的，还有人给你割肉的理由。可以靠基本面炒股吗？虽然股神巴菲特一直在缔造投资的神话，但是在 A 股中能够靠基本面具有持续 10 年影响力的投资大师还没有出现，所以基本面、价值投资在中国太难了。

技术分析具有它先天的优势，只要把精力放在盘面上就可以，不用去关注公司基本面受管理者水平、上下游行业景气度、国内、国际政治、经济形式影响，因为价格包容一切，技术分析要处理的信息量少，而且很多 A 股中的大神都是短线出身，所以明确了自己的投资模式：技术分析。

3. 操盘手第三阶梯：苦练技术

在排除了价值分析之后，意识到只有不断地提高自己的技能才能立于不败之地，于是开始刻苦用功，努力学习各种知识和操作技巧。开始迷恋研究技术指标或某种技术分析方法，但一知半解，对股市渐渐有了自己的认识，但不清晰，也不太准确。

由于技术分析的门类太多、太活，总有一种学不完的感觉。经常在弄懂了某个技术指标或者形态时，就认为自己找到了武功秘籍，开始不可一世了，准备大刀阔斧地进行操作。通常情况下，这个时候很容易被一些招式吸引，或者深深地迷信某个神秘的技术指标，但是操作的结果仍然是在股市中屡屡碰壁，然后在不断的怀疑中辗转反侧。

这个时候的操作，有时短线、有时长线，试过各种方法，有时赚，有时亏，经常坐过山车，到头来都是贡献了手续费。懂得越来越多，资金越来越少，信心越来越小。失败的原因在于，综合分析能力没有，心态不行，对概念板块热点轮动效应把握得不清晰。此时萌生了基本面是不是会更管用？

4. 操盘手第四阶梯：迷惘轮回

学习了各种知识，经历过各种行情，感受过千股涨停，也见识过千古跌停，试过各种各样的方法，但处处碰壁，吃过各种苦头，怎么努力都不见提高，钱赚了又赔掉，或者越来越少，即使赚，也不太多，而且很辛苦，陷入非常迷惘的状态，好像是处在一个陷阱或者重重迷雾之中，看不见进步，也看不到希望，也不知道何时能够走出。

这个时候，股市好像总是跟自己作对，信基本面基本面是假的，信突破结果买在了假突破上，当不再相信的时候反而管用了。别人不可信，自己没自信，宏观不可信，价值不可信，看什么都不对，怎么做都是错的。更可气的是这个时候发现原来网络、电视、媒体上的各种学者专家，说得都不准，身边一些“高手”的实际操作情况和自己差不了多少，信心低落到了极点。

到了这个阶段，股市在你眼里已经不再是刚开始时“取款机”的感觉，反而发现遍地都是陷阱。股市是一个没有标准答案的地方，像极了玄学，虚虚实实，亦真亦假，涨的时候总是有理由，跌的时候总是有借口，有利好不一定能涨停，有利空也不一定会跌停。

许多人会困惑，为什么刚开始炒股时什么都不懂的情况下还能赚到钱，反而学的东西越多越不会做了越亏钱？原因很简单，当我们懂得太多的时候，顾虑得也就越多，如果你不能很好地调试自己的心态。就无法理性、客观地处理千变万化的信息。所以，一般人很容易被陷入其中，不能自拔。大部分人都会先后进入这个阶段。遗憾的是，超过 80% 的人一直会停留在这个层次中，永远也不会走出，有的会重新回到第一、二阶段去，堕入苦海轮回，不能解脱。有些人也许会因为彻底失望而退出股市。

这个过程，别人帮不了你，只有你自己可以帮助你自己，只有你自己能从迷雾中走出来。

5. 操盘手第五阶梯：技高一筹

股市高手更多的是经验丰富的投资者一步一个脚印地积累起来的，毕竟悟性特别高的人还是少见的。这些人在实战积累的基础上融合各种理论形成了一套独特的、完整的、适合自己风格的交易系统或操作体系，并且能够把它们运用得得心应手。也有一些人，能够熟练地应用某一项技术，赚钱概率较高，预测得比较准确；或者有的掌握了某种绝招，也能做到亏少赢多，进入了一般人难以企及的高手行列。

这一级是一般高手所能达到的最高境界，能够到达这一级的人不会很多，比例不会大于10%，一般常见的高手绝大部分属于这个级别，这里面当然也有层次高低的区别。遗憾的是，他们中的大部分也会终生停留在这个层次。

这种的局面比上一级更难打破，除非有悟性的人，某一天恍然醒悟，开始重新审视股市和自己，能够认识到自己的不足，并下决心战胜自己，轻装上阵的时候，你才能向更高的目标进发。

6. 操盘手第六阶梯：学会放弃

《老子》中讲“为学日益，为道日损。损之又损，以至于无为，无为而无不为。”常说的舍得舍得，有舍才有得，正是最简单的道理。股市的法门也是如此，当你还在焦灼中不能自拔的时候，只因为你还不懂得舍得，舍得了、放弃了，才能返本归源。

投资是一门综合性学问，更集方法、策略和格局为一体，想走到投资金字塔的顶端，短了哪一个都不能成功。这就是许多人努力了但是不能成功的主要原因。方向和逻辑尤其重要，因为一旦方向错了，愈勤奋只会愈加南辕北辙。

学会放弃是一个化繁为简的过程，投资和做人大部分烦恼的根本也在于此。只有少数人能意识到是理念出了问题，也就是走错了努力的方向，开始探寻正确的理念，有针对性的潜心研究技术，开始学会放弃那些被主观化了的“形”上的东西，知道天外有天，人外有人，不再盲目自大，知道驰骋股场首要要战胜的是自己。不再理会乱七八糟的言论，不再迷信技术指标，学着看大盘做个股，基本面分析和技术分析并行，适长则长适短则短，看大盘炒个股，牛市满仓赚钱，熊市空仓赚股。

7. 操盘手第七阶梯：浴火重生

找到正确的投资理念和最简单有效的技术，还只是新的起点，后面的路还很长。从下决心这样做，到真正地做到，其间要经历漫长的摸索、总结、更新、尝试、再总结、再更新……反复地循环。最终做到把自己总结出的技术融会贯通、熟能生巧，技术和心态才都趋于成熟。

在大势上升的时候，个股操作的成功率提高很多，只是存在赚多赚少的问题，你会发现自己已经很长时间不再赔钱了。在大势不好的时候，会及时撤出休息，虽然这时有些无所事事，感到寂寞，仍有再次冲进去的冲动，但已知道空仓是必要的，也能管住自己的手了。顺势而为更加得心应手，对买入卖出点的把握更加精确，但仍有些偏差，需要依靠超乎常人的忍耐避免技术上的不足，困惑已不多，但偶尔仍感觉到痛苦。

此时头脑更清晰了，自信心更足了，根据技术面的结果，结合政策面、个股基本面、资金面、投资者心理等多方面的分析，综合分析之后，虽然不再预测，但对行情却越来越有感觉，对股市的整体走势判断越来越准确。

理念定型之后，找到了正确的方向，找到了最关键的技术，进步很快取得突破。这个时候，你的身心都已经发生了巨大的转变，虽然你的理念和技术已经今非昔比，赚钱越来越容易了，但你却甘于寂寞，不再喜欢卖弄了。你已经清醒地知道，炒股只是在正确的时间做正确的事，赚钱是副产品，是一种奖励，是你本来就应该得到的。

8. 操盘手第八阶梯：人股合一

技术分析的三大假设之二是价格呈趋势变动，这是进行技术分析最根本、最核心的因素。而最直观和最有效的反映趋势的指标就是均线和趋势线，经过国外股市200年左右的积淀，趋势线已经是一种成熟的技术，但是均线只是在微型计算机大规模应用和普及之后才出现的，在此之前由于计算的繁复，使之成为不可能的事情，更不用谈能有什么完善的均线理论了。只有随着电脑的普及和均线的普遍运用，均线理论的创新和超越才成为可能。

现在，我们可以坚信，真正的技术上的突破一定是在均线使用方式、方法上的突破。均线理论才是最接近于道、最能反映顺势而为理念的理论。均线是最普通、最常见的、任何一个哪怕是最简单的免费软件都有的指标，但在你眼里均线已经不是常人眼里的模样，不需要在参数上纠缠，不需要过多的修饰，只要均线在你眼前，你很清楚趋势在什么状态，正常不正常。不仅如此，即使你不用均线，用最普通的KDJ和MACD，也能达到同样的效果，但你的用法和其他人截然不同，你不再关注是否金叉死叉，也不再关心红柱绿柱的长短，但却更加可靠有效，其他任何一个指标也能达到同样的效果。

此时你对股市的波动运行方向的把握相当准确，高屋建瓴笑看风云，如行云流水一般的洒脱。遵守规则时不再痛苦，而成为自觉的行动、自然的反映，真正能做到“手中有股，心中无股”“不以涨喜，不以跌悲”，顺势而为，知行合一，自然而然，随心所欲，到达“无招胜有招，摘叶当飞镖”的境界。

趋势越来越清晰，现在看股市，你会突然发现自己有了洞若观火的感觉，仿佛戴了一个透视眼镜，每在关键时刻，你都可以看见主力机构或庄家的身影，以前认为他们是刻意为之，现在看来他们也许是不得已。看股市众生，也越来越明白。你能看出高手的缺陷和所处的状态。炒股不再是技术，而是一种艺术。在你眼里，股市的一切都是自然现象，违背自然规律必然会受到它的惩罚。股市开始具有生命力，好股票的走势具有天然的美感，股价的起伏就像在均线之间跳舞，而你感觉自己的舞姿越来越优美了。

以上是我在证券市场中总结的8个阶段，也是每位市场参与者走向金字塔巅峰必须要经历的过程。圆满是我们的一种希望和追求，因为很难达到所以才会去追求，如果有机缘让你成为圆满之人，你一定会成为市场中的佼佼者。技术出神入化，心态宠辱不惊，无为无不为，纵情山水，超然物外。股如人生，人生亦股，人性和股性都到达圆满的境界，从此看透股市，参悟人生，接近于“股神”的境地。

一再强调本书出版的目的是要求大家能够站在主力的角度上思考问题，所以阅读本书一方面要时时思考我们自己当下处于投资的哪个阶段，更重要的是不能单纯地希望看到金叉、死叉的交易信号，焦点一定要放在背后的博弈角度上。

本书共六章的内容，第一章讲述的是操盘手的思维方式，重点强调市场中 20% 获利的人的思维方式，我们进场亏损是因为随波逐流而不会独立思考；第二章讲述的是操盘手的知识矩阵，要求投资者能够带着一颗不断学习的心奔波于股市，只有在市场中充分掌握足够多的分析方法和交易模型才能够应对市场的变化；第三章讲述的是操盘手对 K 线的情有独钟，我们一再强调 K 线都是主力做出来的，所以任何一根 K 线都是连接我们和市场的纽带，它保证了我们及时、有效地从市场中获取信息；第四章讲述的是操盘手善借盘口，这是保证主力资金能够和散户做到充分互动的战场，是我们辨别真实量价关系的基础；第五章讲述的是操盘手巧用均线，因为均线是主力资金作盘的标尺，股价在任何一个趋势级别上的波动都离不开均线作为参照；第六章讲述的是操盘手喜欢玩的游戏德州扑克，站在投资和交易的角度上借用简单的德州扑克牌局讲述了股市中的机会与风险。

希望本书能够让你在股票投资上受益匪浅！

第一章
操盘手的思维方式

在《股市立论与财富革命》这本书中，深度和大家强调了投资思维的重要性。人的意识是一条不可矫正的河流，而思维方式就是对意识最直接的体现。因为我们对市场认知还不完全，所以只能通过学习来保持投资思维的不断精进。

很多朋友多年投资无果，不是因为不努力，而是因为方向错了。市场的历史是二八法则，现在是未来也一定还是，因为这是人性决定的，我们能做的就是在学习的过程中不断纠正。职业操盘手在不断地训练和学习，作为非职业出身的散户要想在市场中找到一条路来就必须要付出更多的努力，养成像市场职业操盘手一样的思维方式。

股价每天都在上涨与下跌中轮回，虽然只有两个方向，但加上时间的维度后就会呈现出无数的变体，如何洞察股价每次涨跌的真实含义呢?技术会起到一定的帮助作用，但更多的还是要在思维方式的框架下才会有作用。

第一节 主力思维：成为20%的赢家

随着A股市场越来越成熟，对主力资金的定义也在发生巨大的变化。虽然被一方资金控制股价上涨的情况依然存在，但是已经不像10年前那么普遍，可是这种行为依然值得我们学习和研究，因为即使资金操作的模式发生了很大变化，但是人类追逐盈利的人性没有改变。只是市场中聪明资金的参与模式从之前的单一操作逐渐演变成了联合操作，在盘面上留下的迹象不像10年前那么清晰。

在江氏操盘体系中强调的主力思维是一种对人性的洞察，是一种要求我们紧随市场风口资金，能够在重要的时间、重要的位置发现重要的信号进而做出重要的决定的能力。这就需要我们能够站在巨人的肩膀上快速前进，有了正确的方向后所付出的努力才会更有价值。

1. 价值驱动

贵州茅台成为2017年最具有争议的股票之一不是因为它上涨的幅度，而是它的价格是A股市场中的最高价格。其大股东为中国贵州茅台酒厂（集团）有限公司，持股比例为61.99%，再去除前十大股票的持股份额，市场上的真正流通的百分比在30%左右，按照2017年的平均市值7000亿来算，真正的流通市值也有2100亿。此时非常值得我们思考，某个单一的机构需要多少自有资金才能够撬动贵州茅台的上涨？

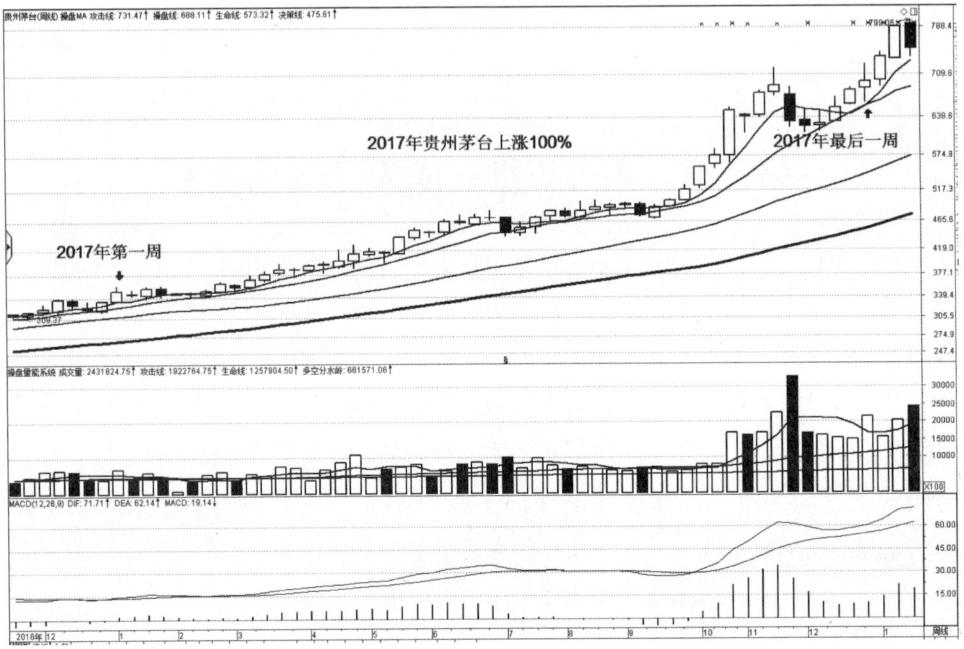

贵州茅台（600519）2016 年 11 月—2018 年 1 月周 K 线走势图

名次	股东名称	股东性质	股份类型	持股数（股）	占总流通股本持股比例
1	中国贵州茅台酒厂（集团）有限责任公司	其他	A 股	778771955	61.99%
2	香港中央结算有限公司	其他	A 股	73707157	5.87%
3	贵州茅台酒厂集团技术开发公司	其他	A 股	27812088	2.21%
4	中国证券金融股份有限公司	其他	A 股	16208190	1.29%
5	易方达资产管理（香港）有限公司—客户资金（交易所）	QFII	A 股	12262840	0.98%
6	中央汇金资金管理有限责任公司	其他	A 股	10787300	0.86%
7	奥本海默基金公司—中国基金	QFII	A 股	4613500	0.37%
8	中国工商银行—上证 50 交易型开放式指数证券投资基金	证券投资基金	A 股	3876237	0.31%
9	贵州省金融控股有限责任公司	其他	A 股	3487220	0.28%

续表

名次	股东名称	股东性质	股份类型	持股数（股）	占总流通股本持股比例
10	泰康人寿保险有限责任公司—分红—个人分红—019L－FH002 沪	保险产品	A 股	3367393	0.27%
合计		—	—	934893880	74.43%

贵州茅台（600519）2018 年 4 月 4 日十大股东持股信息

如果用传统的主力思维或者坐庄思维来看贵州茅台是没有办法解释的，因为参与的机构很多，但是没有谁的资金能够控制它的股价，尤其在 2017 年疯狂炒作白马股的情况下，各路资金疯狂涌入，没有谁能够独善其身地在自己计划的时间和价格完成作盘计划。尤其是在后半年，进入了普遍看多全部惜售的状态。没有办法找到主力资金明显地建仓、拉升、出货的位置，往往是看到出货了股价还会持续创新高，因为这是一种价值驱动型地上涨，而并非主力资金炒作型的。

2017 年的白马行情一改 A 股不适合价值投资的历史，但是随着 2018 年 1 月份房地产行情引领上证 50 最后疯狂上涨后，经历过大幅上涨的白马股开始出现断崖式下跌，贵州茅台终结在万亿市值大关。在见顶之前已经出现了一些机构投资者开始减仓的信号，贵州茅台上方早就没有套牢盘，但是最终导致它终结上涨的原因是公司市值发展角度上的重要关口。

对于贵州茅台，我们分析时的主力思维体现在能够站在管理层、股东的角度上综合来评估公司的发展，万亿市值代表的是公司的一个标志性的里程碑事件，但是公司的造血能力、品牌评估能力等是否支撑其万亿市值，众多参与者一定会持有不同的意见。加上前期持续性上涨，大幅获利盘让很多机构投资者开始落袋为赢，毕竟他们会比我们更加理性，在不该贪婪的时候懂得适可而止。

通化东宝又是一只价值驱动型的强势大牛股，从月 K 线的走势中不难发现，这是一只连续 10 年持续上涨的股票，在上涨的初期股价的上涨角度十分平缓，在最近的 5 年呈现出了明显加速上涨的走势，即使在 2015 年和 2016 年的股灾中出现回撤，但是回撤的幅度也是非常有限的。对于职业操盘手来说，一定要关注到股价上涨的持续性，只有基本面健康、发展能力好的才能够运行出更长时间的上升趋势。

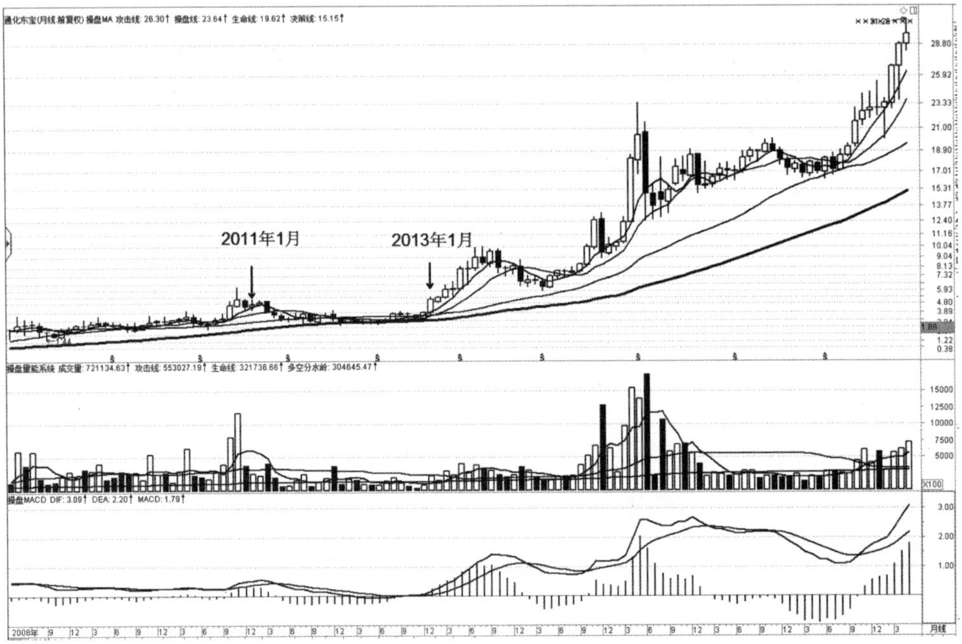

通化东宝（600867）2008 年 4 月—2018 年 5 月月 K 线走势图

下表是通化东宝从 2009 年到 2017 年每年的净利润情况，盈利能力处于稳健上升，2017 年的全年净利润为 8. 35 亿，比 6 年前的 2000 多万上涨了近 40 倍，公司的成长能力是毋庸置疑的。但是近几年，虽然通化东宝公司的体量依然在明显变大，但是由于上一年的基础也在持续性变大，盈利上涨的速度也开始变慢了。

2011 年的利润较 2010 年有所回撤，但是从此之后就进入了盈利的稳健增长期。2012 年较 2011 年增长 100%，2013 年较 2012 年增长 300% 多，2014 年较 2013 年增长 60% 左右，2015 年较 2014 年增长 60% 多，2016 年较 2015 年增长 30% 多，2017 年较 2016 年增长 30%。从通化东宝的月线走势图上可以看出，股价进入快速增长期的时间点为 2013 年 1 月份，也就是 2012 年的年报开始预披露的时候，业绩的高成长带领股价进入了长期的牛市中。

从财务报表上看，最近三年利润的增长情况基本在 30% 左右，这也是医药行业企业进入稳健发展的一个标志，但是股价在最近三年却是加速上涨阶段，尤其是2017年下半年和2018年上半年，月线上的走势已经超过了45度，也就是说股价的上涨和利润的增长出现了明显的不对等的迹象，而从更长远的角度上看股价的运行必然会服从上市公司基本面的变化。如果通化东宝稳定在30%左右的年增长期。它的股价在不久的将来会改变现在的加速运行轨道，进入缓慢上涨阶段，直到基本面再次发生质的变化。

成长能力指标	17-12-31	16-12-31	15-12-31	14-12-31	13-12-31	12-12-31	11-12-31	10-12-31	09-12-31
营业总收入(元)	25.5亿	20.4亿	16.7亿	14.5亿	12.0亿	9.92亿	7.84亿	6.38亿	5.74亿
毛利润(元)	18.8亿	15.3亿	12.5亿	9.88亿	8.10亿	6.27亿	4.84亿	3.87亿	3.26亿
归属净利润(元)	8.37亿	6.41亿	4.93亿	2.80亿	1.84亿	6271万	3.64亿	1.78亿	7790万
扣非净利润(元)	8.35亿	6.23亿	4.62亿	2.83亿	1.83亿	4674万	2311万	5378万	5175万
营业总收入同比增长(%)	24.75	22.23	15.02	20.52	21.45	26.39	23.00	11.14	4.14
归属净利润同比增长(%)	30.52	30.02	76.19	52.13	193.28	-82.77	104.07	128.95	57.43
扣非净利润同比增长(%)	34.00	34.93	62.89	55.26	290.58	102.30	-57.04	-3.86	27.38
营业总收入滚动环比增长(%)	5.43	6.86	0.49	6.05	5.58	5.11	6.72	2.97	-1.70
归属净利润滚动环比增长(%)	6.02	6.05	9.66	30.17	54.72	-28.18	-21.23	40.01	14.63
扣非净利润滚动环比增长(%)	8.53	3.74	8.64	34.07	66.06	-36.93	-69.66	70.10	-5.67

通化东宝（600867）2009年—2017年年度扣非净利润

2. 资金推动

次新股已经成为近几年职业投资者的偏爱，对于职业投资者来说，无论资产规模怎么样，在资产配置时没有次新股总觉得缺点什么，因为次新股是龙头和妖股的聚集地，连板是常态，捉到一只次新的龙头全年的盈利目标就实现了。因为次新股的流通盘比较小，又具有极高的人气，是市场活跃资金的首选，次新股的暴涨模式同贵州茅台具有截然不同的主力思维。对于贵州茅台来说，只有在机构投资者同时具有“众人拾柴火焰高”的逻辑时才能够推动股价的上涨，所以其中少不了机构之间的强强联手。

2017年的次新股行情给很多投资者带来了机会，以中科信息和华大基因为代表的次新股给次新股炒作带向了一个新的巅峰。

（1）次新龙头之一：中科信息

中科信息上市之后出现了9个一字板，涨幅为157%，和一般上市的次新股相比涨幅不算太大，这种基本面良好、上市后开板较早的标的已经成为市场活跃资金重点关注的优质标的。所以在2017年8月1日早盘开始有筹码开始出逃的时候明显有强势资金进场，在日K线图上走出来的是T字板，但是在分时图上并没有涨停板打开的迹象，也就是说当天涨停板被快速打开但是换手并不强势，当天进场的资金并没有获利，后期一定还会有持续性上涨的行情。

在江氏操盘天机中一再强调“大盘是父亲，板块指数是母亲”，也就是强势股的出世一定要有天时地利人和的配合。中科信息全称为中科院成都信息技术股份有限公司，是由创立于1958年的中国科学院成都计算机应用研究所整体转制而来，中科院直接控股的高科技上市公司。公司主营业务是以高速机器视觉、智能分析技术为核心，为政府、烟草、油气、特种印刷等行业提供信息化整体解决方案、智能化工程和相关产品与技术服务。由此可见，这是一只有着贵族血统的标的，具有非常高的稀缺性，会成为市场聪明资金进行选择的首要考虑的要素。

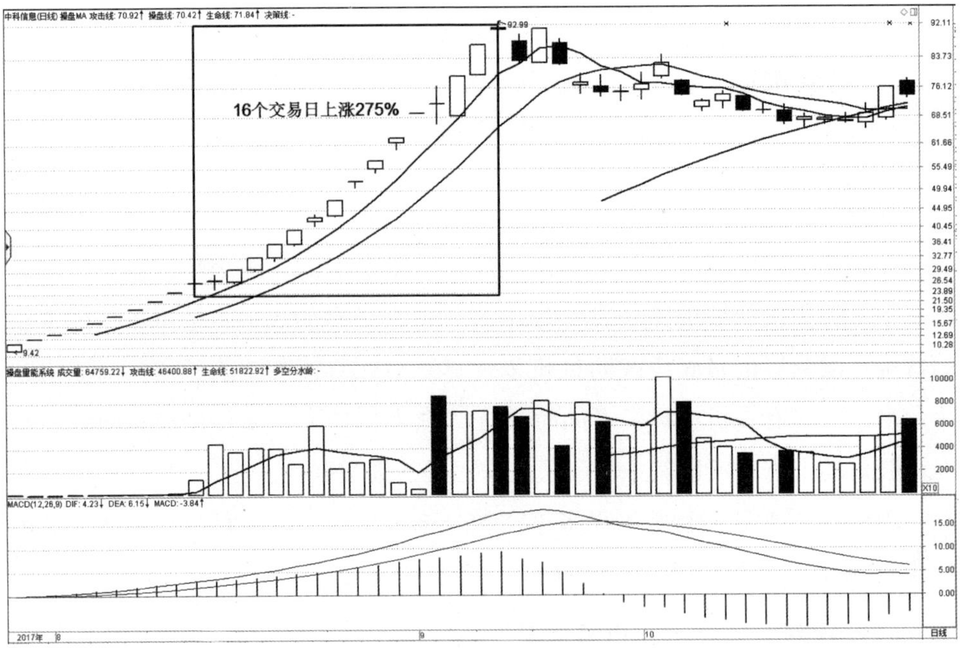

中科信息（300678）2017年7月28日—2017年10月26日日K线走势图

在分析中科信息的同时，我们一定要关注它对应的板块指数创业板的走势。图中标注出了中科信息开板当天2017年8月1日当天对应的K线，更值得我们关注的是前三天的大阳线。在《买在起涨》一书中会详细讲解大阳线，无论是大盘指数还是个股，大阳线和大阴线的出现都具有非凡的意义，很容易形成重要的转折点。创业板经历了两年的持续性下跌后人气极度低迷，最多出现过30分钟级别的反弹行情，所以此时的大阳线可谓是久旱逢甘雨，为创业板再一次的反弹行情带来了希望。从技术形态上看，大阳线实体的二分之一和操盘线都形成了有效的支撑，阶段性的反弹行情是值得期待的，这就为操作中科信息提供了好的大盘环境。

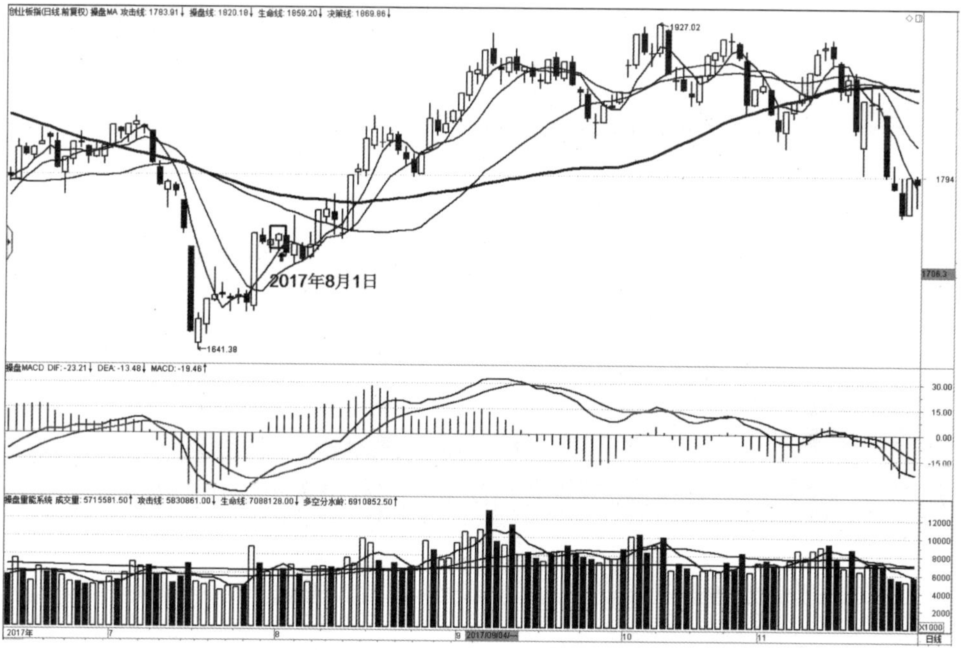

创业板指（399006）2017年6月14日—2017年11月29日日K线走势图

创业板最大的特征就是以科技股为主，尤其是软件服务，它们代表着中国科学技术的先驱力量。虽然对国内的科技公司总有一种保留的态度，但是作为热点概念还是值得关注，很难对其长期估值做出评价，但是在以科技和创新为背景的时代下科技股很容易成为关注的焦点。在软件服务板块指数的走势图中也标注出了中科信息开板当天对应的K线。其实不难发现，软件服务板块指数的整体走势和创业板指的走势如出一辙，焦点同样锁定在了前三个交易日对应的大阳线上。

在板块指数持续性的横盘中，大阳线的二分之一起到了强势支撑作用，虽然操盘线有被跌破过，但是从K线实体的角度上可以看出就是一根十字星的弱势K线，并不具备反转能力。在后文会详细介绍该位置出现的连续三根阴十字星，虽然连续的三根阴线貌似具有恐吓的作用，但是在不同的支撑、压力位置出现时的意义是截然不同的。

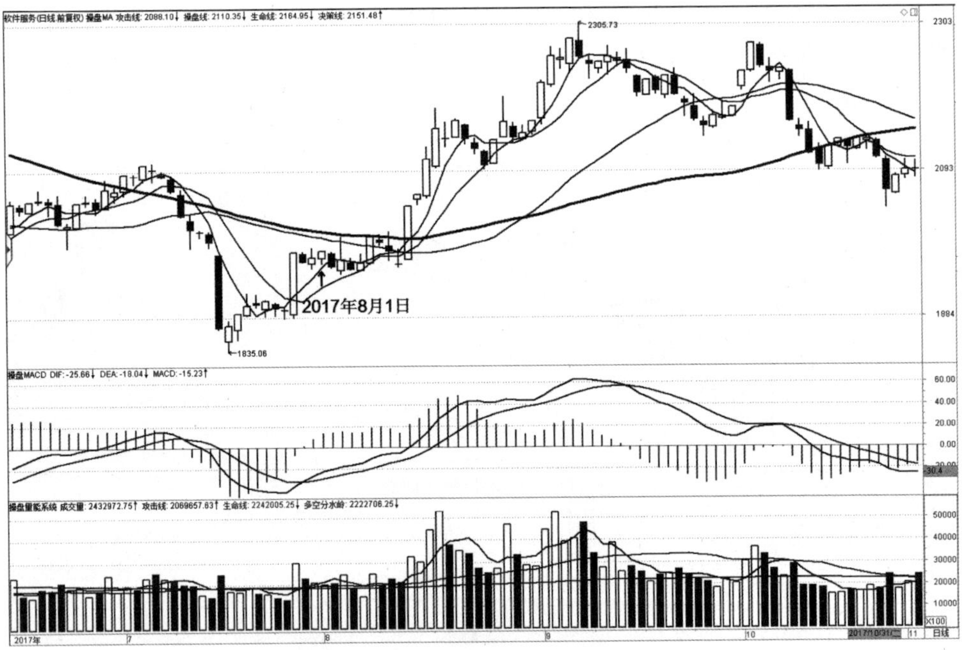

软件服务（880493）2017年6月15日—2017年11月2日日K线走势图

通过对创业板指、软件服务行业板块指数的分析不难发现，中科信息虽然开板的时间较早，但是当时的市场环境是比较乐观的，做多人气较足，非常容易引来市场中聪明的资金进行持续性炒作。所以在开板后的16个交易日内上涨了275%，其中有强势资金的抢筹、快速拉升和强势出货，这又是一种主力思维，很明显它同贵州茅台的上涨模式是不同的，只需要在短期内能够对市场人气进行有效控制和把握就会引导股价走出强势上涨的趋势。

虽然同中科信息相比华大基因开板后，57个交易日内上涨155%的幅度稍显逊色，但是并不妨碍它成为次新股涨停板炒作中的经典案例。我认识的投资圈老师都有其擅长的领域，青龙老师是专门抓涨停板的，他用涨停是拐点，换手出真龙等口诀抓到了一大批妖股与牛股。更让人欣慰的是他带的多期牛股起涨十大模型班的学员已经开始进行独立交易，在操作中都取得了很好的战绩。

（2）次新龙头之二：华大基因

华大基因上市后经过了连续的 18 个一字板，上涨幅度为 5 倍，较中科信息有非常明显的透资的迹象，而炒作次新股的一个根本逻辑就是一字板不能太多，否则会造成多头动能的透资。华大基因开板时的市值在 40 亿左右，而中科信息仅有 6 个亿，对操作的资金的要求是截然不同的。很多次新股在一字板被打开后会快速下跌，但是华大基因有明显的不想下跌的迹象，股价沿着操盘线缓慢上移。因为华大基因有着“生物医药中的腾讯”的美称，可见它的基本面优势是非常明显的，开板的时间为 2017 年 8 月 9 日，也是在创业板反弹行情中，后期的行情同样是值得期待的，但是我们也必须理性地看待这个问题，要撬动华大基因所需要的资金量要明显比中科信息更大。

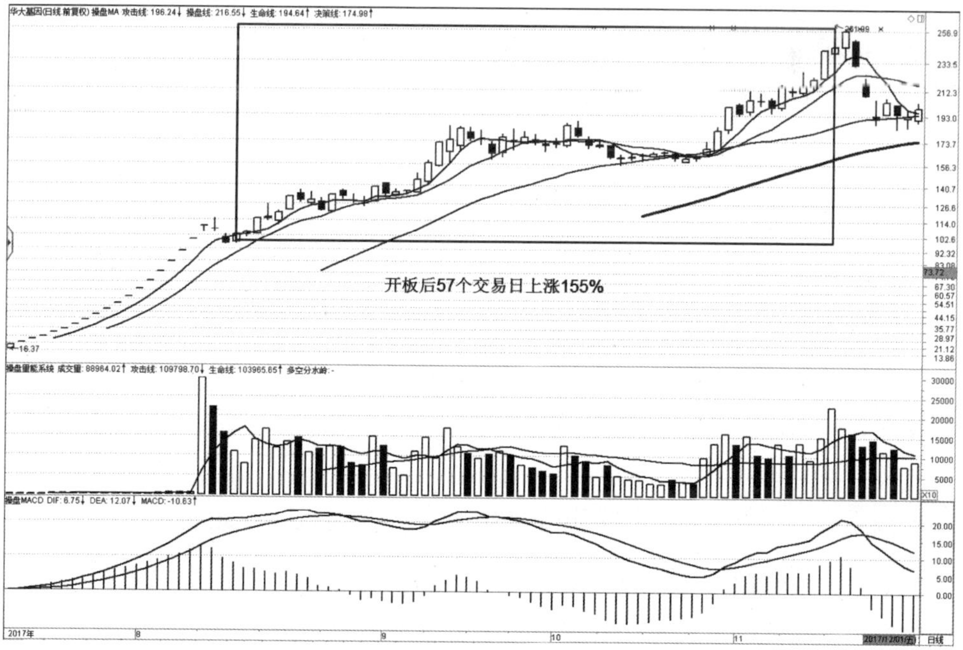

华大基因（300676）2017 年 7 月 14 日—2017 年 12 月 1 日日 K 线走势图

华大基因后期的上涨模式，是通过一段时间的强势横盘，每天的换手逐渐降低，浮动的筹码逐渐减少，减少了后期再次拉高过程中出现抛盘的风险，所以华大基因后期的两次拉升行情中的成交量并没有开板时的成交量大，这和我们通常理解的价升量增才健康是相悖的。请牢记，市场永远都是在变化中的，只有用辩证的眼光看待市场，你才会面对它的变化做到宠辱不惊。

资金推动的上涨无处不在，只是次新股的上涨是被资金推动得更加明显，换句话说就是被强势资金操纵的迹象会更明显。如果你操作的资金较大，或者次新股不在风口上的时候，就需要把我们的注意力放到其他股票上。资金推动型的非次新股有着非常大的特点就是前期经过充分性下跌后有建仓痕迹，但是并没有实现控盘。

虽然在整个江氏操盘天机中一再和大家强调要做上升趋势中的股票，但是这是指导交易的核心思想，具体的操作时要根据市场的变化而变化。比如当市场70%的股票处于超跌的状态时，如果要交易必然是紧盯聪明资金如何布局股票，此时不是要等到股价走出上升趋势后才关注，而是要观察前期下跌的原因，因为此时是最容易出现强势资金刻意打压后抢筹码的动作的。

永和智控在超跌之前有过连续5连阳的走势，其实其中有两根低开高走的假阳线，伴随着温和放量，但是受阻于60均线后股价快速下跌。这里首先构成了《五维六法》中的地狱之门必须要回避的下跌形态，但是该打压的行为也是一个异常信号。强势资金在真正建仓之前往往会选择小幅洗盘后快速打压，以降低自己的建仓成本，而且这种方法屡试不爽。

股价超跌后再次开始上涨，稳健上行的小阳线给市场带来了新的人气，但是无奈股价再次受阻于60均线，此后开始了围绕60均线展开的宽幅震荡，每次都是慢涨快跌的方式进行打压和洗盘，但是股价在一次次制造出的仿佛要下跌的假象中已经完成了对技术形态的修复。出现了这些明显的强势股信号后，并不是我们进场的时间节点，因为在没有完成强势资金想达到的充分洗盘的效果之前股价是不会强势上涨的，而到底什么样的效果是强势资金想要的只有他自己知道，我们要等待的进场信号就是强势资金认为股价该上涨了、最好是以涨停板的方式启动主升的时候。

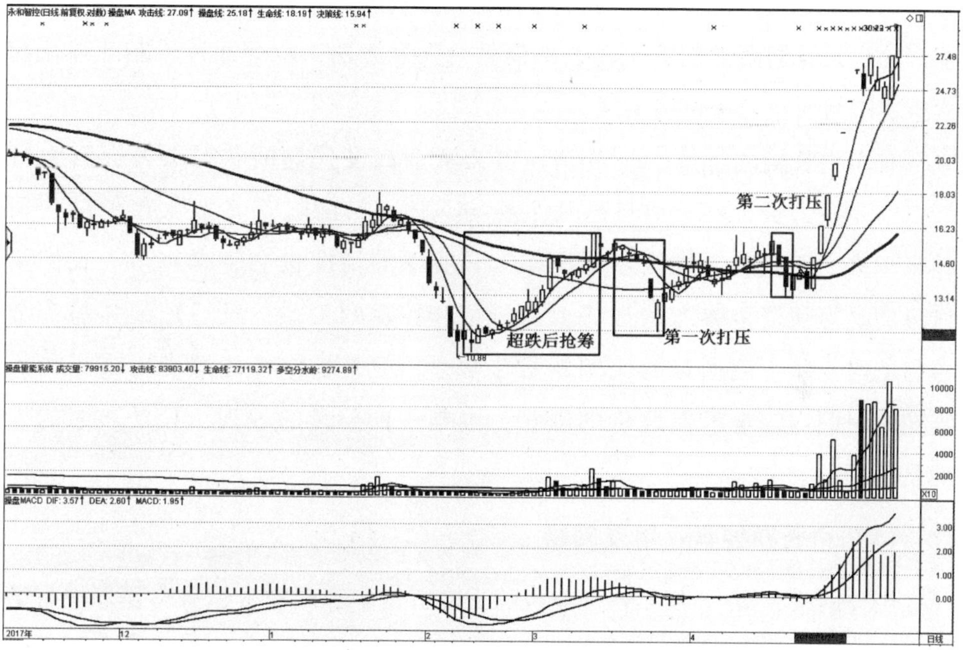

永和智控（002795）2017 年 11 月 9 日—2018 年 5 月 21 日日 K 线走势图

3. 何为控盘

我们经常说主力控盘后强势上涨的概率大，现在需要思考的是主力控盘和股价的上涨之间到底有什么关系？有的时候，为了便于分析行情的级别，我们用控盘主力和非控盘主力操作作为识别股价爆发力强度的标准，但是追根溯源，这种说法是有一定程度上的不准确性。

在时间的角度上，说控盘主力和非控盘主力是没有问题的，因为控盘更多的是针对流通盘而言，如果想要控制股价的时间越长，特定投资者手上的筹码必须越多，因为从趋势的角度上来看，日常运动是非常容易控制，次级运动在筹码较多的时候也可以进行控制，但是基本运动却没有办法被操纵，它必须满足事物发展的基本规律，就像消费类的股票在牛市中表现一般的，但是在熊市中一定是资产配置的必备，它会有远远强于大盘的表象。而且这是在世界各国的股市中都均已验证，所以在 2016 年和 2017 年重仓配置消费类股票的不是股神，而是因为他们知晓了投资的规律，而且身体力行地做到了。这也是我们商学院的宗旨，不仅教给大家方法，也会通过不断地强化和模拟实战将所学之法付诸实战。

对于中长期的行情，一定是在主力资金高度控盘的情况下才会有大行情，但是主力资金不单单只是某个参与主体，目前随着 A 股大市值的公司越来越多，所以多个机构参与操作一只股票的情况也会越来越多。我们要讨论的是短线资金参与的强势上涨行情和控盘的关系。虽然短线强势资金参与的时候所占流通盘的比例不是非常大，但是操作者能够借用市场的人气在短时间内完全控制股价的涨跌，也是一种控盘的表现，只是参照的标准是不同的。

（1）中长期控盘：用友网络

用友网络在 2018 年年初创业板的反弹行情中表现非常强势，是那波行情的龙头。其实从它历史走势中不难发现，在 2017 年 9 月份的上涨中有持续性资金进场的迹象，完成了一个标准的 5 浪上涨后进入缩量调整状态。其实分析主力思维非常简单，钱进去了就希望在获利后离场，而离场最典型的信号就是要有成交量放大的迹象。从用友网络的走势中不难看出，它的长达 6 个月的震荡下降过程中不仅有明显的节奏感，而且均没有放量下跌的迹象，所以该震荡盘跌只是一个大级别的调整中继形态。

2018 年 2 月 9 日，以软件服务为主导力量的创业板，在新的低点被确认后展开了强势反弹行情，而在创业板不断创新低下跌的过程中用友网络有明显的止跌的迹象，也就是我们通常说的强于大盘的股票。市场中有两类股票非常值得我们关注，一类是熊市中先于大盘止跌的，另一类是在牛市中先于大盘调整的。因为这两类标的均是逆势操作，也就是其背后的资金一定比较强势才能够不随波逐流，走出特立独行的走势。但是，你在操作的时候有几次能够保持冷静的逆向思维，理性地对待股价涨跌？

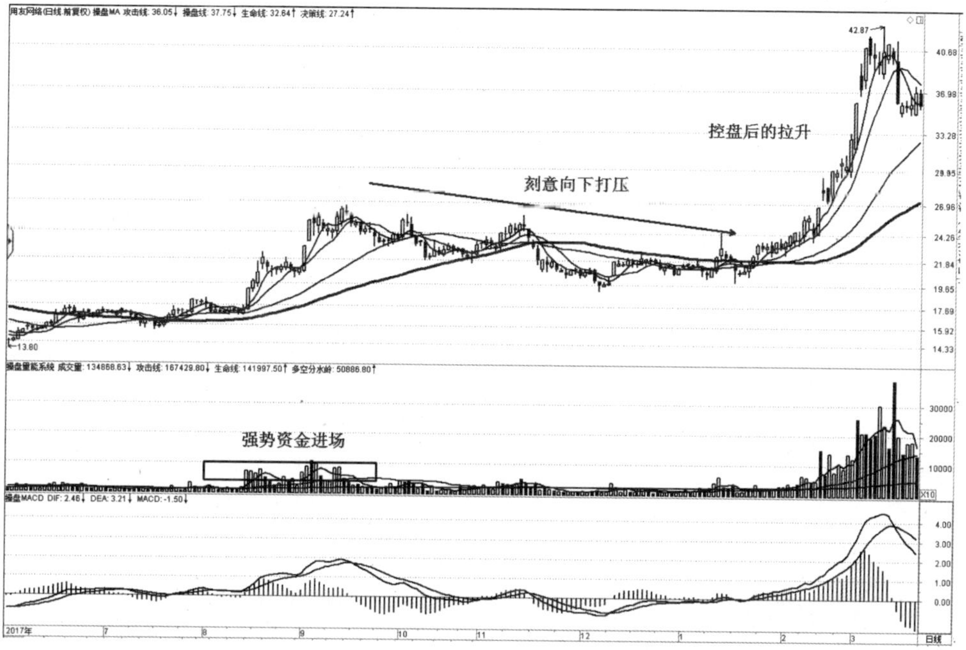

用友网络（600588）2017 年 6 月 2 日—2018 年 3 月 22 日日 K 线走势图

（2）借助人气短期控盘：诚脉科技

短期强势上涨的个股通常都是在经过了充分的超跌之后出现的，因为此时股价所在的位置存在天然的优势，就是长期下跌导致的市场人气极度低迷，因为对于更喜欢追涨杀跌的散户来说，没有大阳线或者一个持续性上涨波段是不够诱人的。在江氏操盘体系中一直强调，下跌趋势中不买股票，因为还没有释放扭转前期下跌趋势的能量。

诚迈科技前期持续性的下跌并没有规矩地按照标准的波浪形态来走，这是我们一直强调的波浪理论不会适用所有股票，而且在你没有对波浪理论有深度认知之前是不适合用它指引你交易的。因为只要股价在 60 均线之下，一旦走出《五维六法》地狱之门形态的时候不要再考虑什么支撑，而是要规避后期的强势下跌。因为此时的下跌进入了无量杀跌最恐怖的阶段。

但是股价超跌之后是很容易吸引强势资金关注的，有的主力以连续大阳线、涨停板的方式快速吸筹建仓，有的却是以连续小阳线缓慢吸筹。大家一定要明确，出现强势资金进场的信号时并不一定意味着是我们操作的信号，因为我们是市场的追随者，要交易的是确定性的信号，而不是去赌每一次可能会涨的信号。如果在我的课堂上，这段话我至少会重复三遍以上，因为这种思维的扭转对于我们交易来说是具有里程碑式意义的，因为这是让你从散户向专业操作者的第一步进阶。

从诚迈科技的走势中可以看出，超跌后资金吸筹的反弹行情遇到前期的平台压力后进行回调，出现了连续的4连阴线，但是这对于对K线形态敏感的投资者来说，就知道距离机会不远了。识时务者为俊杰，强势股一定是善于借助东风的，所以它的启动也一定会伴随行业的企稳或者走强。

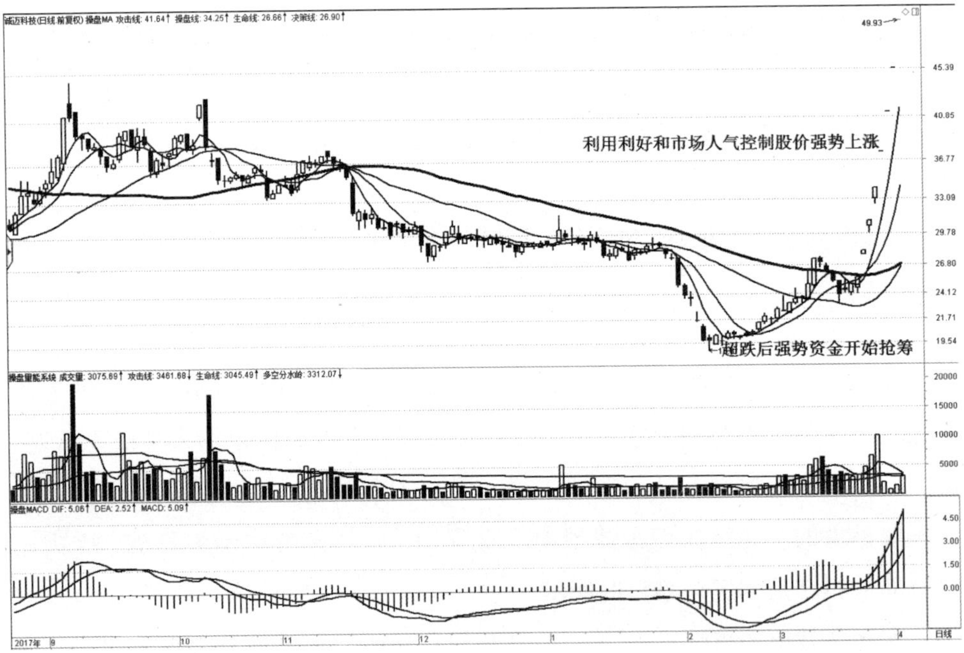

诚迈科技（300598）2017年8月24日—2018年4月4日日K线走势图

没有计划就不是真正的开始，没有总结就不是真正的结束。主力运作股价的计划也是一样的，我们的投资计划可能是短线、长线，主力也是一样，是游击战还是持久战所采用的方式是截然不同的。但是，请大家牢记无论股价的运行是以何种方式展开的，它的运行一定是围绕人性而逐步展开的。下图是江氏操盘天机分析主力思维的框架图，是中长线主力在手上的筹码对流通盘有一定影响的情况下操作过程中需要经过的八个步骤，对于不同的股票在不同的背景环境下采取的方法会有所差异，但其整体的思维是不会变的：在投资者还在犹豫中完成建仓，在热情中拉出主升，在疯狂中出货。

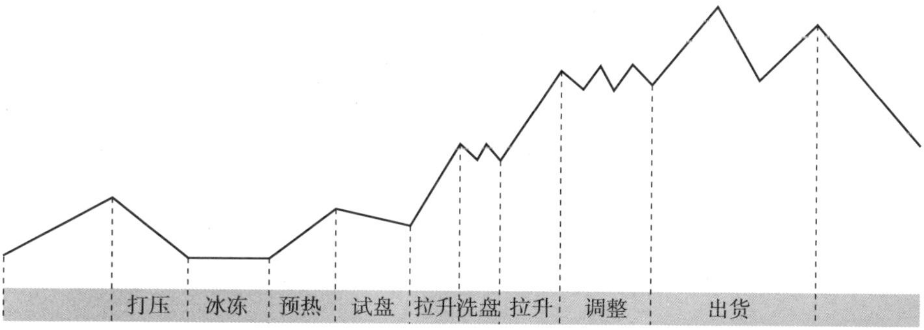

控盘主力作盘全流程

第二节 趋势而为：远离下降趋势

趋势已经是投资过程中永恒的话题了，但是仁者见仁智者见智，每个人都对其有着自己独到的看法。我一直说趋势乃投资的大道，但是我非常清楚，即使是我自己在不同的阶段对趋势的理解都是截然不同的，所以我的学员也是一样，每个人对趋势都有着自己的看法。这种看法的差异是由很多要素来决定的，甚至是每个人从小生长的环境，因为这会直接导致我们对事物截然不同的看法和从不同方位去诠释的能力。

有的人觉得趋势就是那一根线，它是决定我们每笔交易的核心：线上就满仓，线小就逃跑。这句话送给过每一位和我有过面缘的朋友，但是明白这两句话含义的朋友少之又少，能够真正用这两句话指导交易的就更加屈指可数了。

本书的宗旨是解密操盘天机，其实天机根本不存在，只是知道的人比较少增加了它的神秘感，因为我知道这本书在国内会有更广阔的覆盖面，所以我愿意将每一个主力机构操盘的要点给大家进行详细解读，我会用通俗易懂的文字阐述让你醍醐灌顶的道理。“线上就满仓、线下就逃”的重点在于

“线”，到底是哪根线？因为我们知道有趋势线、均线、通道线等等，甚至每个指标都能够演绎出数根线来。投资的难点在于它的多和复杂，让我们在选择的时候无从着手，但是要成为一名卓越的交易者一定是对各种分析工具有充分了解后找到最适合自己的那个。

对于特种兵的训练也是如此，在最终的团队作战的时候每个士兵都有自己明确的位置，但是他要对各种武器、团队的各种角色有充分地学习和了解后找到自己最擅长的那个。一专多能是非常恰当的，这是 1979 年中国人民解放军开展群众性练兵活动中提出的一项内容，它不仅使用于军队管理，也适用于我们国家的教育，当然更适用于职业操盘手的培养。

1. 抓大趋势赚大钱

谈趋势必然会谈到级别，不同级别的趋势会给我们带来截然不同的利润。但是什么样的股票会走出大趋势？A 股 28 年的阅历成就了一批人，但是也让更大一批人痛不欲生，因为对于 A 股的投资逻辑一直无从着手。无论是政策市还是庄市都给股民带来了无限的遐想和期望，但是结果都是事与愿违，即使自己再沉淀了足够多的分析逻辑和市场的变化相比都是微不足道的。

A 股市场正逐渐成熟，而且在未来会更加成熟，所以一些经典的投资理论在 A 股上的适用程度也会越来越大。这对于爱学习的股民来说绝对是一件好事，这会让我们的投资可以有抓手了，不至于毫无根据地去赌大小。2017 年的白马行情让曾经信奉过价值投资但是没有坚持的人伤心欲绝，当然在 2018 年 2 月份开始的巨幅回调后又再度对价值投资失去信心……散户就是在这种循环中积攒股龄、销毁财富的。

投资要有信仰，但是我所谓的信仰不是让你一定要去信什么教派，而是要有自己认可的事情，之后对自己认可的事情坚定不移，比如营业收入 5 年内能够上涨 20 倍的公司股价至少会上涨 10 倍。这是一个非常简单的逻辑，但是你明白后是否能够脚踏实地地践行？

恒瑞医药是价值投资的典型代表，在《价值爆点》这本书中已经做过非常详细地介绍。从趋势级别的角度来分析，这是一个月线级别的大票。行情级别的判断确实会有一定的滞后性，但是对于更大级别的趋势来说，趋势的延续性和持续的时间越久后期可以操作的机会就会越大，所以一旦确认了是周线或者月线级别的大行情后。除非上市公司出现了实质性地转变，否则都应该以继续持仓为主。

恒瑞医药从 2004 年到 2018 年历时 14 年的时间，股价从 0.21 元涨到 89.23 元，当然这是在前复权的情况下计算得来的，上涨的幅度有 423 倍。可能我们很多时候习惯的 A 股是涨了一波后就开始回调，以年为单位持续性上涨是遥不可及的事情，但是其实 A 股真的不乏这样的标的，如果你曾经买过，你有坚定持仓吗？

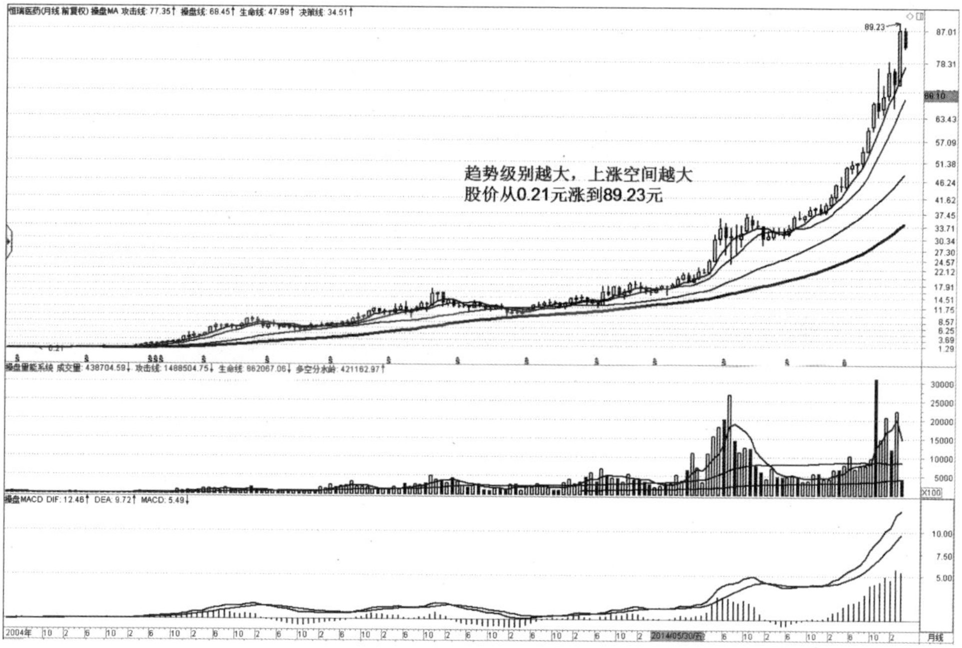

恒瑞医药（600276）2004 年 3 月—2018 年 4 月月 K 线走势图

和大家分享个经典的故事：三个人同时乘电梯从 1 楼到 10 楼，一个人是在电梯里做俯卧撑的，一个人是在电梯里做蹲起的，还有一个人在电梯里除了站着看电梯的楼层数什么都没做。最后都到达了 10 楼，如果去问他们是怎么到的 10 楼，他们的回答肯定是不一样的，但是他们有了一个共同的前提就是乘电梯上来的。电梯就是所谓的势，当大势来临的时候猪都能上天。

买股票首先要考虑的势就是大盘的趋势，即使不是在牛市中，也就是说你想到10楼，但是在一个坏了的电梯里，无论你在里面做什么都到不了10楼。

如果你有认真阅读《股市立论与财富革命》，对下面上证指数的走势一定不陌生了，这是一幅诠释了A股市场28岁起落人生的图谱，更是记录了A股股民在市场中辛酸的图谱。回忆一下，在这28年的上升走势中，你是从哪里开始交易的，你的收益又是怎么随着这幅图谱变化的？

下图中共标注出了5次大机会，但是从结果或者客观来看，前三次算是大机会，后面的两次还不能算是大机会。所以在A股的28年里有三次赚大钱的机会，有两次赚钱相对容易的机会，其他时间大部分股票都处于震荡下跌的状态。得到这个结论后可能你会好受点，因为终于明白了为什么在股市中赚钱这么难了，因为从2007年6124的高点到现在A股一直处于宽幅震荡状态，虽然有过两次强势的反弹，但是都是因为快速见顶导致前期的利润大幅回吐。上证指数只能反映市场的部分走势，需要对创业板指、中小板指甚至上证50、沪深300等众多指数都进行充分分析后才能有效把握住市场轮动的节奏。

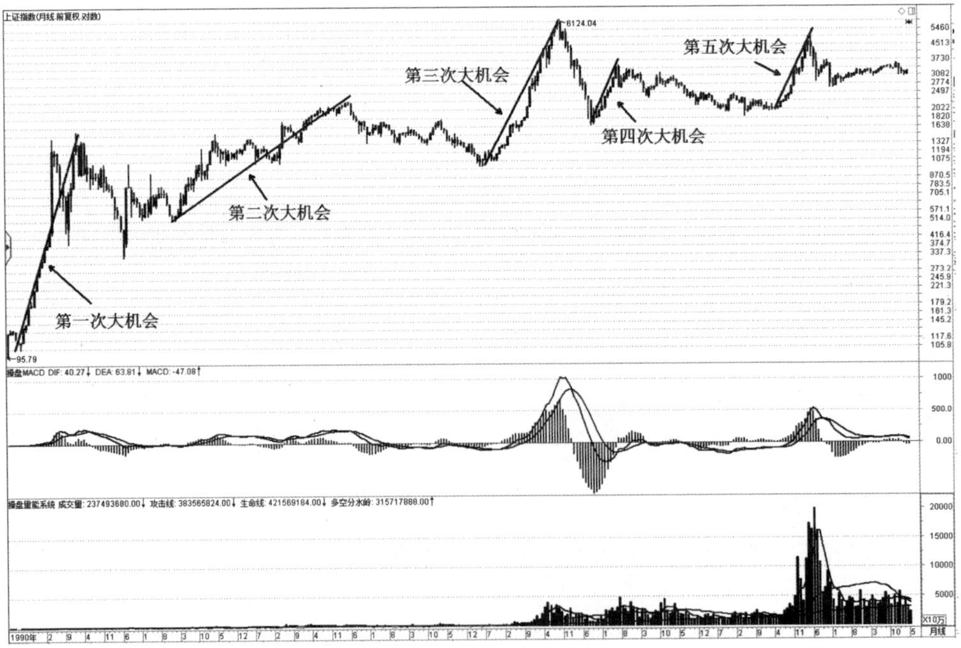

上证指数（999999）1990年12月—2018年5月月K线走势图

2. 放小趋势弃小钱

讲完了大趋势大家对小趋势就非常容易理解了，因为凡事都是相对的，有大趋势的产生自然也会有小趋势的产生，而我们很多人都是把焦点放在了小趋势上而忽略了大趋势，这又是为何呢？因为我们更习惯于日常的小事，关注更多的是短期的事情，太长远的事情太遥不可及了，没有想象力和持续性的推理逻辑看透未来的走势。

市场中有的模式是投资，有的模式是投机，但是在江氏操盘天机的交易体系中更多的是投机式投资，因为即使再牛的股票，在中长期上涨中还是会有大幅震荡，我们可以在其出现价差的震荡中进行高抛低吸让收益最大化。但是此时一定要强调的是，在技术水平不足以让你做高抛低吸之前不要陷入这个迷魂阵里，因为现实通常会违背你的初衷，让你的交易成本变得越来越高。

中海达的走势和恒瑞医药截然不同，一个是月线上的大级别上升趋势，但是下图走的却是日线上的持续性下降走势，最明显的就是60均线还在拐头向下，还没有形成强势的上帝之手走势。在60均线对股价还有压制的时候，只会走出小级别的趋势，最多是一个30分钟级别的趋势，而该趋势一般情况下会由两个或两个以上15分钟的上升趋势构成。关于不同级别趋势之间的转换请看《趋势为王》这本书。

中海达的两个上升行情中，第一个是由几根强势阳线构成，最后一根K线以长上影线的方式滞涨在60均线附近，之后展开横盘。虽然股价冲高后快速回落，但是股价已经站上了30均线，再次回调后止跌于30均线附近。第二个上涨波段是以一个一字板的方式结束的，其实大家一定要牢记，在大盘环境不是非常乐观的时候，一旦60均线还没有拐头启动的涨停板的持续性是不够强的，尤其前方的长期横盘区间形成了大量的套牢盘，这么短时间的底部横盘是不足以完成筹码的充分转换的，一旦股价跌破15分钟或者5分钟的上升趋势线就是短期要平仓的时机。

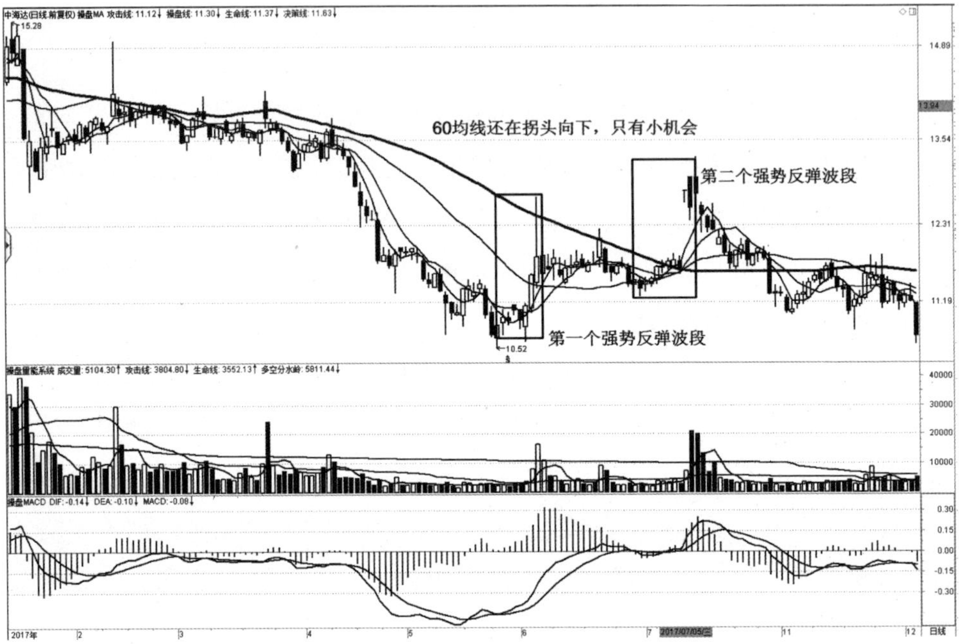

中海达（300177）2017 年 1 月 11 日—2018 年 12 月 5 日日 K 线走势图

最稳健的操作方式并不是去抄底，而是需要一个试探性坐底波段出现后，再运行一个有效回踩波段，我们参与的是第二个上涨波段，因为第一个上涨波段通常是小级别的反转行情，所以第一个上涨趋势就是我们要放弃的小趋势行情。

金龙汽车的第一个上升波段从 10. 37 上涨到 14. 36，波段的涨幅接近 40%，但是这个上涨波段能够给予到我们的确定性盈利空间只有 20%，而且还是要在你的操作水平比较好的前提下。参与的每一次交易一定要保证最大程度规避风险、尽量提高股价上涨的确定性，所以在没有充分的信息确保股价会有 20% 的上涨空间之前不能轻易建仓。金龙汽车的走势可以看出，每次的弱势回踩遇到 60 均线的有效支撑后就是下个波段的起点，此时行情级别在变大，所以此时才会出现确定性更高的交易点位，之前的上涨波段是我们要学会放弃的。

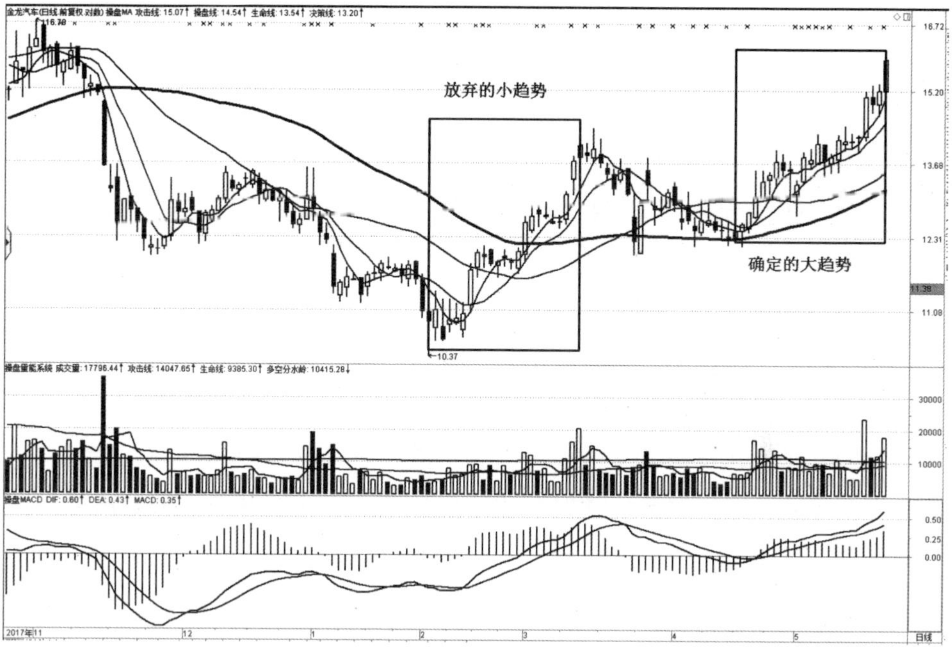

金龙汽车（600686）2017 年 10 月 26 日—2018 年 5 月 21 日日 K 线走势图

3. 看错趋势倒亏钱

有的人说投资很简单，就是涨和跌两个方向，买对应该不难，但是现实的结果就是亏钱的次数远远多于赚钱的次数，也就是说单从赚钱还是亏钱的角度上来看，很多人的操作结果还不如自己按照扔硬币判断正反面进行买卖赚钱的次数多。市场的点滴变化时时刻刻牵引着股民的心，因为心系账户，很难在股价的千变万化中独善其身，这个时候在乱花渐欲迷人眼的走势中保持一份镇定才是能够获利的核心，所以很多时候不是看错趋势，而是还没有认真看的时候就枉然下了结论，那结果自然很难像预期那么理想。

一直和我们的学员强调，在我们商学院的学习氛围中，半年的时间足够实现基础技术的积累，但是大家交易的结果差距非常大，原因就是在把基础知识运用到实战的过程中不能实现对所学的技术做到足够信任，而且所关注的指标、信息越多就会导致最终的执行能力越差。所以简言之，最终成为市场赢家的关键在于是否可以有效地对待和处理市场的变化和诱惑。

欧普康视走势图中标注的形态是非常值得研究的，是技术分析中特别强调的收敛三角形，而且根据重心原理不难发现股价的低点一直在抬高，这是趋势理论中最值得关注的信号，就是股价有持续性上涨的需求。但是根据波浪理论调整浪的 ABC 的结构要求，欧普康视从最高点 70.91 元下跌开始只完成了 A 浪的下跌，当下的收敛形态只是反弹 B 浪的一种走势，还差一个下跌的 C 浪，也就是股价只有对该收敛形态的下轨走出一次有效突破后结构才算是完整。但是如果对结构理解不够深入的情况下很难做出股价后期会再次下行的决定，如果只关注到股价回踩 60 均线后的支撑贸然买进的话就只是关注了当下的一个点而忽略了整体的面。建议投资者打开交易软件看一下后面的走势，看书只是给你带来思维上的转变，最终带来实质性转变的一定是通过不断的努力和学习才能够实现的。

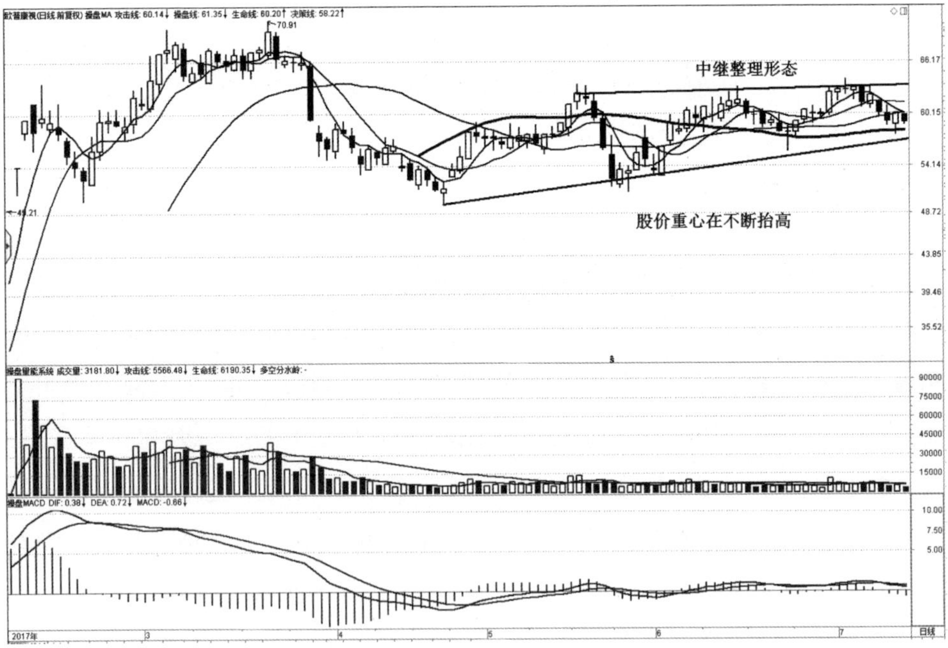

欧普康视（300595）2017 年 2 月 7 日—2017 年 7 月 13 日日 K 线走势图

交易是一件依靠概率获得收益的事件，没有谁可以长期地从中确定性获利，但是如果你参与交易却从来不进行学习和总结倒是可能会进入长期确定性亏损的状态。所以看错趋势是正常的，我们不能苛求自己不犯错，但是要严格要求自己犯错后及时终止错误。在牧原股份的上升趋势中给大家标注了三个高点，无论你在任何一个高点买进都会面临调整，也就是账户的浮亏。如果在第一个高点和第二个高点出现后你坚定看好上升趋势没有采取止损措施，那么只要在时间允许的情况下你都会有解套进而获利的机会，所以你一定会接收到市场给你的信号：在上升趋势中追高是不怕的，因为还会给你解套。但是坚定地在第三个高点的时候继续进场，结果却截然不同。

这就是市场，它从来不会长时间地重复一个规律，基本会在你认清这个规律的时候就会被破坏。所以看错趋势是正常的，可是我们在每一次交易的时候都要给自己的“可能会看错”买一个保险，就是适当的止损位，只有这样才能够避免出现大幅亏损的结局。

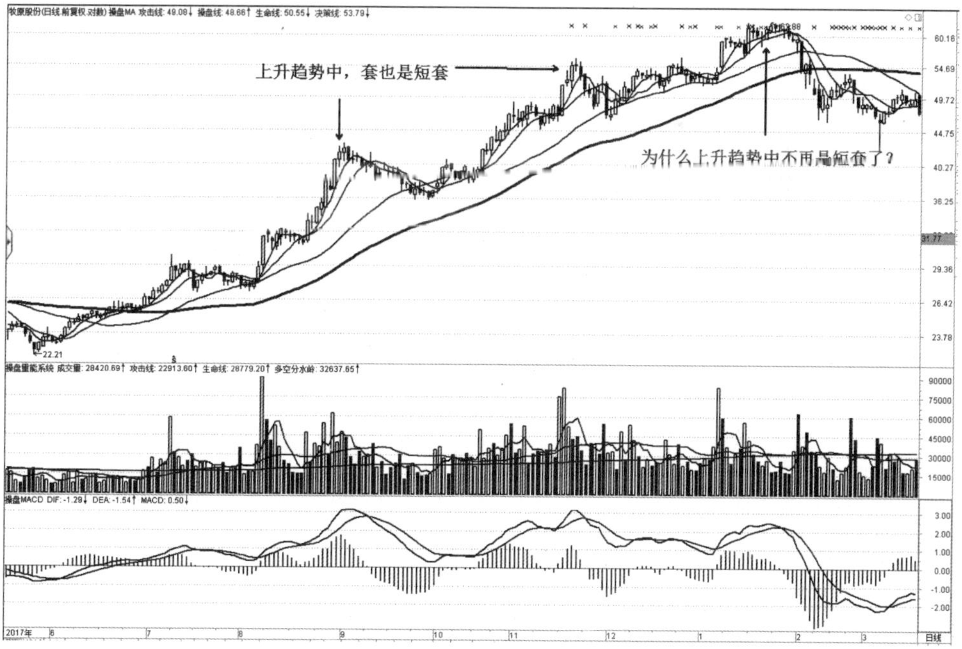

牧原股份（002714）2017 年 5 月 16 日—2018 年 3 月 19 日日 K 线走势图

4. 看错小趋势亏大钱

对于散户来说最大的烦恼就是市场永远都不会按照自己的想法运行，明明是看涨的但是它偏偏下跌，明明是看跌的但是它偏偏上涨。问题的根源很简单，因为没有看懂市场，虽然卖出后上涨充满遗憾，但是买进后就下跌亏损的却是自己的血汗钱。股民都抱怨 A 股的动荡导致我们亏钱，老是看人家国外的市场好，只看美国 8 年的大牛市，却对于俄罗斯大盘指数一天下跌 12% 却充耳不闻。如果在股市中拼搏数年，你还觉得自己亏钱都是市场的问题，那你亏钱真的是必然的，只有学会从自己身上找问题时才会从根本上解决问题。

本书更多的是给大家带入操盘手的思维，只有先从思维上转变再用所学的方法才会起到作用，否则只会适得其反。但是思维同 K 线、指标、成交量等数据的变化相比实在是太虚无了，所以很多投资者不愿意花时间和精力在了解和养成思维上，只想寻找赚快钱的招数。当你的发现出现问题的时候，结果自然不会如你所愿的。多看我的视频，有机会多和我聊聊心法，自己的问题解决了交易的大门就会真正地打开了。

我们先来探讨“看错小趋势”中的看错，这个的核心问题就是出在技术不到家，基础不牢地动山摇，各行各业的道理都是一样的，所以技术一定得学，如果你在操作几千万甚至几个亿的资金的时候告诉别人你的决策依据是盘感，别人一定会吓出一身冷汗。投资是一个理性决策的过程，养成理性的习惯一定是经过专业的训练之后，对市场有深度理解后才能够做到的。“小趋势”这里就不再详细介绍了，在我们商学院各种培训内容上都会反复强调的，但是我相信大家对“亏大钱”一定非常感兴趣，因为大部分人都有过切身的体验。

股市中没有神仙，谁都不会是常胜将军，但是只要大赚小亏总体看下来一定是赚的。道理虽然简单，但是很多人都难明白，因为人性的弱点都是更偏向于基于现在情况判断当下的得失，很少能够摆脱当下的困扰看得更远。所以一旦账户出现亏损的时候只是希望股价快点涨起来，但是现实是趋势发生了反转，明明可以在小亏的时候果断出来，最终却在人性的驱使下越亏越大。

形态是我们分析股价走势必须要考虑的要素，形态本身反映的是人与人之间的对抗和人性对市场的反应，所以只有在形态上走出了上升趋势、下降趋势、调整期间该有的形态，原来的趋势性均衡才会被打破，也就是说在原形态没有完整、没有到位之前新的形态是不会形成的。处在牛熊分水岭时的形态是偏向极端的，基本是在至少一次暴涨和暴跌后展开漫长的坐底形态。北方导航在熊市的第一个杀跌波段从 32.6 元跌到 12 元，下跌的幅度有 62.5%。股价通常都是在暴涨和暴跌之间交替，暴跌后出现报复性反弹的概率也是比较大的，但是请大家要明确只是反弹行情，前期超过 1 年的大牛市后不会在 1 个月的时间里就完成调整行情，所以图中标注的横盘只是强势反弹行情之后主力资金出货。

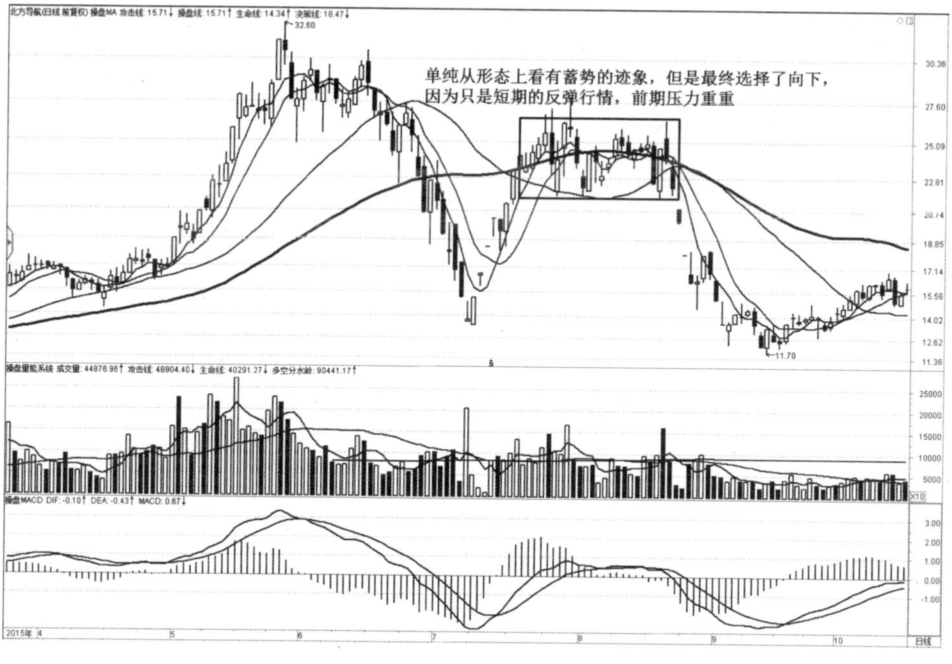

北方导航（600435）2015 年 3 月 25 日—2015 年 10 月 23 日日 K 线走势图

ST 云网的走势和北方导航是截然不同的，因为北方导航是处于反弹的 B 浪的位置，但是 ST 云网似乎已经在上升趋势的中继中，所以技术分析形态均已经被修复完毕，似乎要等待的就是放量向上突破。但是在对股价后期走势充满无限希望的时候，股价选择了向下运行，而且是以暴跌的方式向下。股价形成了近期的高点后进入横盘整理期间。该横盘整理期并不是上升的中继形态，因为前一个上升波段在阶段性的顶部有明显资金出逃的迹象，后期由股价与量能来看也并没有场外资金的参与，所以该横盘一定是要谨慎对待的。最主要的是在还没有出现向上选择方向的信号时股价开始快速下挫。

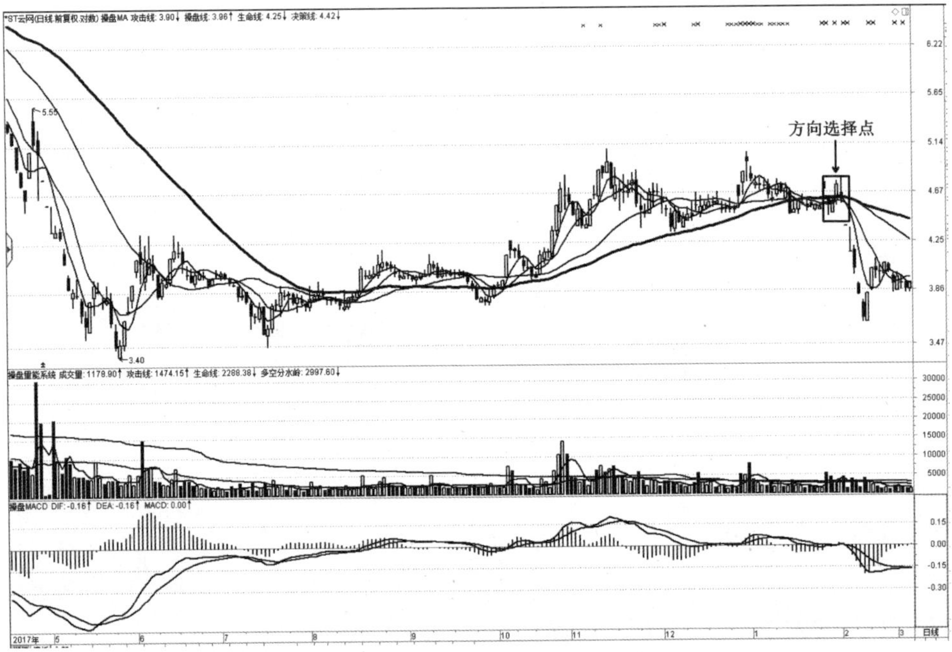

*ST 云网（002306）2017 年 4 月 13 日—2018 年 3 月 6 日日 K 线走势图

第三节　资金为王：永远保留活下去的本钱

在江氏操盘体系中，每次的交易决策成交量所占的比例可以达到 50%，可见它的重要性。对于初学者更多地关注股价而忽略了成交量，因为价格的走势是最好做文章的，比如可以通过几根线就找到有效的支撑和压力位后指导交易，而成交量则是要通过系列逻辑上的思考才能实现，就是说分析成交量所消耗的脑细胞要比分析股价多，所以很多投资者故意绕开成交量而专注在股价的分析上，但是却不知本末倒置了。如果你是一位深度研究技术分析却没有得到好的收益的投资者，我相信这句话对你的感触会非常大。

很多学员在跟我学的初期对于“资金为王”四个字的理解是有限的，有的觉得自己账户里的钱是老大，账户里没有翻盘的本金时你就被出局了，有的觉得股价的上涨必须要有资金推动所以成交量是老大，当然也有的只是感觉到了资金的重要性，但是到底是怎么重要、为什么重要根本没有自己的判断。其实资金为王是从两个方面来看的，哪个方面理解不到位都不会有好的投资盈利。

1. 股价需要资金助力

资金是股价上涨的唯一牵引力。这句话足以强调资金之于股价的重要性，因为只有放量上涨时才能够证明股价的上涨是被市场上场外的资金认可的，股价持续性上涨才有生命力。当然在股价被高度控盘之后的上涨是一种特殊情况，最常见的极端现象就是一字涨停板，因为此时市场上基本上没有卖出意愿的。

恒立液压的中长期上升趋势中是分为几个阶段运行的，这是非常明显的大趋势由多个小级别趋势构成的案例，股价变化的过程一定是从小的趋势逐渐开始向大趋势进行演化的，也就是每个小级别的上升趋势是否健康将会直接决定股价后期的趋势该如何运行。该段时间的走势是由 3 段非常明显的上升趋势构成，在前两个上升趋势的运行中伴随的是成交量明显放大，这就为最后一次的冲高做好了充足的准备。

虽然在最后一个上升趋势中也有非常明显的放量迹象，但是有明显放量迹象的量柱只有两根，没有构成量堆，所以能够让后期再次地走出上升波段的动能开始大打折扣，即使股价不会很快转头向下也会展开长时间的横盘震荡。股价健康地上涨一定是在资金推动下完成的，一旦推动股价上涨的核心能量出现问题，则阶段性调整或者见顶的概率就会加大。

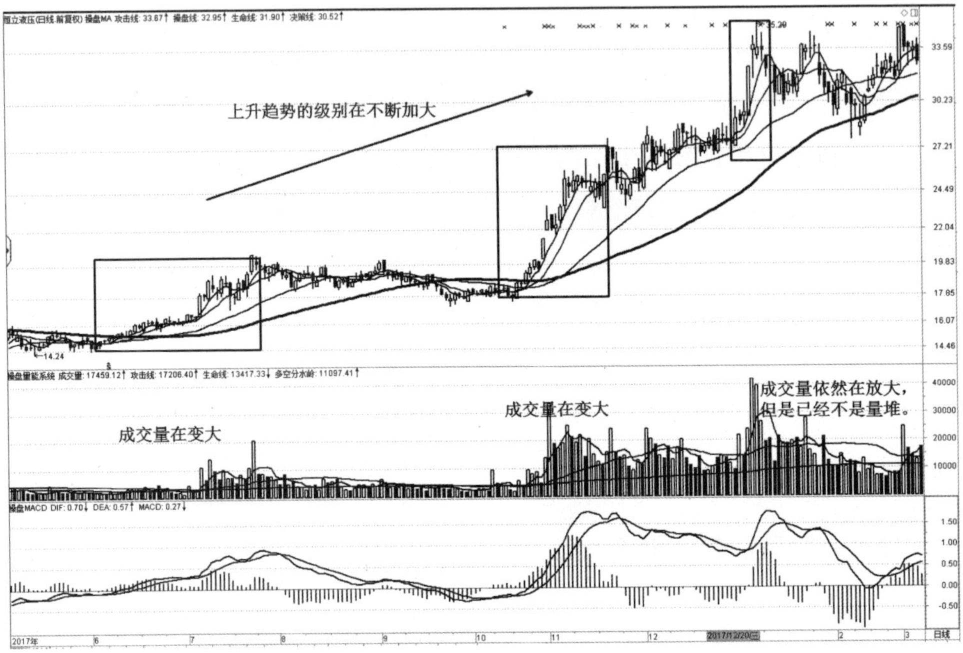

恒立液压（601100）2017 年 5 月 3 日—2018 年 3 月 8 日日 K 线走势图

分析股价的运行一定要对上升趋势、下降趋势和横盘状态能够做到全面分析，上升趋势的运行需要资金的推动，但是下降趋势的运行却是截然不同！股价在下跌的过程是不需要成交量的，无量也会跌得很惨。因为股价的下跌就像是自由落体一样有重力的牵引，下跌过程向下牵引股价的重力就是抛盘，但是因为没有场外资金的积极介入，所以会导致股价进入下跌状态后如果没有很强的扭转力量之前是不会止跌的。

同恒立液压相反的是太平洋在持续性地下跌过程中，而这个过程的成交量在不断地萎缩，虽然在中途的反弹行情中有明显的成交量放出，但是根据江氏操盘扭转成交量的标准还不足以推动大级别的上升趋势。对于很多喜欢超跌的朋友一定要注意了，尽量地降低成本是没有错的，但是如果你的介入点选在了下降趋势中很可能会赶上持续性下跌，就是低了还有更低，这也是我们经常被套的原因。

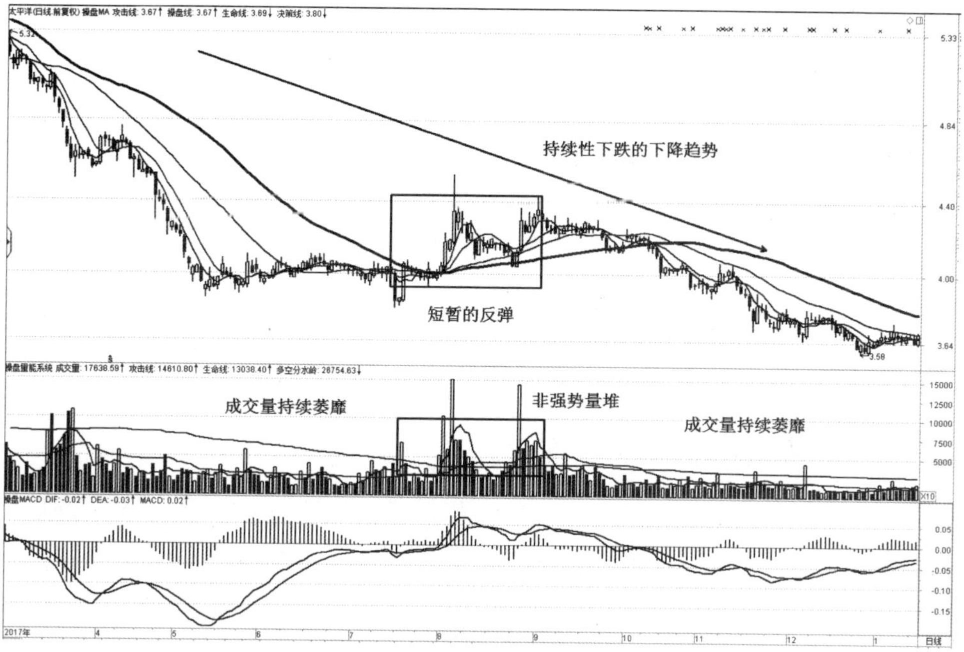

太平洋（601099）2017 年 3 月 2 日—2018 年 1 月 16 日日 K 线走势图

2. 股民需要资金助力

对于我们自己账户里的资金更是要求资金是老大，因为这是我们自己辛辛苦苦赚来的血汗钱，最重要的是赚钱永远比亏钱难，一旦我们出现了 10% 的亏损后在不加资金的前提下需要赚 11.11% 才能够回本，一旦我们出现 30% 的亏损后在不加资金的前提下需要赚 42.86% 才能够回本，一旦我们出现 50% 的亏损后在不加资金的前提下需要赚 100% 才能够回本，一旦我们出现 70% 的亏损后在不加资金的前提下需要赚 233.33% 才能够回本。

上面的一组数据可以给到我们非常直接的启示：绝对不能大亏！关于亏损的问题会在后面的内容中和大家做深度阐述，此时切记的是只要账户里有资金就有翻牌的机会，但是如果你的账户里没钱了再大的行情和你都没有关系了。

第四节　强者恒强

股价走势的根本定律：强者恒强，弱者恒弱！这是做证券投资的人一定要深度领悟的，就像与什么样的朋友打交道自己就会成为什么样的人一样。尤其在牛皮市，本以为买进了一只处于低位还没有大幅上涨的股票，其结果却是大盘刚一出现风吹草动，原本低位的股票就破位下跌。

这是一种在社会学和经济学中常见的现象，被称为“马太效应”，还有一种表现是富者更富、穷者更穷。有人认为，这种明显会造成两极分化的现象是与平衡的原理相悖的，随着时间的无限制迁移终究会回归到平衡中，所以这种现象是短暂的。其实不然，这是平衡的另一种表现形式，就像“无限大的数字会在一个新的维度上变为零”一样。其实强者恒强是一种积极向上的思维方式，它告诉我们只有变得好了才会更好，而且这种变化的速度通常是以指数级增长的。

强者恒强是对趋势的延续性的最好验证，当趋势形成后很难改变，如果又有充足的资金推动，股价就会真正地走出强势上涨的走势，也就是涨了还涨、强者恒强。如果没有趋势的形成，是不会走出强者恒强的走势的。

1. 紧随强势股

强者不一定恒强。与强者为伍是我们在选股的过程中一定要关注的，但是我们要明确的是强者在更大概率上会恒强，只要不是100%确定的事件就不能用一定这个词，尤其是在证券市场，因为它是无常的、是时刻都在变的。其实最重要的是我们要关注到位置，就是操作的强势股一定是启动初期，而不是上涨末期，一旦进入了上涨末期就是阶段性出货了，我们进场只有一个选择：站岗。因为本书所阐述的内容更多是站在操盘的角度上，站在市场中20%的角度上，如果你还不能够理解希望多多关注我们的分享视频，如果你已经有所共鸣则非常恭喜此时你离成为市场中的20%那部分人已经不远。

威唐工业的这个上涨波段属于典型的短期强势资金推动的上涨，从最低点的启动到整个上升趋势的结束可谓是强势上涨，因为在 17 个交易日内有 4 个涨停板，第二个上涨波段就是在 3 个涨停板后结束的。如果你是在上涨初期或者是加速阶段买进的，那么一定会有非常丰厚的收益，因为你做到了与强者为伍，而且强者恒强。但是如果在上涨末期买进的那就有点遗憾了，因为虽然从走势上已经明确了是强势股，但是已经到了阶段性高位了。就是当市场所有的参与者都能够看出它是强势股、是龙头的时候离开始出货就不远的，这就要求我们在每次分析的过程能够足够客观、全面、理性。

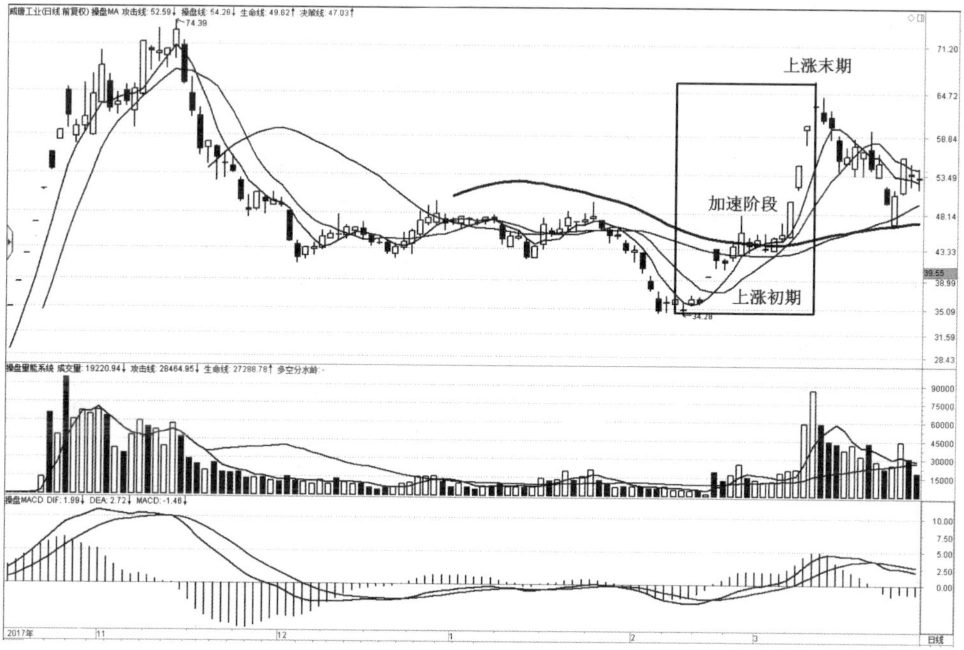

威唐工业（300707）2017 年 10 月 17 日—2018 年 3 月 29 日日 K 线走势图

连续涨停板的必然会是强势股，但是还有一种是强势股就是连续上涨，上涨过程中并没有出现连续的涨停板。股票和人一样都是有基因的，决定股票基因的要素有流通盘、经营能力、所在行业、所在地区等等，因为这些要素会直接决定活跃资金对该标的的参与度，也就形成了它特有的股性。对于神马股份前期短暂坐底后的强势反弹行情来说，有明显的活跃资金参与，但是因为是从底部上来的第一波已经走出了连续性上攻很少回调的走势，所以为股性的强势奠定了基础，此时一旦股价的回踩遇到强势支撑就值得关注。

从神马股份两个上升波段的走势中不难发现，均是阳多阴少的走势，这也是一种非常强势的表现，因为在没有回撤的情况下形成的复利将会给你的账户带来惊人的收益。这种收益的增长是指数型的！

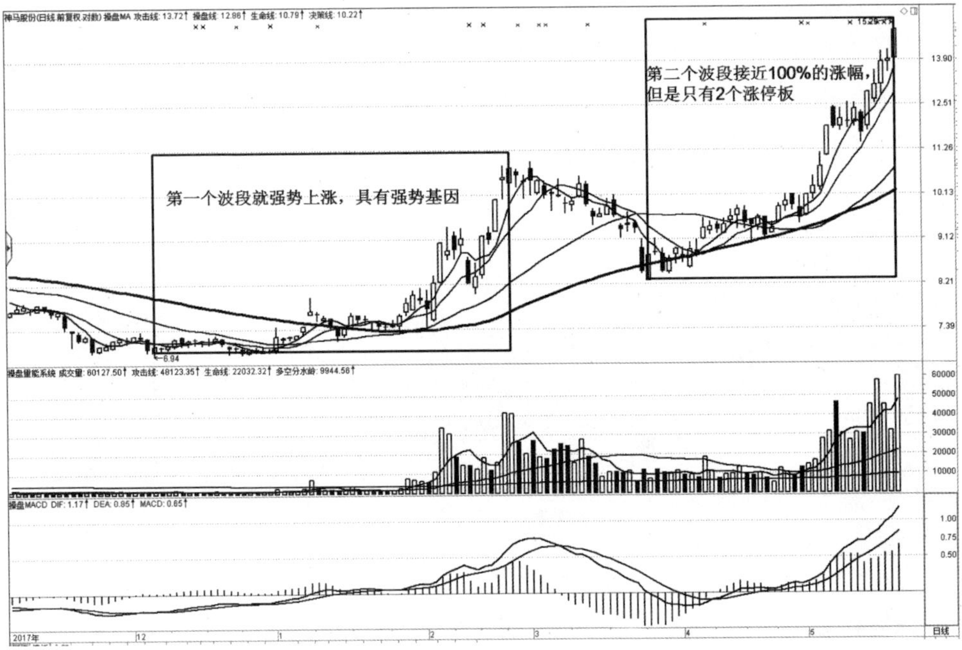

神马股份（600810）2017 年 11 月 7 日—2018 年 5 月 21 日日 K 线走势图

2. 远离弱势股

弱者一定恒弱。虽然关于强者我们用了“不一定恒强”进行了概率化表述，但是对于弱者却是给出了非常肯定的判断。因为这要求我们在实战操作的过程中一定要远离弱者，所谓的弱者并不一定是持续性下跌就是弱者，那些在空头趋势中一直没有人气，没有空转多信号发生的同样也是弱者，这些弱势的股票容易出现地狱之门的危险信号。这种股票是我们一定不能碰的，因为我们要求学员在选择标的的时候一定要有标准，不满足标准的是一定不能碰的。有的朋友说也有股票看起来很弱但是就突然涨起来，这样的案例确实是有但是这样的股票在强势启动的时候一定有走强的信号的，只是需要我们足够的细心去发现这些越强的信息。

江龙游艇在走强之前的下跌趋势中股价持续性下跌，成交量持续性减弱，股价在60均线之下弱势下行。关于均线更系统的使用方法请关注《黑马在线》一书，和大家讲述了如何用均线系统来搭建一套属于我们自己的完善的、有效的交易系统。股价通过第一个下跌波段在60均线之下构建了一个弱势横盘的调整形态，在受阻于60均线原因的驱动下最终还是向下选择方向，完成了更大级别的ABC调整结构。

股价在最后一个下跌波段的运行过程中下跌K线的实体逐渐减弱，止跌后并没有以大阳线的方式扭转行情，而是以弱势阳线的方式逐渐对短期均线进行修复，此时已经开始有明显的成交量放大的迹象，也就是说江龙游艇最终的强势上涨是在空方动能衰竭后多方动能开始充分累积后才形成的。分析股票的重点在于找到趋势的拐点和趋势的确认点，这也是弱势股向强势股进行转折的关键。

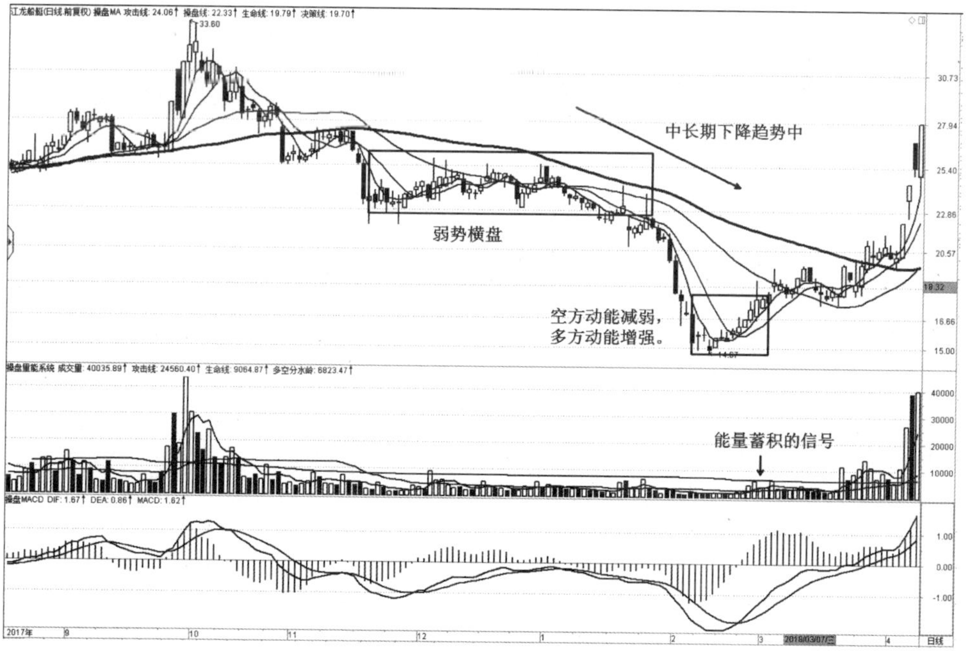

江龙游艇（300589）2017年8月18日—2018年4月11日日K线走势图

到底什么是强势股？其实不同的人是有不同的定义的。看融珏集团的前期走势，均是以弱势K线为主，如果不看它之前的走势，很容易形成一种错觉：股价进入了高度控盘状态，后期会有强势拉升。但是到底它更早之前是怎么运行的是一定要关注的，这是我们确定一只股票股性的关键。所以要求大家自己在交易软件上翻出融珏集团之前的走势进行分析，到底这个横盘是不是控盘后的蓄势，理由是什么。

其实融珏集团长时间的弱势横盘是因为没有强势资金参与，也就是说它的流通盘是非常分散的，很难有合力形成一致性行情。上升趋势和下降趋势的差别在于上升趋势的推动是必须要有资金的，但是股价一旦进入下降趋势，只要没有人气，股价就会进入断崖式下跌状态。

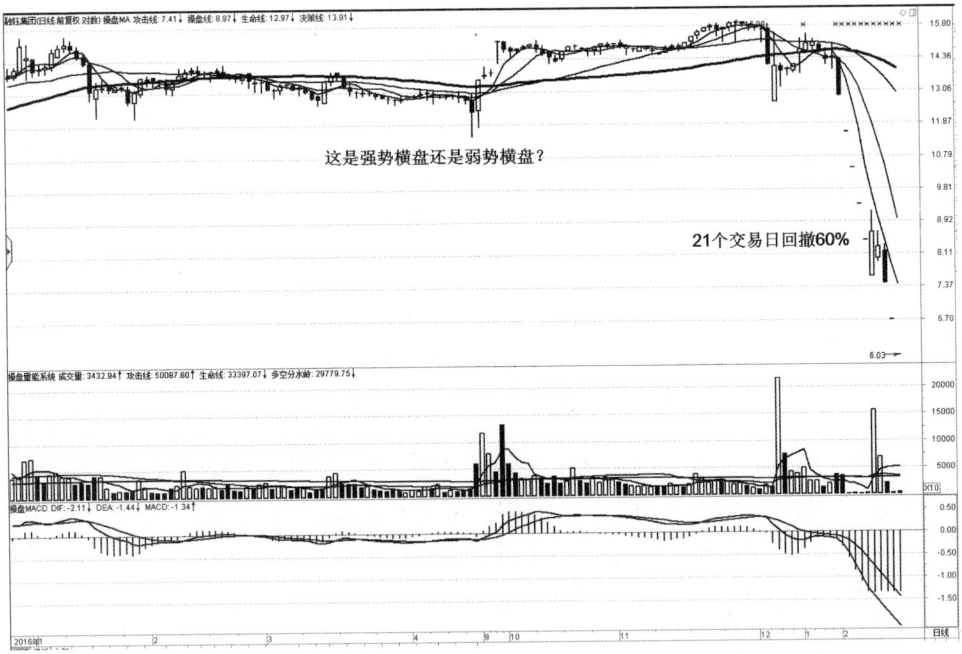

融珏集团（002622）2016年12月14日—2018年5月21日日K线走势图

第五节 截断亏损

很多投资者的心态是亏钱了坚定持仓，赚钱了就跑，长期来看根本赚不到钱，大部分散户都是这样做的，那就变得简单了，反过来做就会盈利了：亏损的时候快点溜，盈利的时候坚定持仓。这是在市场中的一种逆向思维，逆向思维不只是要求我们在恐惧时进场，在疯狂时兑现，具体到每次交易上都是有用的。其实股价的运动最后反映到账户上只有两个方向：亏损和盈利。所以当我们可以控制住账户不向一个方向运动的时候，最终只会选择另一个方向。

关于补仓的问题就更重要了，很多人受到“补仓摊平成本”这种说法的影响，越跌越加仓，直接导致仓位越来越重，好像亏损的比例有所下降，但是亏损的净额却越来越多。加仓是没问题的，但是目的不是为摊平成本，而是为了在看到好机会的时候可以加大仓位进而获得更多的收益，所以任何补仓的位置一定是确定股价会出现某个级别的向上运动的时候。切记，下降趋势补仓永远是错的，因为股价有继续创新低的风险，每股的成本虽低了但是总成本提高了，一旦股价再创新低会导致总亏损被放大。

1. 不再放大亏损

从海联讯前期连续上涨的走势中不难看出它曾经是一支强势股，如果你这都没有办法判断的要多学一下从零开始学炒股的内容，我们商学院有适合不同阶段投资者学习的内容，建议大家想在市场赚钱的一定要养成不断学习的习惯。如果之前你苦于找不到学习的地方，现在有我们商学院为大家提供文字、视频、语音、图表等方式更方便你了解和认识这个市场。

上文有提到过要关注强势股的位置，如果是在强势资金出货的位置进场的依然会面临较大的风险。海联讯上涨的末期出现过高开低走的阴线，同前期强势上涨已经构成了强烈的反差，是一种潜在的风险信号。但是很多股民总是后知后觉地在阶段性高位买进，然后股价下跌后还抱有幻想不愿意止损认输，海联讯的走势非常鲜明地展现出了股民的心理状态，高位进场后遇到股价连续下跌，账面浮亏直接到了30%。最好笑的一种说法是，我是想亏损10%的时候止损的，没想到直接亏了30%根本没有止损的机会。

首先我们要明确的是，股价的涨跌是不会以我们的意志为转移的，也就是说市场永远是对的，我们能够做的只是通过我们所学的东西来识别股价会怎么运行，所以我们的判断必然会有对错，对的时候享受市场给予我们的丰厚回报，错的时候也要敢于认错。从海联讯的走势中不难发现，在后期持续性的下跌行情中是有反复的，前面的强势上涨必然会以强势拐头向下来终结上升趋势，此后股价的走势要么横盘要么下跌，其中的上涨也只是短暂的反弹行情。如果我们能够明白15.29元之后的上涨只是短暂的，就要明白这是我们出场认输的最好机会，错了就是错了，找个机会及时出场不让亏损无休止放大才是王道，而不是毫无根据地幻想后期股价会上涨到哪里。

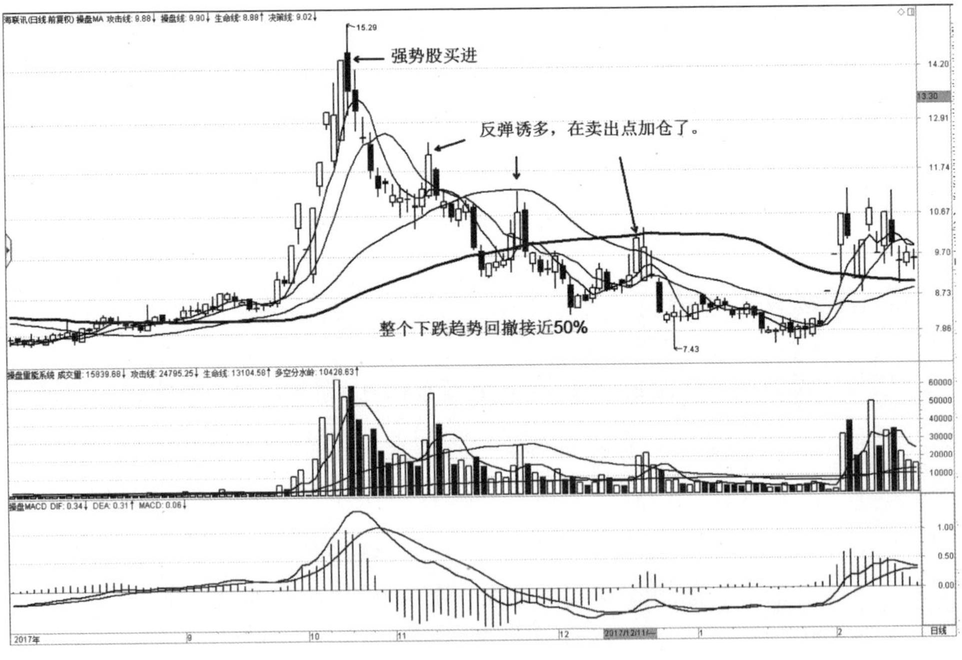

海联讯（300277）2017年7月31日—2018年2月23日日K线走势图

海联讯的头部属于标准的 V 型反转，以快涨后快跌结束的，如果没有及时出场，最大的亏损接近 50%，从开始下跌到这个波段的最低点运行的时间接近两个月，而且没有跌停板的情况，就说明是有足够的时间和机会让你卖出的。这就回到了一个更现实的问题上：都亏了 30% 了还能亏多少，不需要砍仓了吧？在江氏操盘的体系中这个问题的答案当然是否定的，因为在下跌趋势确认之后，股价会跌到哪里是不知道的，我们要等待新的上升趋势的确认性信号出现后才会有更好的交易机会。

2. 走向成熟交易

学会截断亏损是走向成熟交易的第一步。关于截断亏损的好处在上文已经做了充分地介绍，但是在执行的时候会遇到非常多的困难。当遇到一只基本面非常好的标的的时候，比如业绩 5 年增长 10 倍的上市公司，这种属于非常具有中长期投资价值的标的，但是不幸的是你选在了一个阶段性高点的位置，接下来股价要进行必然的回踩确认，此时就得大幅减仓等待新的启动点出现。有的朋友说中长期看好坚定持仓就好了，波段的价差不要做，因为我们是没有判断股价什么时候调整、什么时候启动的。这种情况的原因只有一个，技术不到位！只要是经过系统学习的，波段中大的高点和低点还是可以把握的。

通策医疗是一只基本面被一致认可的股票，在 2017 年下半年和 2018 年上半年的医疗股行情中它的表现算是说得过去，因为在没有连续两个涨停板的情况下，股价爬升了一倍，可见对它一致性看多的人气还是比较强的。但是股价在上升过程中难免会有回撤，不考虑小幅回撤，图中标注的两次回撤一次是 15%，一次是 24%，如果在其中做好波段的价差会大幅提高整体收益。所有趋势的运行都会由一个个不同级别的波段递推构成的，该上升趋势也是一样，每一个波段在日线上很难看出合适的买卖点位，但是在 30 分钟或者 60 分钟的走势图上是会找到明确的信号的。如果我们要参与波段操作，高抛低吸的周期最大放在 60 分钟的走势图上，也就是说当 60 分钟上出现了跌破上升趋势线的走势时必须减仓。

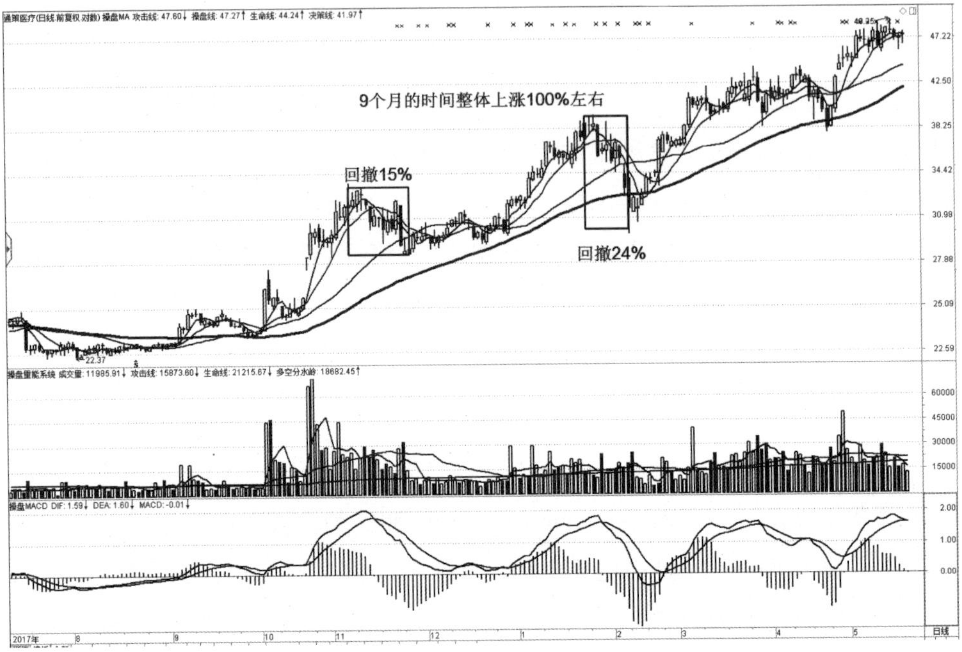

通策医疗（600763）2017 年 7 月 11 日—2018 年 5 月 21 日日 K 线走势图

第六节　利润奔跑

“截断亏损，利润奔跑”这八个字是华尔街的投资格言，然而对这八个字真正做到知行合一的人有的需要几年，有的需要十几年甚至数十年。道理虽简单，但对其的理解要做到深入骨髓却需要在反复的实战中锤炼。道已亲传，福祸已求！

从理论上来讲，强调了截断亏损之后，账户只会选择一个方向，那就是盈利。每位投资者都要面对这样的过程：从大亏到小亏，从小亏到不亏，从不亏到小赚，从小赚到大赚。在整个过程中，随着投资者对市场认知程度的加深变化，同市场的根本结构会越来越近，当可以做到与市场共舞的时候，利润就会开始奔跑。

1. 浮盈是一种肯定

当你开始能够有效规避大的风险的时候账户自然会开始出现浮盈，有的浮盈是因为多次交易累计起来的，但是有的浮盈是在持续性交易一只股票的时候产生。先是选到了一个好的进场点，之后便产生了盈利，这会为后期的持仓有了好的心理作用。股市中需要辩证处理的问题无时不在，比如大资金和小资金进场后的状态是截然不同的，大资金进场后短时间内一定是被套状态，但是小资金追求的是更高的资金利用率，所以最理想的状态就是买进后有盈利。可是对于技术水平积累不够的散户来说，这是非常难的，要么养成进场后能够承受回撤的能力，要么学会买进去就能够产生盈利的方法。

无论是多大资金的操作者，产生盈利是我们要追求的最终目标，更重要的是账户上的盈利不断增加是对我们前期判断的有效印证和肯定，但是如果进场之后出现了亏损很容易让我们开始质疑前期对更大趋势走势的判断。

图中标注出了信立泰两个买点，当然这只是为了更好地说明问题而找出的两个具有代表性的时间点，并不代表真正建议性的买点。但是在两个不同的买点介入后持仓的心态一定是截然不同的。第一个买点在相对低位，买进去就是阳线，股价开始上涨账户出现浮盈，后期股价一直在操盘线之上，就是完全没有跌破波段操作的风控线，这就大大降低了持仓的难度。但是如果你是在前期整个上涨波段都是处于迟疑的状态，在图中标注的第二个买点的位置终于忍不住带着对股价未来无限的憧憬买进了，但是现实是非常残酷的，股价不涨反跌。在股价回撤阶段，如果你对技术分析不懂可能会坚定持仓到底等到解套和后一个上涨波段，只是在此期间会忍受股价大幅回调的风险。

此时不讨论执行力非常强、在股价跌破操盘线就离场的情况，因为如果能够做到跌破操盘线就卖股票的人基本不会在第二个买点的位置买进。如果你的交易系统还不够稳定，不小心在第二个买点买进又在跌破操盘线的位置卖出，你依然是对的。在规避后期的下跌后股价再次带动攻击线和操盘线金叉后，一旦股价形成小周期上的平台突破后就构成了新的买点，但是即使后面能够有效买进也必然要承担前期错误买点所带来的成本。

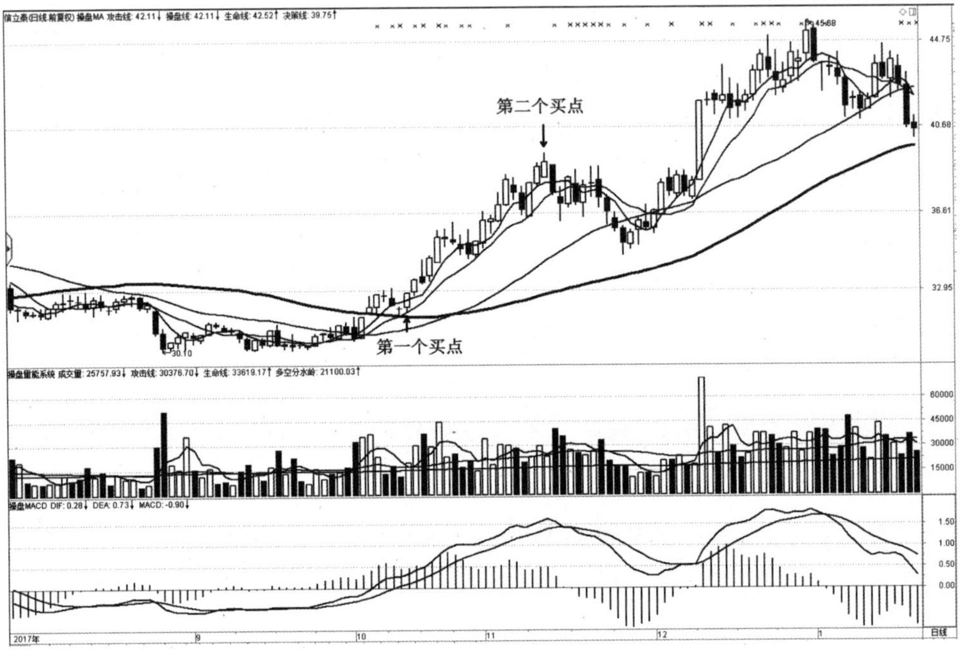

信立泰（002294）2017 年 7 月 31 日 ~ 2018 年 1 月 19 日日 K 线走势图

2. 赚钱是一种气度

对于老股民来说，回看历史总觉得自己错过了太多大牛股，其实完全忽略了即使时间倒流把大牛股给到你也很难赚足整个趋势的利润，在我们所知道的人中可能只有巴菲特做得到。在股市中，你想赚多大的钱就需要有多大的气度和格局，比如说你每次只想赚 5% 那么你只需要有正常人的意识和格局就够了，关键在于对短期趋势的把控以及风险控制和执行力，但是如果你一次交易想赚 200% 就必须要有对更大趋势的把控力，容忍期间的回撤、横盘。我们看到更多的是成功后的光环，很多都忽略了他们背后所经历的孤独和磨难。

上文有介绍过恒瑞医药，其实 A 股 28 年的辛酸历程还是成就了一部分优秀的上市公司的，不是所有的公司都像乐视网一样。长春高新在 13 年的时间里走出了 20 倍的上涨空间，但是在这只股票上赚钱的只是公司本身和部分机构，很少有散户是赚得非常爽的。即使现在从月线级别来看，该股有大行情，可是早在 10 年前就敢断定它可以走出这样大行情的人寥寥无几，从头拿到尾的寥寥无几，在股价的震荡中获得超过 20 倍收益的更是寥寥无几。

炒股的玄妙在于，它本身不完美，但是由于人性的驱使，股民会刻意追求完美，最终导致每天都是在无休止的伤心、失落和惋惜中度过。股市中对人性的锤炼是任何一个行业、一份工作都不能给到的，如果你想成为一个活得明白的人，股市是一个好的场所，当然你也要做好面对很多困难的准备。

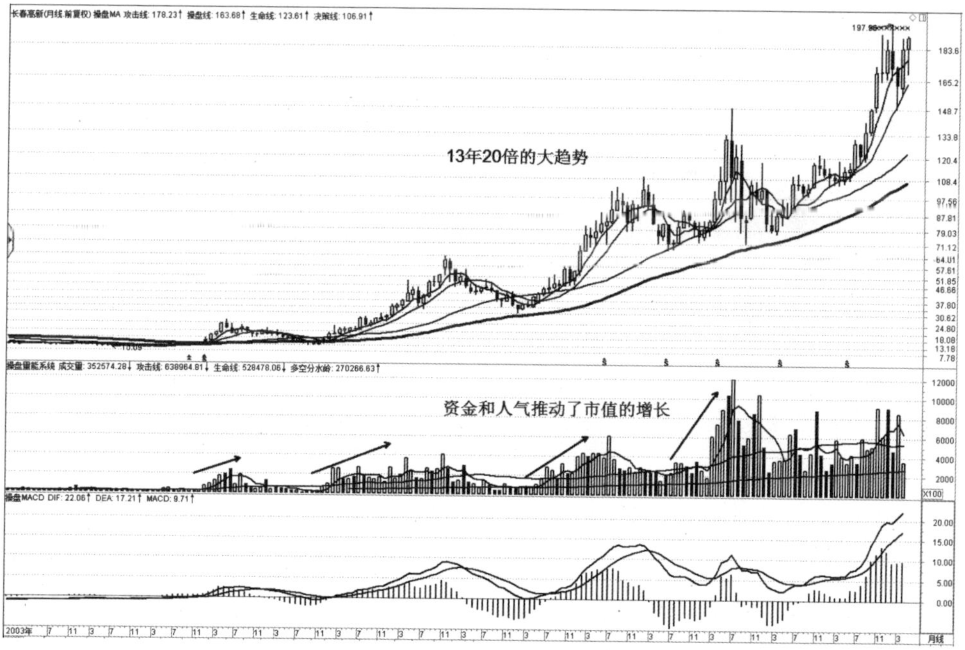

长春高新（000661）2003 年 11 月—2018 年 4 月月 K 线走势图

投资箴言

对于趋势投资者来说，顶级的趋势叫作时代，次级趋势是经济周期，最下层的趋势才是公司经营节奏。最下层的趋势轮回都是要以年计算的，但是我们往往陷在今天买入、明天涨停的赚快钱的预期中。A股有它投机的特性，可以让你赚到快钱的，但是没有大势助威时你必然要付出更多的勤奋。

经典答疑

提问者：江苏常州的张女士【2018年江氏操盘弟子班学员】

我们无论从资金上还是专业程度上就是散户，为什么要学习主力是如何作盘的，这对我们交易的指导作用有多大？感觉快速地掌握一些操作方法会更有用。

回答者：君洁老师

市场是二八法则，即只有20%的人赚钱、80%的人亏钱。有先见之明的人选择了跟随老师学习，会大大提高我们成为20%的赚钱人的比例，但是依然不能100%，这是由人的思维方式、格局、阅历综合来决定的。但是不可否认的是，市场中的主力资金大部分都是赚钱的，而且他们才是市场20%赚钱这部分人的主力军，也就是说在金字塔尖上能够赚钱的散户的比例更小。所以学习主力思维、像主力一样思考就是为了让我们拥有更大概率成为20%赚钱的那部分人。

股价的变化是在大资金的牵引下被人性驱使的，所以要成为交易上的高手必须要解决两个问题：一个是大资金操作者是如何运作股价的，另一个是人性在面对市场变化的时候是做什么反应，而想获利的人一定是追随大资金、反人性操作的！所以只有主力思维才是投资市场的大道，学习主力思维才是我们在市场中可以长期生存、进而实现稳健盈利的基础。

[本章小结]

主力思维：要求我们从亏钱的思维中调整出来，把焦点放在赚钱的大资金操作者身上，立志要从80%亏损的股民中脱离出来成为那20%赚钱的投资者。无论是价值驱动型的上涨还是资金推动型的上涨，要求我们在交易之前要有所判断进而做到更好地持仓。

顺势而为：趋势是技术分析的灵魂所在，对趋势的识别和把握是决定交易成败的核心。趋势分析的难点在于：对不同级别行情的划分和识别，大趋势和小趋势如何在不同周期的走势中进行交替和演绎。

资金为王：理解资金为王不能太片面，必须从两个方面着手，一个是股民自己账户里的钱，一个是推动股价上涨的资金，只有在这两个方面的资金都健康的情况下我们才能够获得丰厚的利润。

强者恒强：选股和择时是股票投资永恒的话题，对于初学者来说一定要养成与强者为伍的习惯，因为只有强势股才会给我们带来超额收益，而弱势股给我们更多的是风险。

截断亏损：如果你是一名投机者但是还没有养成止损的习惯，那么你一定还没有进入稳健盈利状态，因为不去排除大风险的隐患就像是在河边行走，总会有湿鞋的时候，关键股市里一旦被下跌的洪水沾湿后很可能会导致你的账户数年无法翻身。

利润奔跑：这是每一位投资者必然要追求的，能够达到这种状态的必然是要经历数重困难之后方能够达到的结果。在证券市场中要实现利润奔跑要求投资者要有闲看云卷云舒和花开花落的淡然，更要有长时间隐忍后看到猎物果断出击的勇敢。

[思考题]

1. 推动股价上涨的动因有几种？不同动因推动下股价的上涨形态有何不同？

2. 为什么研究趋势一定是分趋势的级别?
3. 资金对股价的上涨起到什么作用?
4. 操作强势股有什么好处?强势股的风险大吗?
5. 你是如何看待亏损的?你的风控规则是什么?
6. 为什么老是拿不住大牛股?

第二章

操盘手的知识矩阵

操盘手的成长之路会比你参与之前预想的要难很多，它既需要你有足够的专业知识，也需要你有适合交易的性格，所以博览群书、积众家之长是对操盘手最基本的要求，本章和大家分享下想要参与交易所必备的知识，如果你想变得专业要在这些方面有更深的造诣。

第一节 决定财富量级的趋势

顺势而为，借势而上，造势而动。

顺势为中，借势为上，造势为下。

顺势最易，借势稍难，造势境界最高。

顺势而动，大事可成；借机转势，风范永驻；善于造势，必有胜局。

顺势能借力使力，借势能使坏事变好事，造势能无中生有，有中求变。

顺势体现的是智慧，借势体现的是驾驭全局的本事，造势体现的是胆魄。

顺势就是着眼于事物的本质，借势就是着眼于外力的作用，造势着眼于自身能力的发挥。

顺势就是顺应时代跟踪时尚，借势就是利用发挥有利形势；造势就是主动营造局部有利态势。

顺势而为，以变应变，变中求胜；借势而为，就势发力，就势取胜；造势而为，以小胜大，以弱胜强。

顺势顺应事物的运动规律，借势借助自然客观规律和社会的力量，造势营造有利于完成目标的内外环境。

顺势而为，往往如鱼得水，事半而功倍；借势而上，往往借力使力，无往不利；造势而动，往往善于剑走偏锋，则能居于上风。

顺势讲究的是度天时、识地利、重人和，顺应大势所趋；借势讲究的是大势不可改，而小势可改，借东风破西浪；造势讲究的是化一切被动为主动，转劣势为优势，以巧破力。

趋势是在证券投资过程中得以实现稳定盈利的核心动因。要做到顺势而为首先要明确的是趋势是有级别的，在股价每天的涨涨跌跌中，如何找出其运行的规律才是我们在投资中能够取胜的关键。市场的参与者有很多，尤其是机构投资者对股价的影响较大，它们通过自身资金实力的强弱对趋势产生一定的牵引能力。

市场的参与者无外乎两种：造势者和顺势者。对于普通投资者来说，我们只能够顺势交易，因为我们没有造势的实力，但是机构的资金尤其是多个机构联合看多一个标的的时候很容易会积极牵引股价的上涨，进而引领上升趋势。参与交易的过程中，对自己的定位非常重要，作为造势者就必然要有造势者的魄力，对于顺势者就必然不能妄想改变趋势或者在趋势形成前去盲目地幻想，客观地对待股价的走势，理性地寻找趋势运行中胜率高的操作机会。

江氏操盘天机是从定性到定量的分析过程中实现理性交易的，只有定量的标准才能够保证交易体系的科学、完善。比如基于道氏理论、波浪理论和混沌理论衍生出来的缠中说禅，是一种被散户和机构投资者津津乐道的有效投资方式，但是因为其在理解上需要花很大的时间和精力，所以很多投资者都望而却步。因为本人对缠中说禅也有深入的研究，后期会安排老师和大家分享缠中说禅的课程，因为这是给我们交易进行定量分析的重要工具，再结合上主力思维，会让你的交易柳暗花明又一村。

1. 特级行情

特级行情是指月线级别的行情机会。月线行情机会是指在月线走势上，均线系统走出了一次充分下跌后，股价在60均线之下形成攻击线和操盘线的金叉后成交量不断放大，牵引股价上穿30均线或者60均线。在实际走势中可能会出现更大级别的趋势，比如季线或者年线，原理一致，不做过多阐述。

月线级别的运行时间都是以几年来计算的，所以无论是上涨、下跌还是横盘持续的时间都很长，也是真正牛熊分界的趋势级别。

回顾上证指数在2006年启动的6124行情可以发现，在前期充分下跌后也就是30和60均线全部拐头向下后5、10均线在相对低位金叉开始放量上涨，一轮浩浩荡荡的牛市启动，但是此时上方还有30月和60月均线的压制，且还在死叉状态。随着上证指数从下向上依次站稳了30月均线和60月均线，确认了大级别牛市的启动。

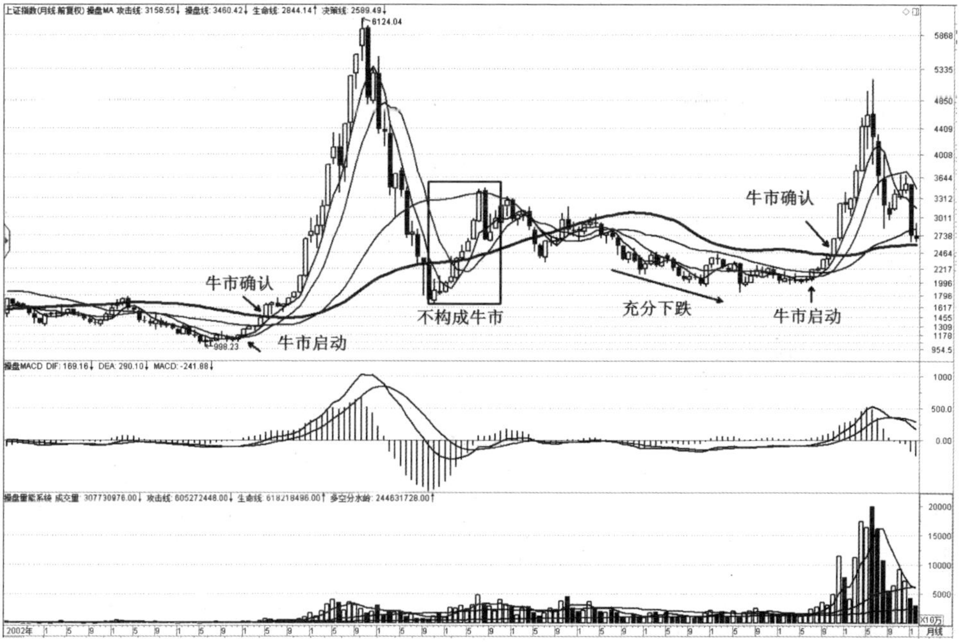

上证指数（999999）2002年6月—2016年2月月K线走势图

再看2008年的强势反弹行情，因为前期走出了暴涨暴跌的走势，30月均线和60月均线还没来得及拐头向下大盘指数已经实现了一轮暴跌，所以这轮行情只是前期暴跌后的强势反弹，行情的级别不大、空间有限。从2008年开始股价就进入了漫长的下跌阶段，带动了30、60月均线拐头向下，开始了慢慢熊途，直到2014年再次启动一轮牛市，同样的也是在60月均线还在拐头向下的情况下开始了大的牛市。

从对大盘的分析中不难发现，一波强势行情通常发生在充分下跌之后。但是大牛市的启动是在经过足够的横盘时间后，也就是市场的股票实现充分换手就可以了，不需要等到60月均线拐头向上。

2. 牛市行情

牛市行情是指周线级别行情机会。周线行情机会是指在周K线走势图上，能够看到股价在60周均线之上反复震荡实现充分换手后，以放量的形式启动上升趋势，此时周K线上的均线系统已经处于黏合或者多头形态。这是周线行情的一种情况，如果您对缠中说禅有深度理解就会明白，这是月线行情机会上升趋势中的一个子上升波段。还有一种情况就是股价前期的下跌对周线系统形成破坏，导致60周均线已经拐头向下，但是股价从空头向多头形态开始扭转，从5、10周均线的金叉开始带动30、60周均线走平、金叉。

瑞和股份中长期的上升趋势中，60周均线始终保持持续性向上。在2015年的牛熊分界行情中瑞和股份也走出了暴涨暴跌的行情，在之后1年多的时间里股价反复宽幅震荡，并对60周均线进行多次确认，每次都没有有效跌破60周均线。其实不难发现，股价在中长期的走势中依然处于上升趋势中，在经过了阶段性修正后再次上涨。

雅化集团的走势和瑞和股份的走势有所不同，雅化集团经过了更长时间的弱势横盘，其间60周均线已经在长时间横盘的带动下向下拐头，且股价在60均线之下进行弱势横盘。单从形态上看，股价在向上形成有效突破之前特别像是地狱之门走势，但是差别就在于股价并没有选择向下突破，原因在于这是一只基本面非常卓越的股票，尤其在2017年新能源汽车和锂电池概念的牵引下几次成了市场上的主流焦点。

其实雅化集团的走势不只是周线行情，但是因为其跌破了60周均线，所以并不是月线级别的行情。如果对雅化集团更早的历史走势进行深度研究就会发现雅化集团走出来的是季线甚至更大级别的行情。有的股民觉得缠中说禅有用，但是就是太难懂了，所以我们数位老师将缠论的周期转化关系用最简单的均线系统来分析，充分地解决了缠中说禅无法在实战中有效应用的问题。

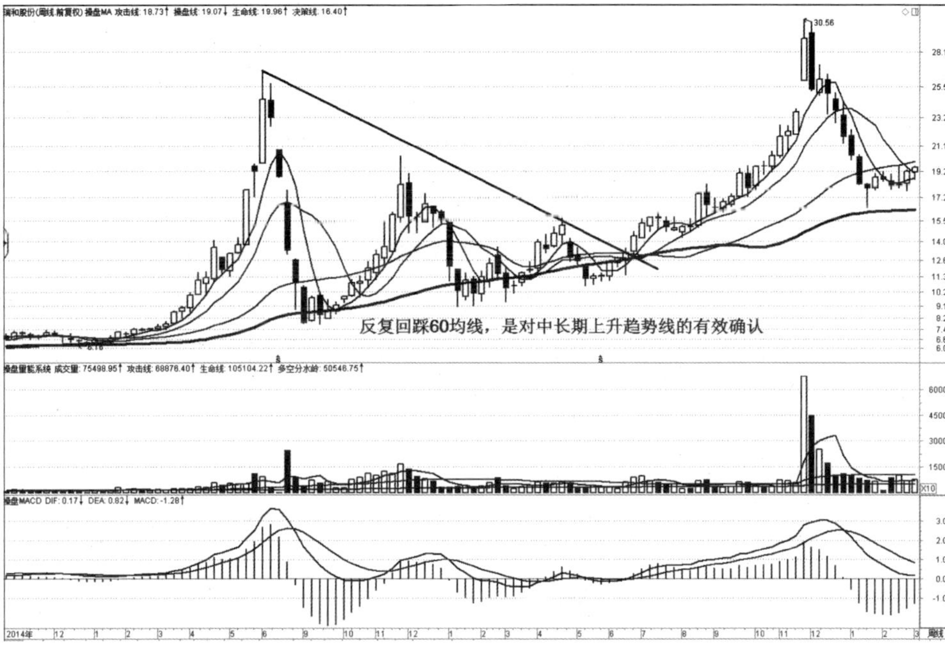

瑞和股份（002620）2014 年 10 月—2017 年 3 月周 K 线走势图

在本节的内容中将趋势的级别进行量化的划分，列举出了我们分析股价走势时常见的六种趋势级别的机会，通过用周期上 60 均线对多空趋势的划分作用，将杂乱无章的走势变为有规律可循。

3. 一级行情

一级行情是指日线级别行情机会。日线行情机会是指在日 K 线走势图上，能够看到股价在 60 日均线之上反复震荡实现充分换手后，以放量的形式启动上升趋势，此时日 K 线上的均线系统已经处于黏合或者多头形态。这是日线行情的一种情况，它又是周线行情机会上升趋势中的一个子上升波段。还有一种情况就是股价前期的下跌对日线系统形成破坏，导致 60 日均线已经拐头向下，但是股价从空头向多头形态开始扭转，从 5、10 日均线的金叉开始带动 30、60 日均线走平、金叉。

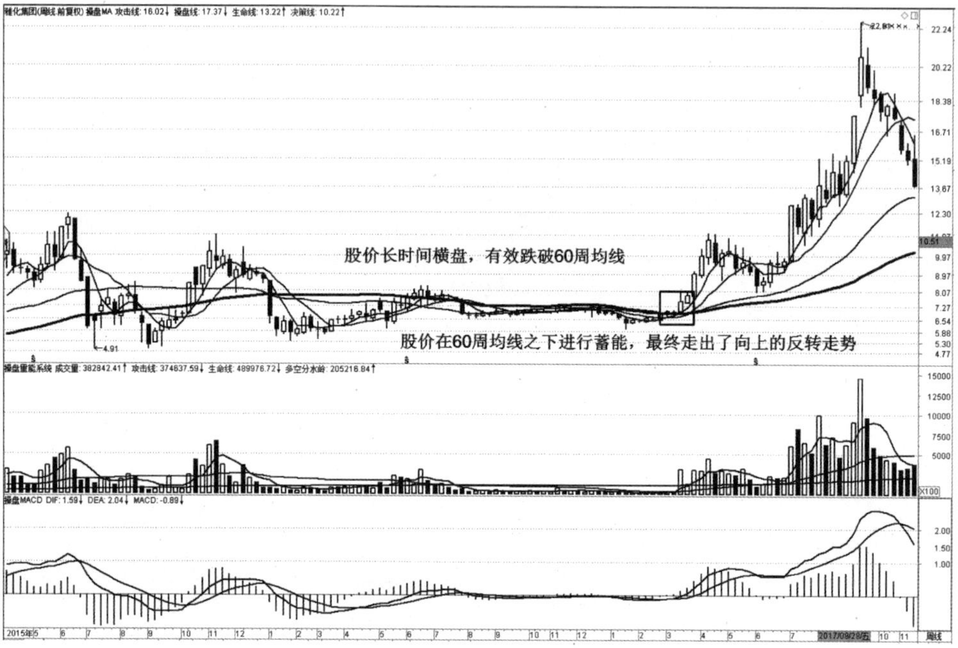

雅化集团（002497）2015 年 4 月—2017 年 11 月周 K 线走势图

特别提示

无论是哪个周期上的行情机会，在底部区间能够进行充分横盘的对后期更大级别趋势性走势的确定性会更强。

宁波中百前期在经过大幅下跌后走出了一波反弹行情，之后股价便展开了持续性地横盘整理，且低点在不断抬高，K 线的振幅越来越小。前面的下跌已经带动了 60 均线拐头向下，在后期的横盘中 60 均线也形成了上下扭动的走势，最终股价以弱势横盘的方式站上了 60 均线，之后 K 线的实体开始变大，上升趋势向上的角度也在不断陡峭。

在整个走势过程中，第一个上升趋势为 60 分钟级别的趋势行情，经过针对该趋势的正常回调后，股价不再创新低，股价在 60 均线上方再次上涨，又完成了第二个 60 分钟的上升趋势，两个 60 分钟的上升趋势加在一起构成了一个大的日线级别的上升趋势。也就是说，第一个上升趋势开始的时候是一个独立的60分钟上的上升趋势，待股价调整后再次上行后，前一个上升趋势的性质没有变化，但是成了一个大日线级别上升趋势中的子上升趋势。当你能够把这段话理解透彻后，你会对多周期看盘有更深入地认识。

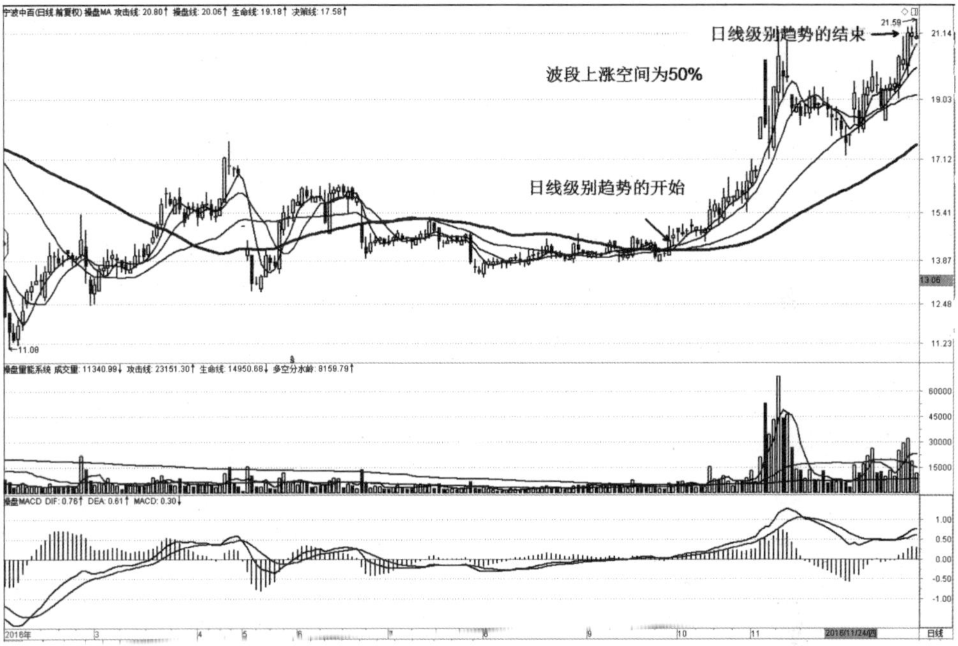

宁波中百（600857）2016年1月27日—2016年12月22日日K线走势图

4. 二级行情

二级行情是指60分钟行情机会。60分钟行情机会是指在60分钟K线走势图上，能够看到股价在60均线之上反复震荡后，以放量的形式启动上升趋势，此时60分钟K线上的均线系统已经处于黏合或者多头形态。这是60分钟行情机会的一种情况，也是日线行情机会上升趋势中的一个子上升波段。还有一种情况就是股价前期的下跌对60分钟K线系统形成破坏，导致60均线已经拐头向下，股价从空头向多头形态开始扭转，从60分钟走势图上的5、10均线的金叉开始带动30、60均线走平、金叉。A股市场每年至少会有2次60分钟级别的行情机会。

吉大通信的上升趋势属于典型60分钟级别的上升趋势，股价在60均线下方进行弱势横盘呈现做底的迹象，然后通过涨停大阳线的方式上穿 60 均线，即使有技术性回踩也不跌破 60 均线，并且在这个过程中 60 均线逐渐走平。这是一只典型具有牛股基因的股票，在重要的位置选择以涨停板的方式突破，回补跳空缺口后快速上涨。从股价运行的整体走势上不难看出，这是一个一气呵成的上升趋势，运行的时间不到 3 个月，还不足以构成日线上的上升趋势，即使涨幅较大也只是 60 分钟级别的上升趋势。

60 分钟行情机会、15 分钟行情机会和 5 分钟行情机会都属于分时周期上的小趋势，最简单的方法就是在对应周期的 K 线走势图中去确定对应的走势，但是为了让大家更好地理解周期之间的关系，会把这三种分时趋势上的机会在日 K 线上进行对比和投射，目的就是为了帮助大家更深入地理解趋势级别。

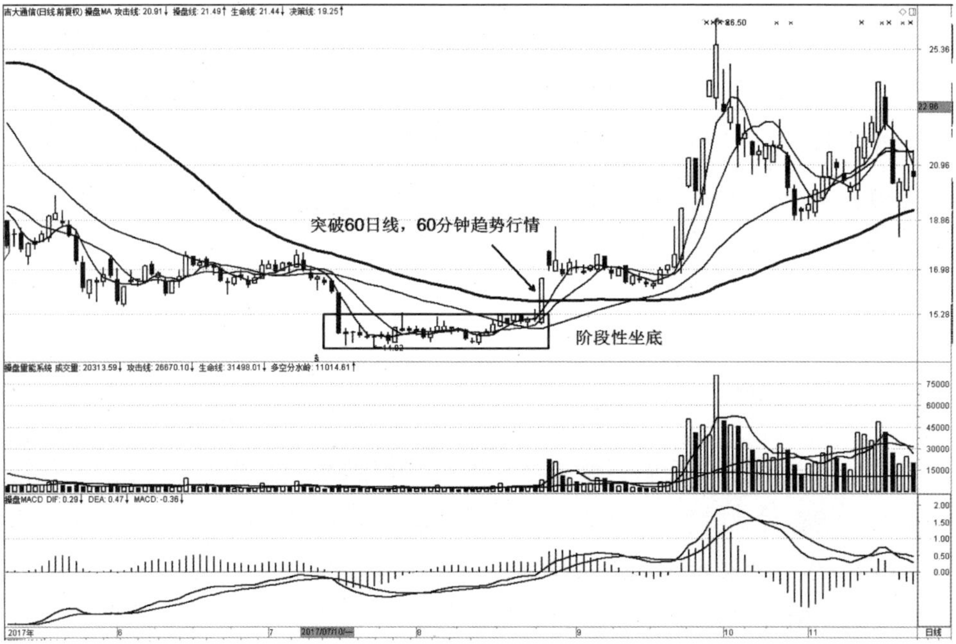

吉大通信（300597）2017 年 5 月 8 日—2017 年 11 月 22 日日 K 线走势图

60 分钟上的走势是将日线上的走势进行了放大，均线的变化速度更快，所以在日线上弱势筑底的过程中在 60 分钟上已经完成了 60 均线的修复。在 60 分钟走势图上的第一个上升趋势的级别更小，最多属于 15 分钟上的，之后构建了在原中枢之上的新的中枢，此时只是带动 60 均线在大角度向上的过程中进行了角度的扭转，并没有形成趋势方向的改变。股价再次向上突破的时候开始运行了第二个15分钟上的上升趋势，在将两个15分钟上的上升趋势合并在一起后才构成了一个相对15分钟级别趋势更大的60分钟级别上升趋势。

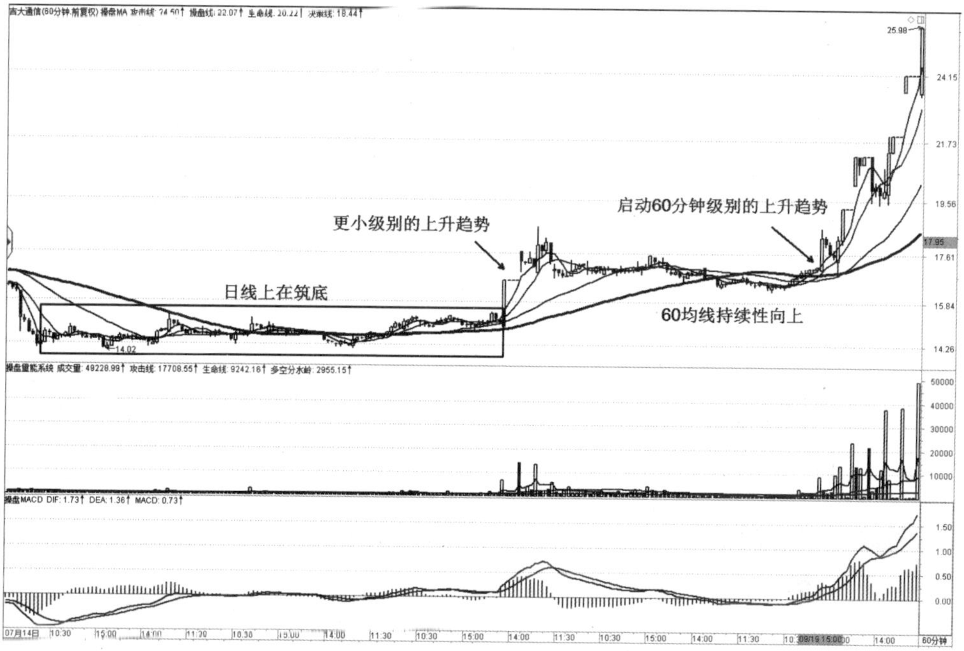

吉大通信（300597）2017年7月14日—2017年9月29日60分钟K线走势图

5. 三级行情

三级行情是指15分钟行情机会。15分钟行情机会是指在15分钟K线走势图上，能够看到股价在60均线之上反复震荡后，以放量的形式启动上升趋势，此时15分钟K线上的均线系统已经处于黏合或者多头形态。这是15分钟行情机会的一种情况，这是日线行情机会上升趋势中的一个子上升波段。还有一种情况就是股价前期的下跌对15分钟K线系统形成破坏，导致60均线已经拐头向下，但是股价从空头向多头形态扭转，从15分钟走势图上的5、10均线的金叉开始带动30、60均线走平、金叉。

15 分钟的行情出现的情况有很多种可能，可能是在日线上的下降趋势中出现的一次独立的反抽行情，也可能是 60 分钟行情中的一个子行情，也可能是日线行情中 60 分钟行情上的一个 15 分钟行情趋势。上文在分析 60 分钟行情机会的时候已经做了介绍，这里针对下降趋势中的快速反抽行情进行分析，这是导致我们亏钱的最常见的原因之一。

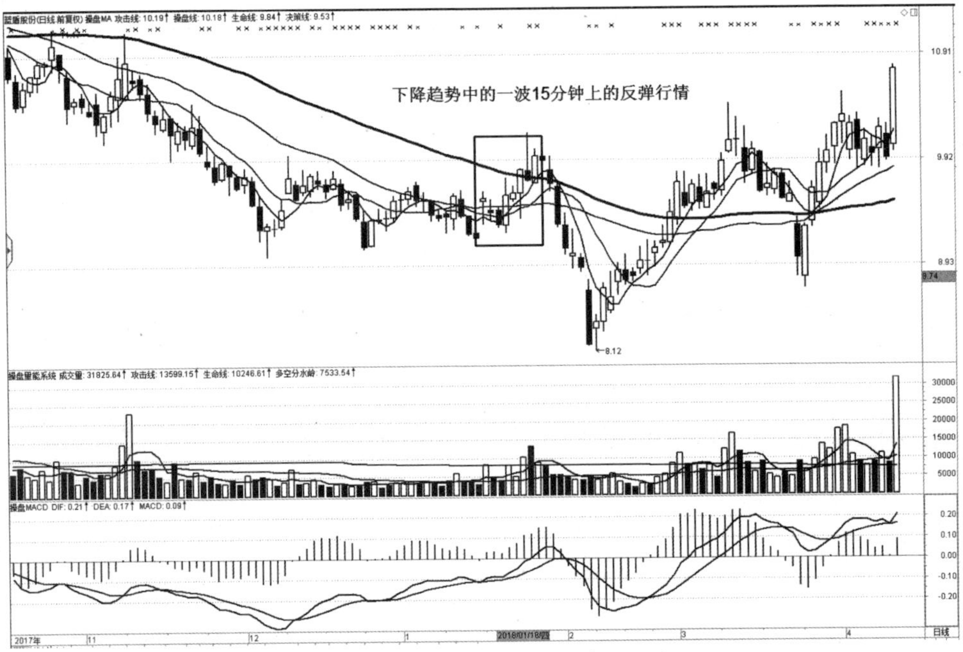

蓝盾股份（300297）2017 年 9 月 27 日—2018 年 4 月 3 日日 K 线走势图

蓝盾股份在 60 均线还在持续性向下的走势中说明原来的下降趋势还没有被扭转，操作上要以看空为主。随着股价开始止跌，有构建阶段性底部的迹象，在 1 个多月的时间里，股价的低点不断在抬高，高点在不断降低，也就是走出了非常明显的收敛形态，此时短期均线和生命线已经进行了汇合，并且有非常明显地向决策线靠拢的迹象。随着股价对收敛平台的向上突破，可以确认行情要向上扭转，但是由于受到更大周期均线的压制，所以行情级别有限。从横盘时间上来看，向上突破后的行情至少会是一个 15 分钟级别的行情机会，该行情机会会有两个或两个以上的 5 分钟上的上升趋势。

如何判断该反抽行情是否结束，就是需要通过对小周期的走势进行分析。

该波段行情在15分钟的走势如下，日线上前期的横盘震荡在15分钟上呈现的是宽幅震荡。在对底部平台进行了突破之后，就完成了5分钟上的一个上升趋势，经过不创新低的回踩后，后期再次上涨至少还有1个5分钟级别的上升趋势，这是通过行情走势可以确认的机会。

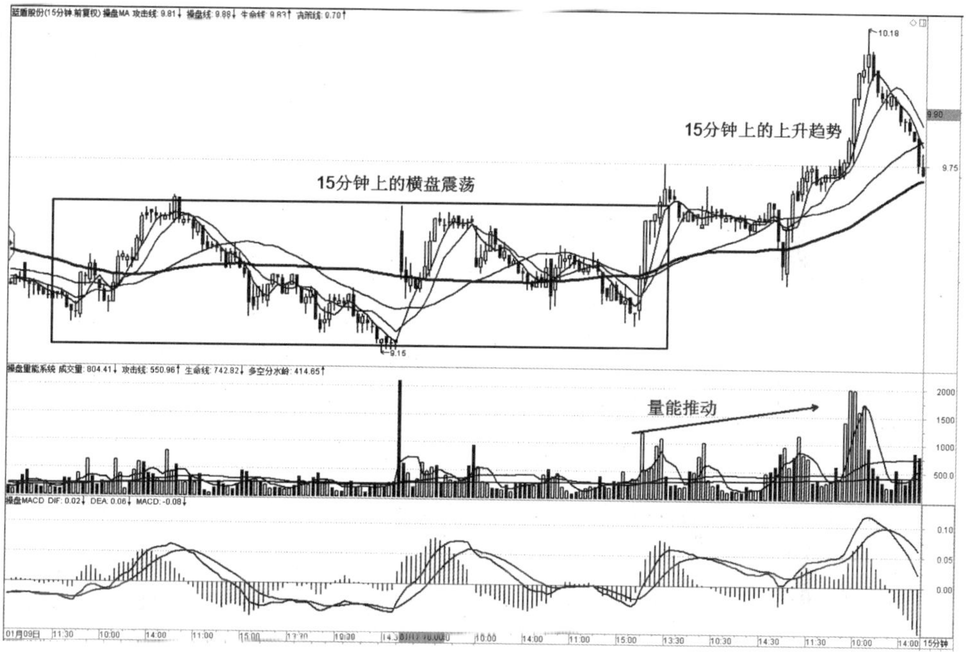

蓝盾股份（300297）2018年1月9日—2018年1月25日15分钟K线走势图

从蓝盾股份两个周期的走势中可以看出，在日线的走势上前期没有明显地放量形态，开始放量时就是近期的15分钟行情波段，但是随着量能的放大，该15分钟的上升趋势也结束了，这是在原下降趋势中的一次诱惑性行情。该小级别行情的实际级别是15分钟，所以如果分析该波段的走势要在15分钟上，从15分钟的走势图可以非常清楚地看到该波段的反抽行情在小周期上是有明显的量能推动的。

6. 四级行情

四级行情是指5分钟行情机会。5分钟行情机会是指在5分钟K线走势图上，能够看到股价在60均线之上反复震荡后，以放量的形式启动上升趋势，此时5分钟K线上的均线系统已经处于粘合或者多头形态。这是5分钟行情机会的一种情况，也是日线行情机会上升趋势中的一个子上升波段。还有一种情况就是股价前期的下跌对5分钟K线系统形成破坏，导致60均线已经拐头向下，但是股价从空头向多头形态开始扭转，从5分钟走势图上的5、10均线的金叉开始带动30、60均线走平、金叉。

关于5分钟行情机会具有的操作价值是不大的，但是在分析的时候是要关注的，因为在寻找合适的买卖点时尽量要回避5分钟上的顶部背离点，因为此时是非常容易遇到回撤的，尤其对于短线操作者，如果买在了小周期的背离点时，所面临的回撤基本上会达到止损位。其实核心的问题还在大周期的趋势还没有扭转上，也就是在大周期还处于下降趋势中的时候，一旦小周期的背离点遇到了大周期的压制，那么此时就是及时离场的好机会。

在海南椰岛的日线走势中可以看出，60均线还在持续性地向下运行，前期股价有明显的止跌迹象，K线的振幅开始加大，也就是在该位置多空的分歧开始明显。此时正是海南自贸区概念比较火热时期，但是因为海南椰岛前期的换手和整理时间不够，也就直接导致了在海南板块的第一波炒作中并没有强势上行。5分钟上的走势是将日线的走势更深度地放大，所以图中标注的1根日K线在5分钟上可以走出明显的趋势性行情。

在海南椰岛日线走势图上圈注的三根K线在5分钟上放大的走势如下，在日线上的那根十字星在5分钟上还是下降趋势中，虽有止跌的迹象但是震荡依然很大，不过很快实现了对5分钟上60均线的有效修复。在股价站稳60均线并构成了一次有效回踩后再次上涨就是在构建5分钟的上升趋势。该5分钟的上升趋势在5分钟的走势图上共运行了43根K线，是满足小周期弱势情况下一个趋势波段在时间上的要求。任何一个趋势，无论对应的周期是哪个，它在时间、空间和形态上都会有其独特的属性，这种运行中的趋势所具有的属性就是我们商学院进行了深度研究并取得了突破性进展的项目，希望在我们持续性的分享中能够给大家带来方向性的指引。

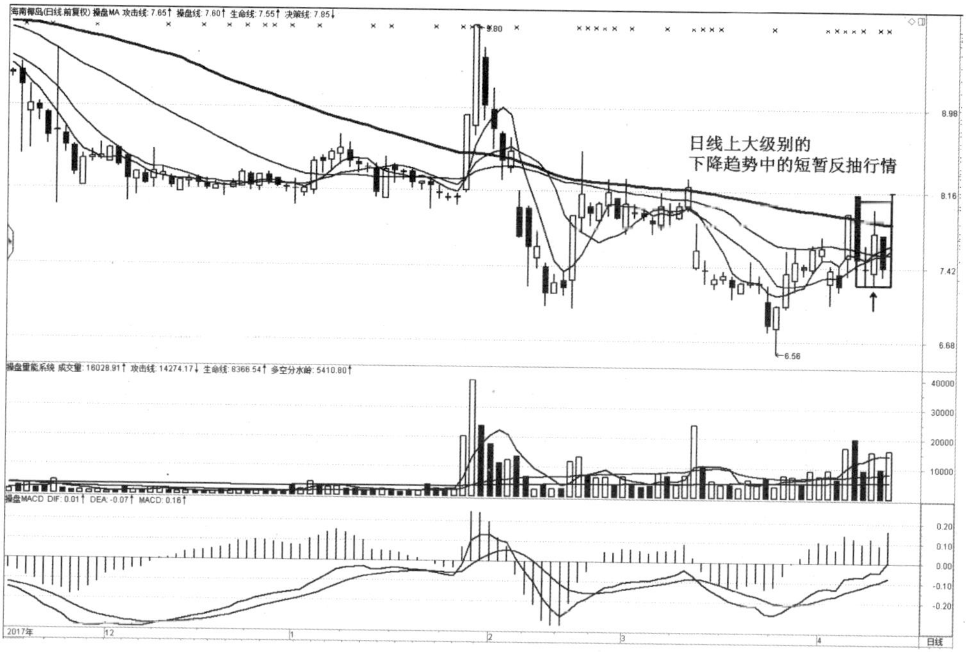

海南椰岛（600238）2017 年 11 月 16 日—2018 年 4 月 16 日日 K 线走势图

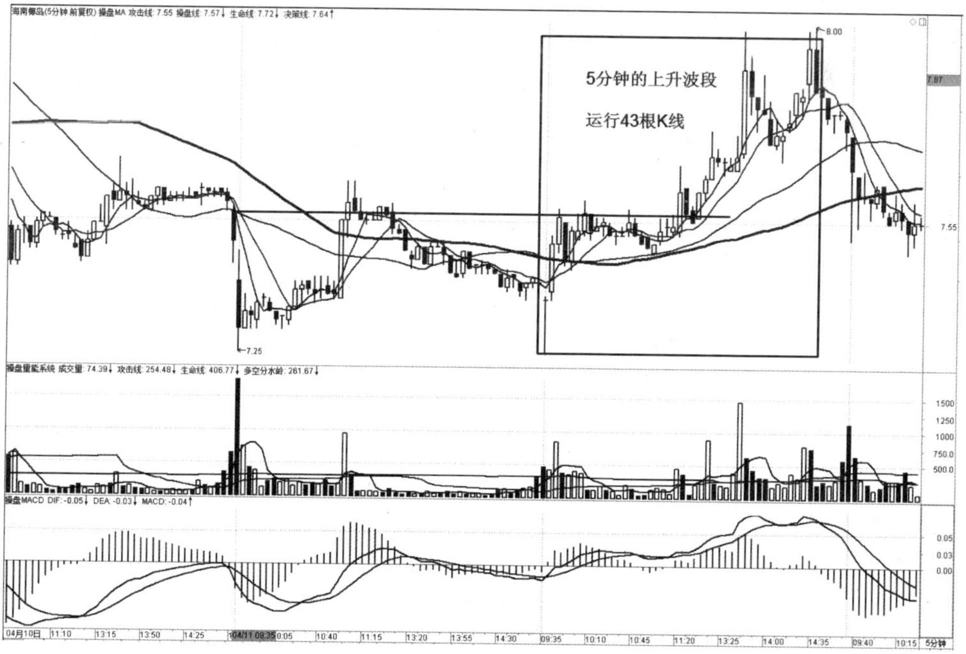

海南椰岛（600238）2018 年 4 月 10 日—2018 年 4 月 13 日 5 分钟 K 线走势图

特别提示

下跌过程一定会有15分钟和5分钟的小级别诱多行情机会，上涨的空间有限，要么放弃，要么只能小仓位操作。如果你想成为职业的操盘人员，一定要学会等待好机会的出现，不能为一些蝇头小利而冒大的风险。

在此和大家强调一种小级别趋势和大级别趋势相悖的走势，这在强势股的走势中非常常见。因为无论是什么级别的趋势性行情都不是一蹴而就的，都是要在一波三折中才能够完成，所以大趋势的运行必然会由多个同向的小趋势和反向的更小的趋势构成，只有这样才能保证趋势的持续性。比如通过对南威软件前期的走势分析中可以判断，它已经具备阶段性筑底的迹象，后期运行的趋势级别至少在日线上，所以股价一旦出现有效回踩就是不断进场和加仓的点位。

下图中已经标注出来股价放量站稳60均线就是一个确认趋势的信号，距离后期的爆发性行情已经不远，尤其南威软件从60线之下向60线之上运行的这个波段是以连续性阳线完成的，而且期间出现了非常明显的标志性K线，这为判断这只股票在股性上的强弱提供了基础的保证，配合趋势线、水平线和通道线再次去确定相对准确的下单点位。

股价第一个上升趋势有效突破前高后展开回调，但是并没有影响30和60日均线的走势，只是带动了5、10均线的拐头向下和死叉。在该过程中，股价回调缩量，已经到了明显控盘的状态，从日线结构上得到的信号就是股价在经过了前期的蓄势、突破之后，已经具备趋势性，也就是明显的操作机会已经开始显现。但是从操作的角度上看，为了确定更好的交易点位，可以把交易周期放在小分时上，比如15分钟或者5分钟的走势上。

下图就是南威软件在突破后的回调走势中在5分钟K线图上的走势。虽然此时在日线上还是明显的上升趋势，但是在5分钟已经走出了持续性的下降走势，当小周期的调整结构没有完整之前出现横盘时就是下跌的中继形态，股价在小周期上没有坐底的形态就很难形成理想的买点。根据两幅走势图的对比，我相信您对大周期和小周期在同一个时间点截然不同的走势有了深刻的认识，这种不同周期趋势的矛盾性是寻找买入点的好机会，因为最好的买点就是转折点，而转折点所对应的趋势级别一定是从小周期向大周期逐渐传递的。

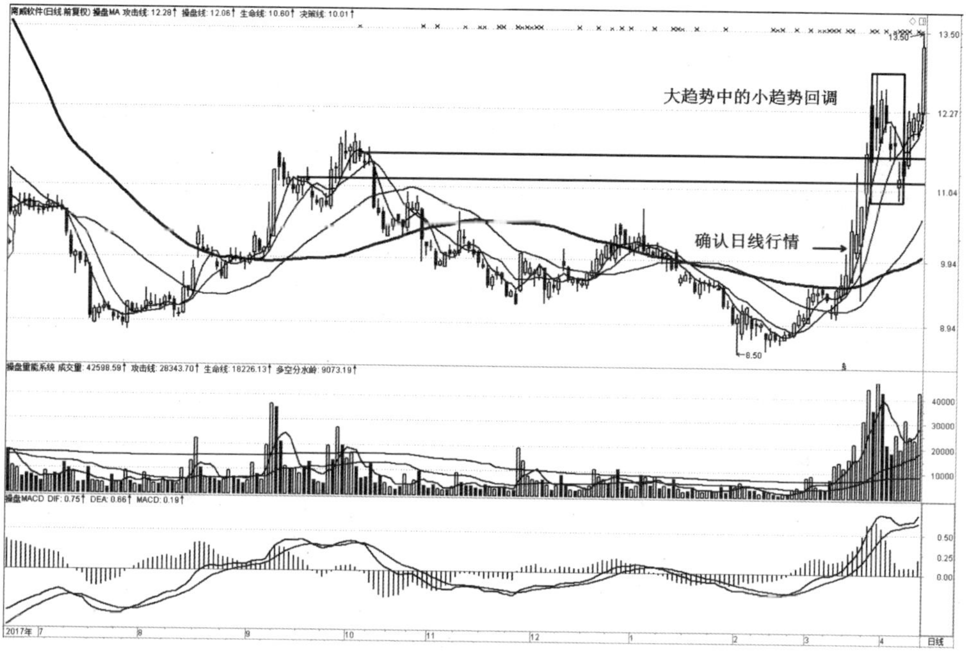

南威软件（603636）2017 年 6 月 22 日—2018 年 4 月 16 日日 K 线走势图

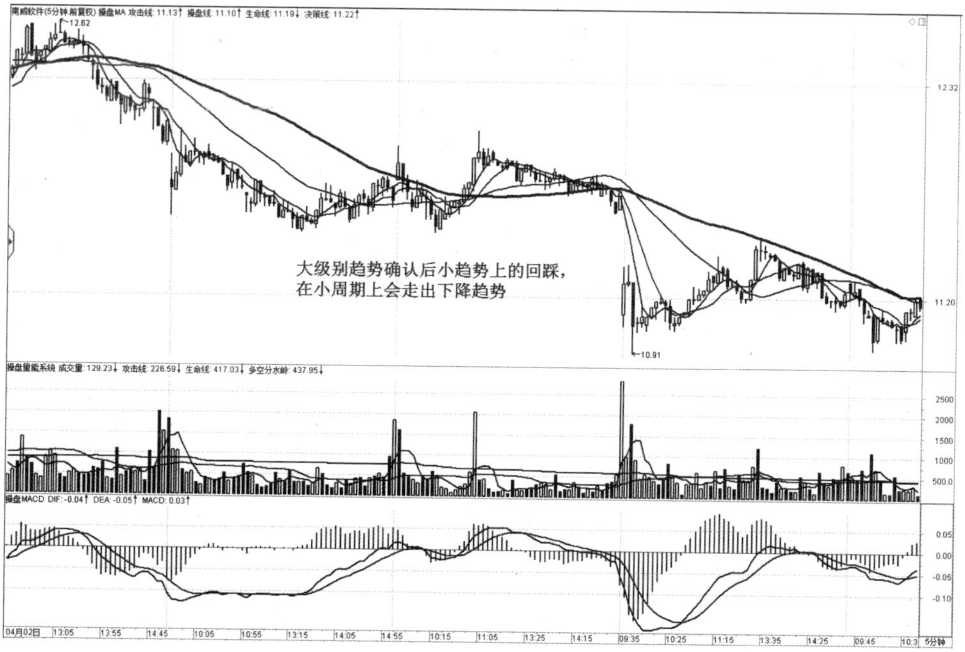

南威软件（603636）2018 年 4 月 2 日—2018 年 4 月 10 日 5 分钟 K 线走势图

投资箴言

行情的运行是从小周期向大周期转化的：在趋势的转折点，小周期趋势的扭转能引领大周期趋势的扭转；在趋势运行中，大周期趋势会制约小周期的趋势。

第二节　避免高买低卖的位置

低位买进、高位卖出早已经成了证券投资的经典格言，但是问题是何为高位、何为低位？股价的涨跌会导致趋势级别的变化，所以小级别趋势的高位可能只是大级别趋势的低位，大级别趋势的高位横盘时也必然会出现小级别趋势的低位。高和低不是绝对的，是相对而言的。

有的人觉得未来上涨了当下就是低位，未来下跌了当下就是高位。这是典型的用未来函数套用当下的反递推逻辑，原因是说这话的人根本不知道如何识别趋势的级别和当下所处的位置。趋势的运行是处在不断的循环和轮回中的，如果你是以静态的眼光来看待则必然会一叶障目，只有从全局和动态的角度观察的时候才会看透股价是如何运行的。

在趋势的不同阶段股价会呈现截然不同的形态，从 K 线、均线、成交量等多个角度综合分析才能够更好地认识市场。就像认识一个新朋友，不能简单从他的着装和话语中判断他是怎么样的人，可能需要更深入的接触后才会知道他到底是一个什么样的人。股票是对人性的真实写照，每一只股票都是一段人生，其中必然会有起起落落、悲欢离合，但是每个人的人生都会有他的主升浪，哪怕只是一小段。

在人生的不同阶段需要准备不同的事情，大学毕业前就是知识的储备状态，初入职场也还在等待厚积薄发，此时需要隐忍，坚信未来的美好但是必须耐心等待续足能量的那天，此时是人生的低谷，是主升启动的低位。事物的发展规律存在着必然的因果关系，当你已经有足够的能量时，就像是汽水中的气泡，自然会浮起，成为最璀璨的新星，进入人生的主升浪。真正的优质上市公司在数年的时间中会有起落，但是不会改变上升趋势，除非是被资金恶炒，那样的话资金炒作完毕完成出货后必然会迎来一次暴跌，所以我相信我们每个人追求的人生都是稳健上升的，而不是充满大起大落。

分析股价的运行一定是在对位置进行识别的基础上，在江氏操盘体系中不断地强调位置关系。话说起来简单，但是因为市场一直处于变化的过程中，所以如何找准当下的相对位置才是至关重要的。

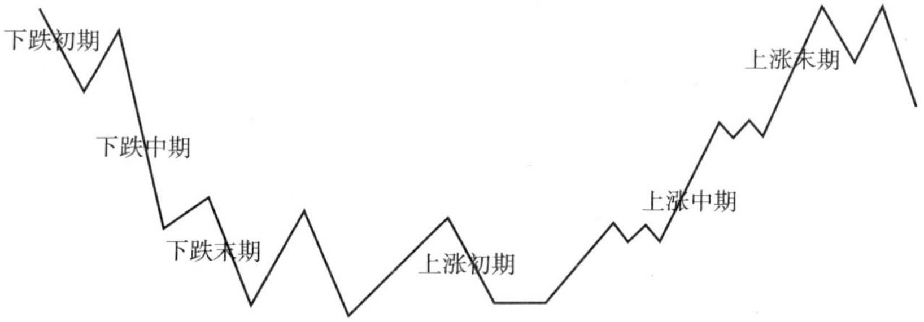

1. 下跌末期

从结构上来说，某个级别的下跌趋势在对应的小周期上至少会走出两次下跌波段，其逻辑和波浪理论的三波结构相似，我们江氏体系通过在波浪理论的基础上加以修正完善，创造出一种更适合在 A 股中交易的模式。我们将三波结构作为趋势分析的基础，这是我们进一步分析趋势是否会深度运行的基础。因为在上升趋势运行中，第一次的反向波段很容易被原来认为是上升趋势的误以为是短期调整，所以一旦回调到位的时候就会有人再次进场，直接带动股价进行反弹，但是此时在市场中有先见之明的人已经不再积极买入，所以直接会导致反弹无力。当股价再次拐头向下时就进入了下跌的主跌段，前期还对走势有幻想的人开始反思，一旦发现市场上涨趋势的动能不足时就会引发市场的一致性抛盘，此时就会有非常明显的共振下跌的走势。此时就是针对原来上升趋势的反向运行的三个波段，至于是否会出现第三次下跌要关注的是第二次下跌末期的动能和第二次的反弹强弱。

海南矿业在2015年的牛市中上市，借着牛市的东风强势上涨，在大盘真正见顶后也开始了漫长的下跌趋势，因为大盘展开的是月线级别的调整，个股也一定会是对应的调整级别，而且如此大级别的调整是需要一定时间的。第一个下跌波段的运行方式是从起初的暴跌启动，但是下跌动能逐渐减弱，在下跌末期的成交量极度萎缩，已经达到了冰量的标准。虽然股价不再下跌，但是并没有强势上涨的迹象，因为没有强势资金介入，所以股价通过漫长的横盘方式貌似实现了对60周均线的修复。虽然海南矿业经过了足够长时间的横盘蓄势，但是并没有选择强势向上，而是再次下跌，因为月线级别的下跌结构还没有完整，这在《趋势为王》一书中会进行详细分析。

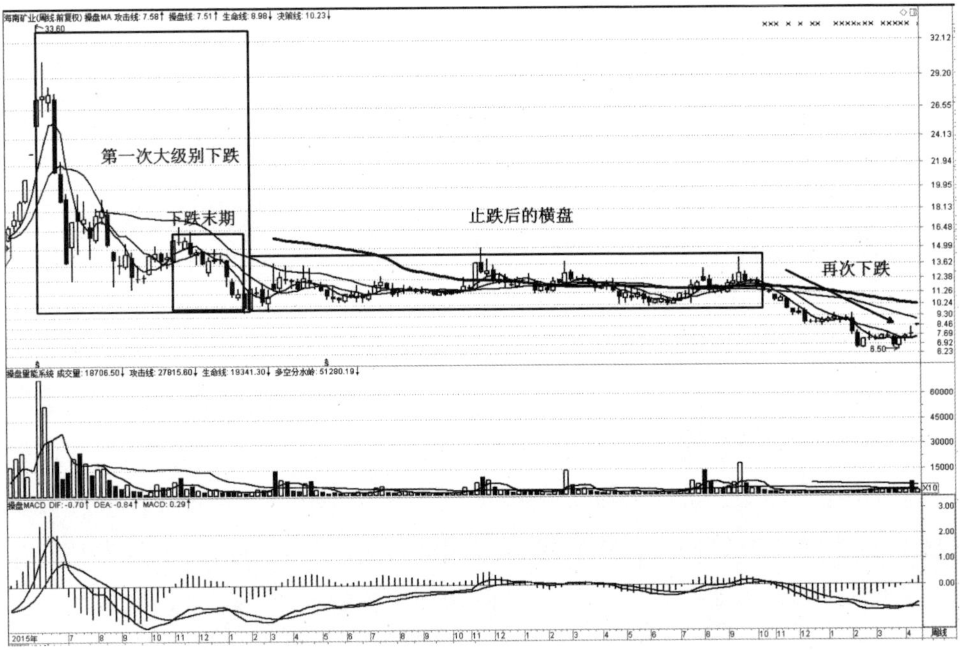

海南矿业（601969）2015年3月—2018年4月周K线走势图

> **特别提示**
>
> 在分析我们持仓的股票时，一定要找到当下所在的级别，因为一旦不能有效地确定它的趋势级别，就很可能把中继形态误认为是阶段性坐底，后期股价选择的方向是截然不同的。

银之杰的下跌末期和海南矿业的下跌末期是截然不同的，海南矿业是在大级别下降趋势还没有完整的情况下，而银之杰却是在第二个下跌波段，也就是大级别调整的 C 浪中。从银之杰的走势中不难发现，当下还没有非常明确的坐底形态，因为股价一直在持续性的下跌中，而且 60 周均线持续性向下，并没有强势入场资金实现对周线上的均线的扭转。在我们商学院分析股价走势的标准图形中，只会用到 K 线、均线、MACD 和成交量，这 4 个要素会提供操作过程所需要的全部要素。在成交量和股价处于一致性下跌的过程中，是不能扭转行情的，即使股价会上涨也是短暂的诱多性行情。判断股价当下是否强势还有一个非常重要的标准，就是 MACD，只要 DIF 和 DEA 还在 0 轴之下就处于极度的弱势市场。

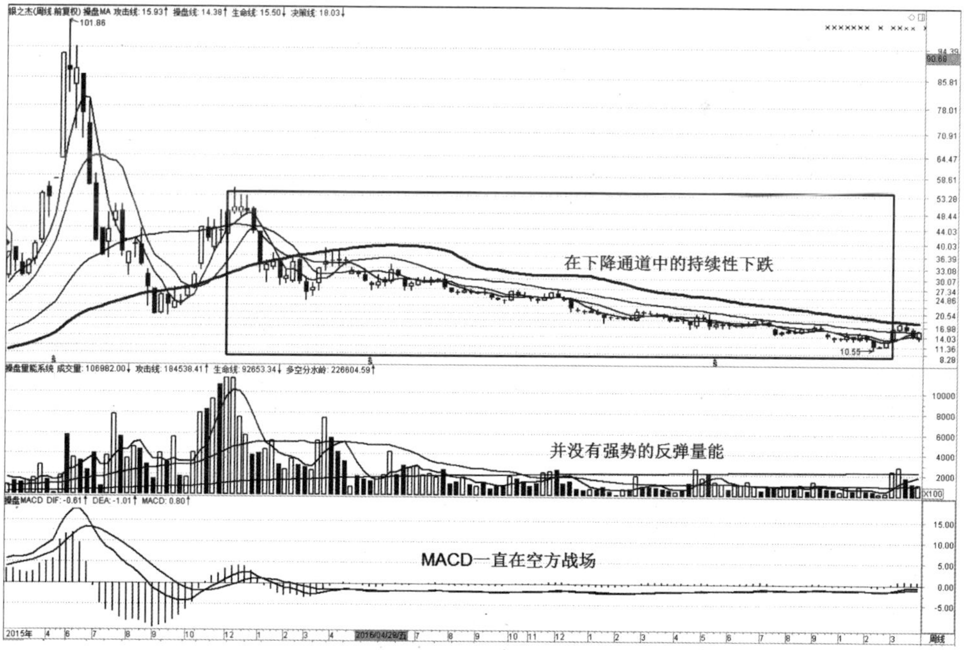

银之杰（300085）2015 年 2 月—2018 年 3 月周 K 线走势图

2. 筑底阶段

关于底部是非常值得我们研究的，因为无论什么级别的底部，只要能够确认就一定会给到我们操作的机会。有人说技术分析的基础就是对顶底形态的分析，这种提法非常准确，它道明了股价运行过程中最核心的问题：中继形态和顶底是如何转化的。对于没有把股市作为自己全部职业的投资者来说，识别周线级别和日线级别的底部是必然的，因为它们是最容易指导我们交易的，月线的运行周期太长难遇到，小级别的底部变化太快很难把握。

筑底的最大作用就是为了实现阶段性筹码转换。理论上来讲，多大的行情级别都需要对应时间的筹码转换，从传统的技术分析角度上来看筹码转换是在横盘区、中枢区、震荡区等虽然名称不相同但是它们形态中实现的市场平均成本从高到低，或者从低到高的过程是一样的。当市场的参与者之间存在绝对平等的时候，理论分析的作用是最强的，但是一旦有强势资金参与很有可能在阶段性上涨中甚至在阶段性下跌中实现有效换手，这要求我们在实战应用过程中灵活对待。

罗牛山的走势非常值得研究，前期下跌波段的运行时间较前期大级别的上涨相比是不足的，所以只是大级别下跌中的一个波段，也就是下跌的 A。那么下图中所标注的收敛形态构建的一个底部形态是非常值得关注的，它是处在反弹 B 浪的位置，和上文的海南矿业的筑底阶段所在的位置一致，海南矿业最终是以再创新低为结局，那么罗牛山在向下突破了收敛形态的下轨后的走势是否会创新低是操作时要考虑的。

虽然两只股票筑底的位置是相同的，但是最后一个下跌波段的走势却是截然不同的，其核心原因是罗牛山在前期下跌的末期开始放量，在调整期间也出现过了非常明显的小幅上涨的迹象。股价运行过程中的细节是最值得关注的，在重要的位置出现的一些迹象，即使很细微，也可能会显示出了主力作盘过程中截然不同的思维方式，比如罗牛山这个位置的放量一定是有场外资金在进场。

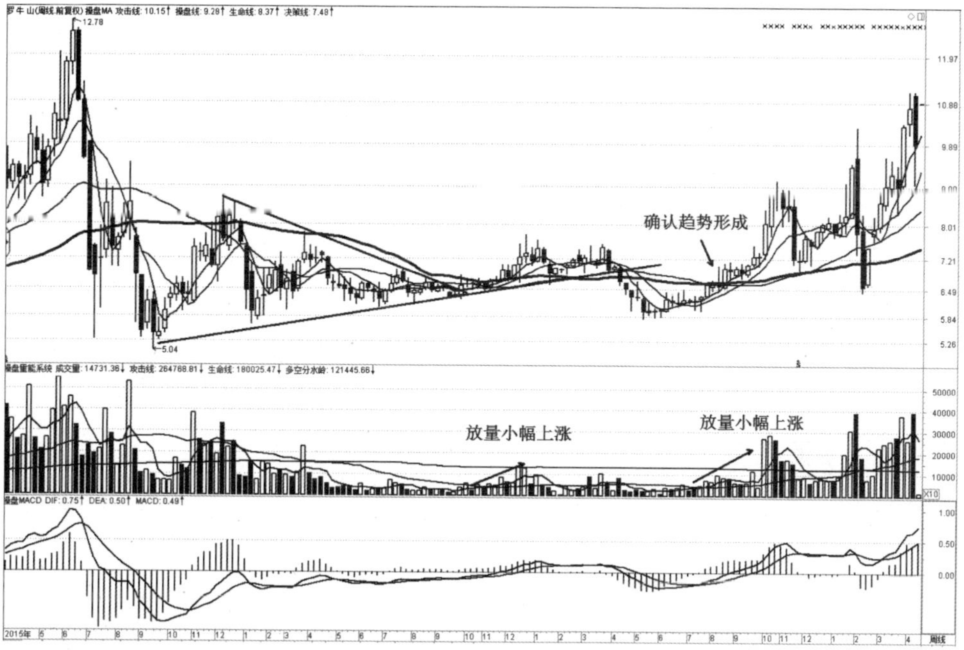

罗牛山（000735）2015 年 3 月—2018 年 4 月周 K 线走势图

同仁堂又是一种全新的筑底模式，前期股价经过了不完整的下跌结构后展开了阶段性筑底。值得关注的是股价虽然在下跌的初期有跌破过 60 周均线，不过很快被强势拉回后在 60 周均线之上经过了长达近两年的宽幅震荡，震荡区间的每一个阶段性低点都会终止在 60 周均线的位置，此时上帝之手神奇地起到了托住股价的作用。

60 周均线的支撑是非常值得关注的，它会决定股价中长期的走势，但是并不是在 60 周均线支撑的情况下股价就会上行，而是要求股价能够有效地走出高点，不断创新高之后才会保证上升趋势不断运行。也就是说，虽然 60 周均线在较长的时间都能证明它支撑的有效性，但是在出现放量阳线解放前期诸多套牢盘之前是不能排除股价向下击穿 60 周均线的可能。虽然在未来不确定的时间里股价依然有向下跌破 60 周均线的可能，但是这一定是需要在当下的上升趋势运行到末期后出现有效的反转才会实现。

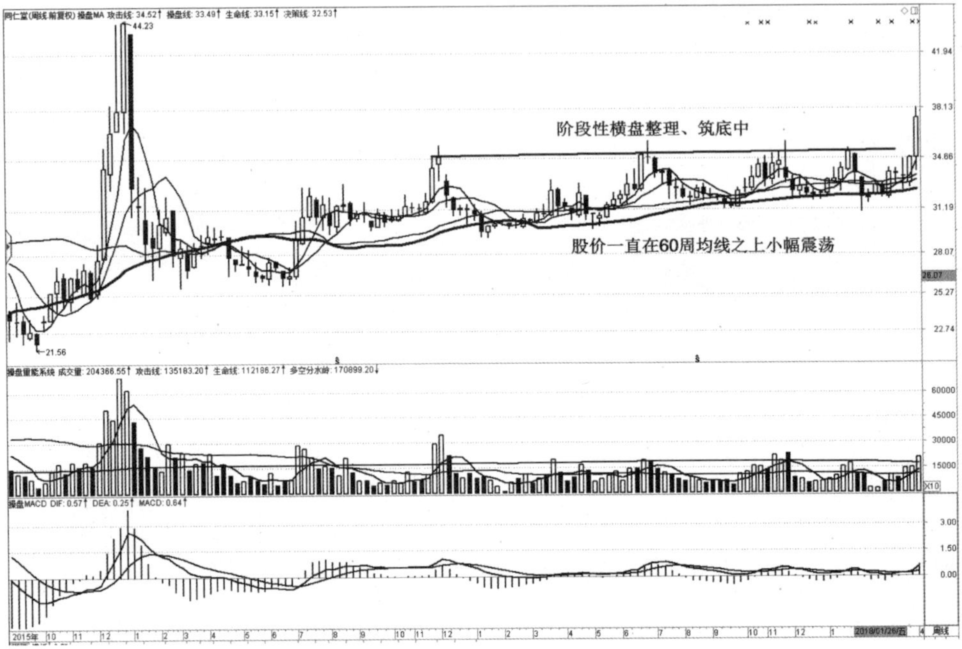

同仁堂（600085）2015 年 9 月—2018 年 4 月周 K 线走势图

3. 上涨初期

上涨初期和筑底阶段，尤其是筑底的末期是很难分清楚的，这就给我们操作带来了较大的困难。大家思考一个问题：回顾你的操作记录，你的钱是怎么亏掉的？上升趋势、下降趋势还是横盘期间？上升趋势是不会套人的，除非你在大级别的上升趋势中选择不断止损。下降趋势其实也很少让你亏钱，因为只要你有学过一些技术分析，就会对上升趋势和下降趋势进行区别，而下降趋势的股票是我们不能操作的。如果你还不能有效地区别上升趋势和下降趋势，就用我们商学院给到的最简单的 60 均线识别上升趋势和下降趋势的方法。

上涨初期的股票是充满机会的，能给我们带来足够多的盈利基础。因为趋势一旦形成会有持续能力，上升初期就是我们寻找的天时、地利、人和的标的，但是实战过程中的现状是：在犹豫中让上升初期的大黑马在指尖溜走。

北方华创在长期的筑底期间走出了非常明显的收敛形态，实现了对均线系统的有效修复，在开始启动上升趋势的时候并没有出现强势大阳线，只是以缓慢上涨的方式稳步进行。不过此时从成交量的角度上可以发现，股价已经呈现出了对底部进行扭转的迹象，唯一的缺点就是暂时前期还有套牢盘形成的高点没有突破，从趋势的角度上进行分析，此时还没有形成上升趋势，不过从量价关系的角度上已经出现了启动上升趋势的信号。脱离底部的第一个波段均视为上升初期，成交量开始温和放大，股价以连续小阳线的方式沿着 5 日均线缓慢上扬。

上升初期最大的特点就是股价在悄无声息中已经走出了一个上升波段，在这期间趋势在没有诱人的大阳线情况下，悄然形成。单纯从趋势的角度来看，上升初期是我们为了博取后期更大的波段性盈利必须牺牲的波段，这是为了保证后期上升波段的基础。

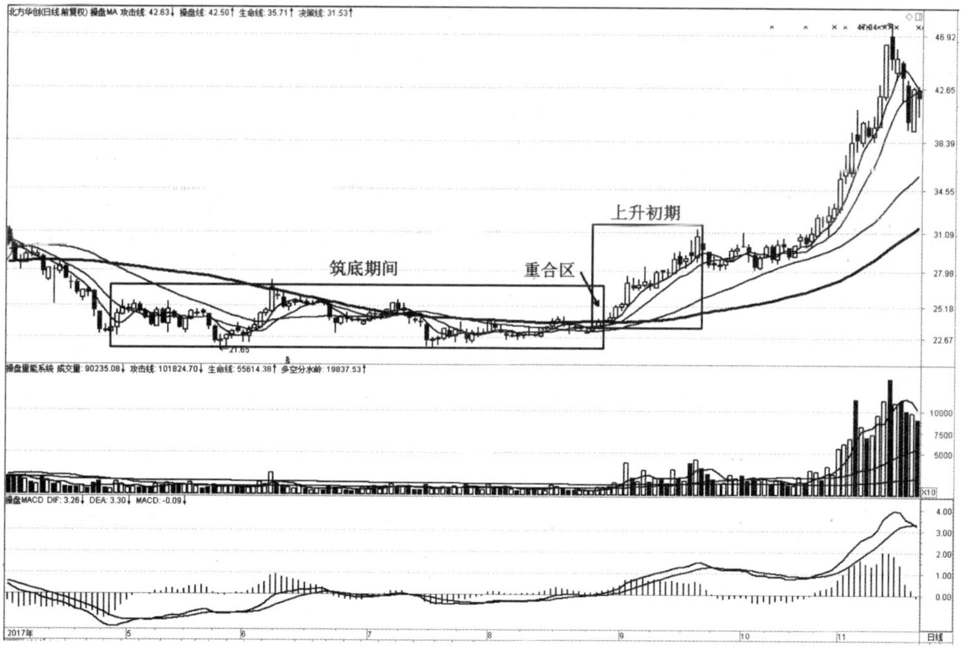

北方华创（002371）2017 年 3 月 29 日—2017 年 11 月 21 日日 K 线走势图

长川科技的底部和上升初期的重合度更高。首先长川科技先运行了一个小级别的底部，在对该底部进行了一次有效突破后进入了上升初期。因为前期小级别的底部是属于窄幅震荡的，所以对它的突破没有非常明显的上升初期波段，也就是说对于大周期趋势而言的上升初期是小级别底部的主升段。

如果你还容易把上升初期和筑底末期混在一起说明对于级别的转化还不是很清晰，因为虽然任何一个波段的级别都是多重的，但是其中是有一定规律的。在筑底阶段，可以根据距离当下不同时间的高点划分出空间，这就是辨别后期波段是属于哪个级别、会构成什么周期上升趋势的基础。

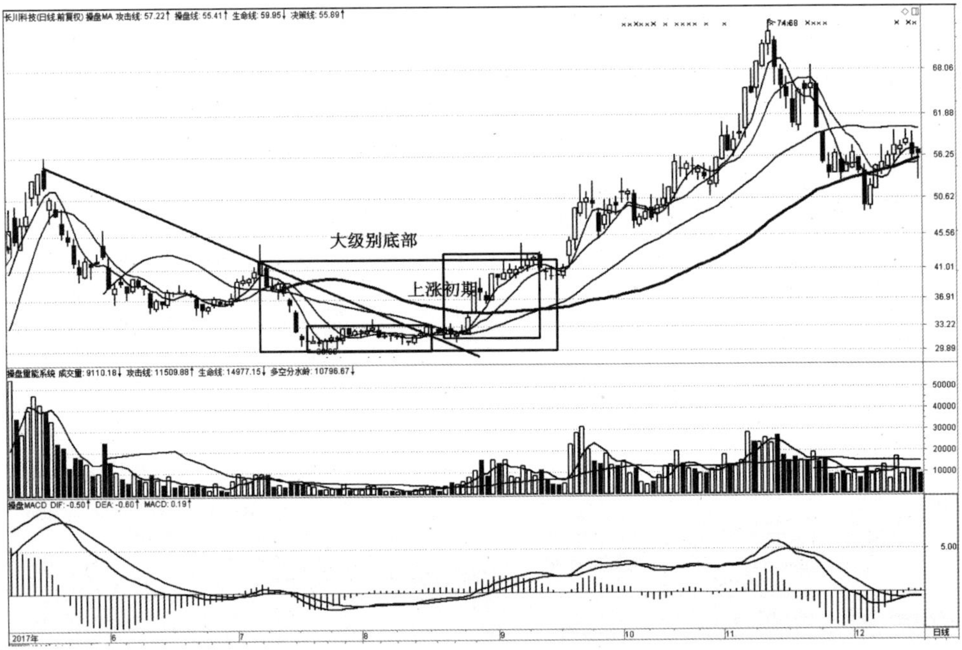

长川科技（300604）2017 年 5 月 5 日—2017 年 12 月 18 日日 K 线走势图

4. 上涨中期

这个位置是最值得关注和期待的，因为这是会直接影响到我们账户收益的。通过前面的坐底形态可以分辨出股票的强弱，也就是上涨中期的运行方式是能够从股价前期的量价关系中得到信号的，这就是走势的因果关系。

终于不用煎熬与横盘整理，是不是抓到一支处于上升趋势中的标的就能稳赚和大赚呢？答案当然不是，因为随着懂得趋势分析的投资者越来越多，横盘整理期的股票很多都是无人问津的，所以只有在趋势中运行的、容易出现大阳线的标的才容易形成人气。所以上涨中期最理想的情况是有强势资金吸筹后的主升，在分析时很容易遇到建仓阶段也会采取拉高吸筹的方式，它们呈现出来的走势方式是截然不同的，只有在对这种差别进行深度分析后才能够更好地操作股票。

对于上涨中期最难的是持仓，因为上升趋势形成后的洗盘是持仓最大的难题。分析股价的走势一定要全面，流通盘大小不同的标的走势也会截然不同。下图中信银行在经历了大级别上升趋势的中继形态后再次展开了上涨，相对于大蓝筹来说股价很难天天大阳线，只有稳健、持续性的小阳线才是推动上升趋势的核心力量，因为这样才能显示市场参与资金的一致性。当然凡事都具有两面性，大盘股不会暴涨也很难暴跌，但是一旦出现大盘股暴涨之后的下跌也将会很恐怖。

中信银行突破收敛的形态线后进入了一个强势的上升波段，股价在 5 日均线之上持续运行，随后在出现了一次回踩 10 均线后走出了强势拉升的大阳线。对于流通盘 300 多亿、流通市值在千亿元以上的大盘股来说，一根强势的大阳线必然会影响整个盘面的变化，又是在市场整体做多氛围不是非常强的情况下，这就会预示着一种风险。无论是上升趋势还是下降趋势都是在多空双方能量的转换中，关于不同时期 K 线能量的变化请参考商学院珍藏版书籍《股市立论与财富革命》。股价的走势时刻处在变化中，当原来稳健的上升节奏被打破后，一旦出现加速的迹象，就是对原来平衡的打破，如果一种新的模式出来后不能有持续性的能量来支持是很难维持的，此时就会进入上升趋势的末期。

历史会重演，但不会简单地重复。所以虽然每只股票的上升逻辑都是不一样的，最终趋势终结的方式也是千差万别，但是市场是存在规律的，这种规律并不是不可泄露的天机，只要你足够用心，市场是会给到你足够的信号来表达后期的走势。这种信息的提取就是来自对人性的洞察。

和仁科技这一轮的上升趋势在 2016 年、2017 年非常常见，因为市场的大环境一般，所以很多资金采用的方式就是短时间内达到一定的控盘后就

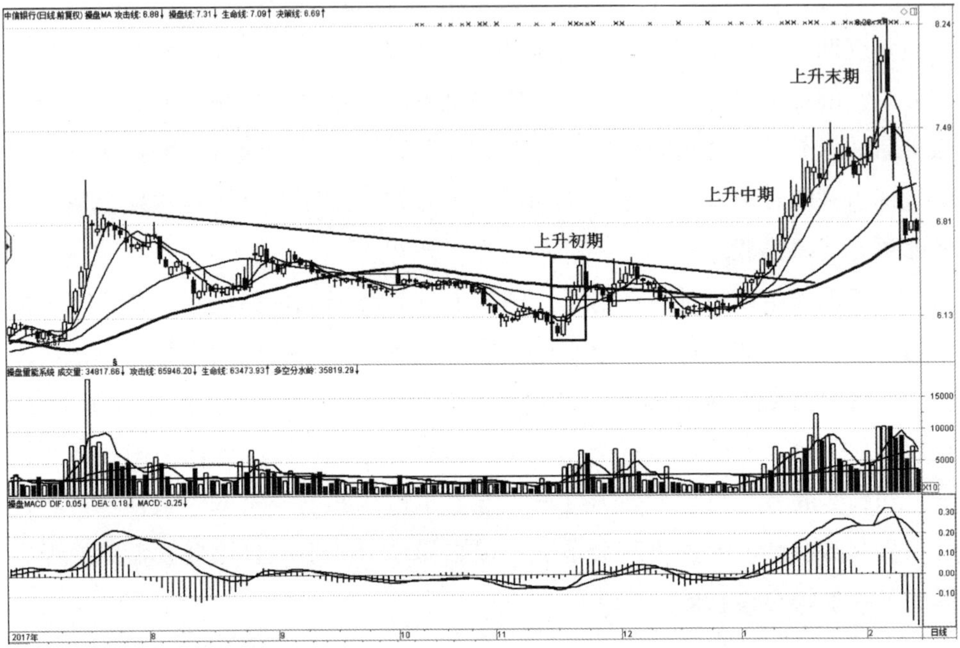

中信银行（60198）2017 年 6 月 27 日—2018 年 2 月 14 日日 K 线走势图

会进行拉升出货，不会等到实现真正控盘才考虑拉升出货，因为在市场氛围不乐观的情况下拉升和出货都比较难，是不适合运作中长期趋势走势的。

和仁科技在前面一个阶段性低点出现后缓慢上涨，同时伴随着成交量的温和放大，股价单波的上涨带动短期均线的扭转以及对 60 均线的有效突破。这对于一只中长期处于下降趋势的标的来说是一个非常重要的信号，因为一旦 60 均线得到扭转，说明股价的走势在中长期上发生了质的变化。建仓的一波拉升后股价进入了正常的回踩期，60 均线从压力变成了支撑。我们一直要求学员一定要买在支撑位，只有支撑位才能够让我们的交易达到“进可攻、退可守”的状态，才不会让我们的交易变得盲目和不知所措。

和中信银行不同的是，和仁科技在上升空间还没有打开的时候就出现了大阳线，要明确在不同位置出现的相同 K 线也会有截然不同的含义。和仁科技在出现了大阳线后股价和短期均线形成了较大的偏离，需要有个正常的回撤，以修正指标过热。这是在上升趋势遇到的比较常见的强势洗盘形态，股价在 3 个交易内回补涨停大阳线后的缺口，同时确认 5 日均线的强支撑。大阳线的收盘价也起到了有效的支撑，虽然滞涨，但是并不会改变趋势的运行，所以一旦股价再创新高就会形成新的买点。

和仁科技上涨末期的走势是通过高开低走大阴线的方式完成的，当天较大的振幅和快速放大的成交量说明市场中的分歧较大，多空双方要进行一次非常激烈的争夺，争夺之后将会决定新的方向。在该位置出现的高开低走的大阴线就是阻挡股价原趋势运行的K线，也就是说原来上升趋势的动能被这根K线破坏了，它将会引导股价进入新的运行模式。

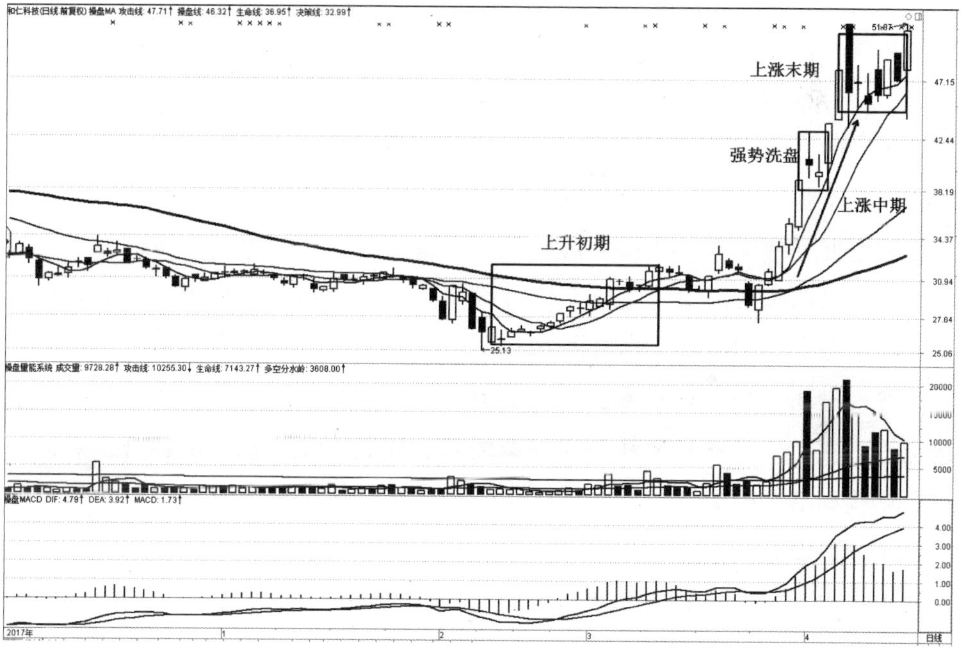

仁和科技（300550）2017年11月30日—2018年4月18日日K线走势图

5. 上涨末期

股价的运行就像是太阳的东升西落一样，尤其是A股市场，经常会是从哪里来就会回到哪里去的结局，因为A股股价的轮动更多的是在市场主流资金驱使下完成的，完全因为公司基本面卓越而导致的市值持续性上涨的情况很少。所以股价在上涨和下跌的循环中必然会带来机会和风险，而我们要做的就是从中找到适合给我们操作的机会。

但是对于上升趋势来说，不是时时刻刻都是机会，我们要养成判断上涨末期的能力，这种能力不是通过简单的 K 线形态就可以辨识的，更多的是洞察股价的细微变化，及时规避风险。上升趋势的末期必然会有强势资金出货，这是我们判断上涨是否接近末期的最重要因素。而且大家一定要明白的一种思维方式是，强势资金一定是在持续上涨中出货。因为此时人气最旺，会有跟风盘进场来接盘，但是一旦具有牵引股价上涨能力的资金不再向上拉升股价时会快速形成阶段性高点。

嘉澳环保整体的走势同仁和科技如出一辙，都是阶段性强势资金的操作模式，股价从最低点开始逐渐有强势资金吸筹，只是第一个上升波段没有有效站上 60 均线，而是通过横盘整理的方式修复了 60 均线，之后以大阳线的方式展开了强势上扬。在持续性大阳线之后，股价的上升趋势戛然而止，直接以跳空低开低走的方式向下运行，而且是连续 3 个跌停板。如果你还在等待高位横盘后确认出货，那就大错特错了，因为这种非强势控盘的标的最后的两根上涨的大阳线基本够出货的了。

在《股市立论与财富革命》一书中有详细讲解在不同的大盘背景中股票的见顶方式。但是还是要和大家强调的是，我们不是市场的引领者，所以不要奢望找到市场的最高点，保持一定的敏感性，在出现变盘的信号时及时做出准确的决定。

上文提到对于我们来说判断上涨末期是有一定的延迟性的，而且随着懂得技术分析的人越来越多，诱导性和诱骗性的信号会越来越多，在出现危险信号后我们需要等待确定性信号出现才能够做出准确率更高的决定。长上影线是一种非常明显的见顶信号，因为盘中股价上冲后又被抛盘向下打压，但是在不同的位置出现该信号具有不同的含义，比如在建仓初期和上升的末期对于交易决策来说的意义是截然不同的。

至纯科技是一波更大级别的上升趋势，在前一个上涨趋势的末期形成了阶段性见顶信号后股价开始横盘。从筹码转换的角度来分析上影线是因为上方有抛盘，可能是来自获利盘的抛压也可能是来自于前期套牢盘的抛压，只不过市场中不健康抛盘的出现必然会阻挡股价的正常上涨，所以此

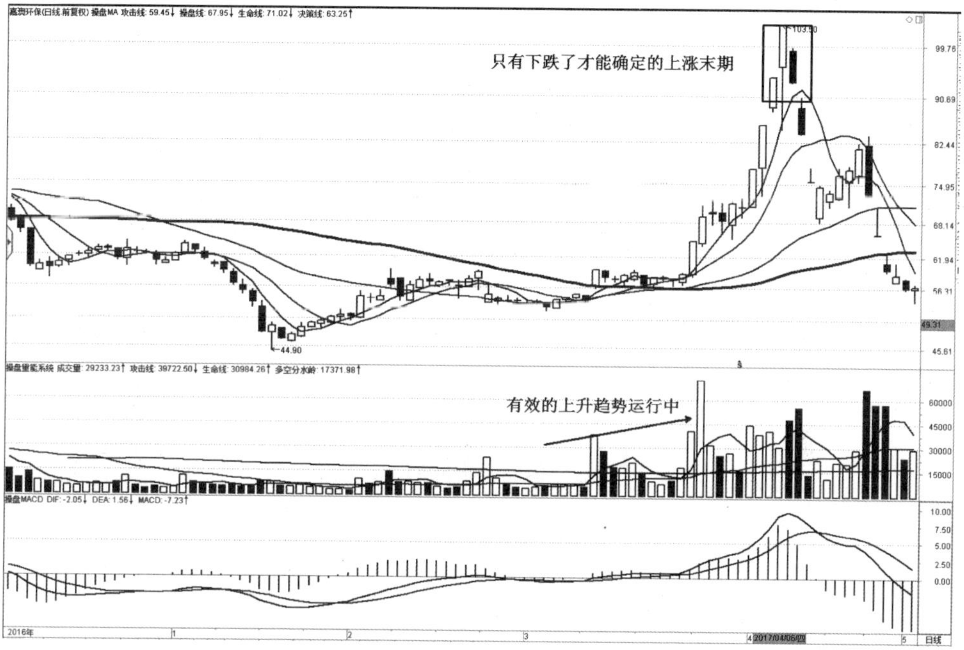

嘉澳环保（603822）2016 年 12 月 8 日—2017 年 5 月 3 日日 K 线走势图

时即使不是大顶部也是阶段性高点。图中标注的长上影线出现时，股价的上涨空间有限，虽然对股价后期持续性上涨还有很多期待，但是股价会回踩多久、回踩的深度到哪里都是不确定的，直到在小周期上的结构出现完整性信号。

至纯科技的调整终止在 60 均线之上，其间遇到了成交密集区的短暂阻力后快速下破翻身向上，且从整个调整区间的内部结构上可以看出清晰的 5 浪下跌结构。在传统的波浪理论中，下跌的走势中内部结构有 5 浪时说明当下处于下跌的推动走势中，一旦反向波不够强势就会构成更大级别的下降趋势。所以，趋势转折点的原理是锁定主周期后，找到前一个完整波段的构成，确定它是推动型还是调整型，然后和当前的波段进行对比，如果当前波段较弱则后期演化成更大级别的概率大，如果当前波段较强则股价进入方向的争夺区间，需要等待方向做出进一步选择。

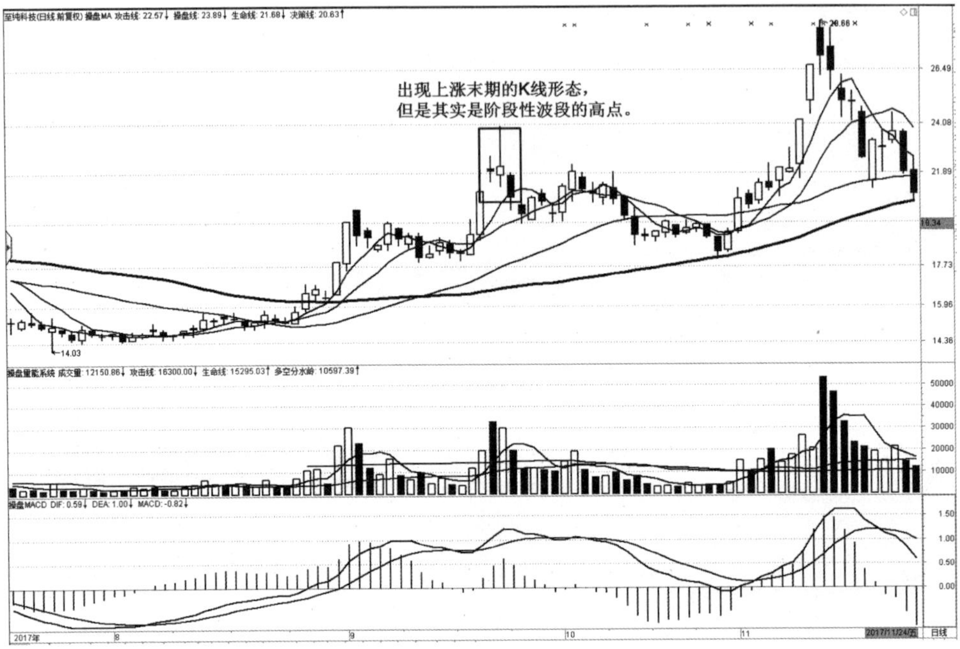

至纯科技（603690）2017 年 7 月 18 日—2017 年 11 月 24 日日 K 线走势图

6. 筑头阶段

筑头阶段同上涨末期的性质是一样的，都是为了便于主力出货，所以它们出现重合的概率非常大。通常情况下主力资金参与越多、控盘度越高的需要出货的时间越长、头部形态越明显、筑头阶段持续的时间越长，主力资金参与越少、控盘度相对较低的需要出货的时间就越短、头部形态越简单，很可能就走出了单顶或者是 V 型反转的形态。

最终强势资金会以什么样的形态出货是很难预测的，所以对于我们来说发现股价有阶段性筑头的迹象时就要开始减仓，确定市场一个波段已经接近尾声的时候就要做出及时离场的决定。

大千生态前期两次上涨后股价再次出现滞涨的迹象。在第一次上升波段结束后股价属于比较强势的调整，而且遇到 60 均线支撑后止跌企稳，股价再次上扬非常强势，出现多次跳空高开甚至是一字板。越强的上涨一旦遇到阻力股价展开调整的概率越大，从第二次调整深度上不难发现股价被抛盘向下打压较深，且横盘的时间开始加长。横盘结束后股价再次反弹，成交量不足，构成了非常典型的双头结构，是一种非常常见的头部形态。很多关于投资基础类的书籍都有介绍双头形态，投资者要明白我们在实战应用时只有识别出形态运行背后的真实逻辑才能够做出准确的决定。

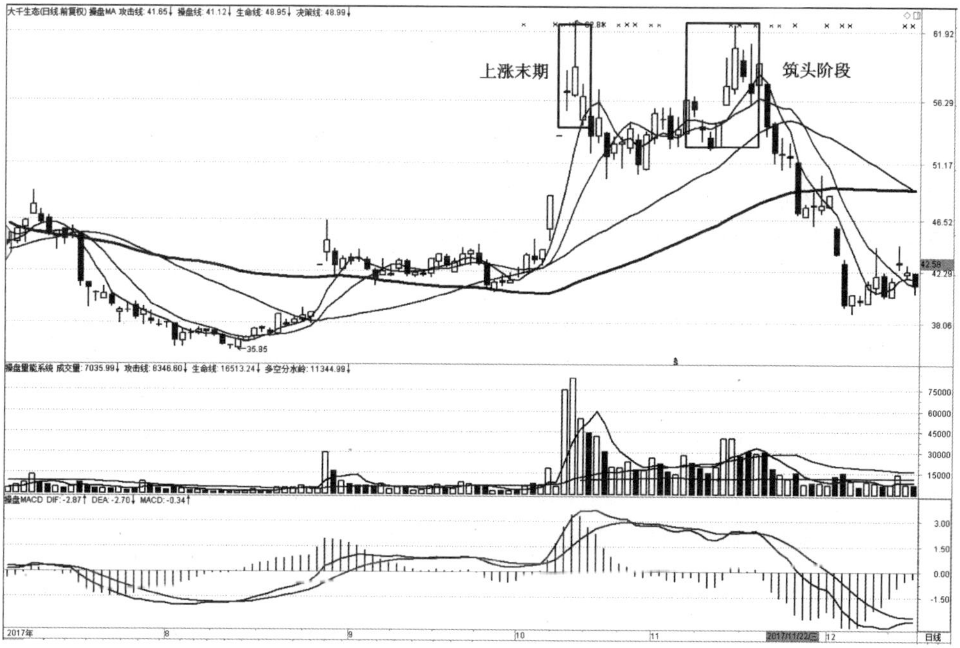

大千生态（603955）2017 年 7 月 4 日—2017 年 12 月 18 日日 K 线走势图

家家悦的走势和大千生态截然不同，前期的上涨形态并不是最强势的连续大阳线，而是缓慢推升的，每一次都是弱弱地上涨之后大幅回调，这很难保证趋势持续运行。在该波段的最高点出现了见顶的标志性 K 线，之后股价展开了阶段正宽幅震荡，但是在构建的过程中低点也在不断抬高，所以目前能够确定的是股价在大级别的上升趋势中已经滞涨，这个时候并不能确定这是阶段性头部还是上涨的中继形态，原来上涨的 60 均线开始逐渐走平。且目前 60 均线已经有失守的迹象，股价调整的空间会加深、时间会延长。

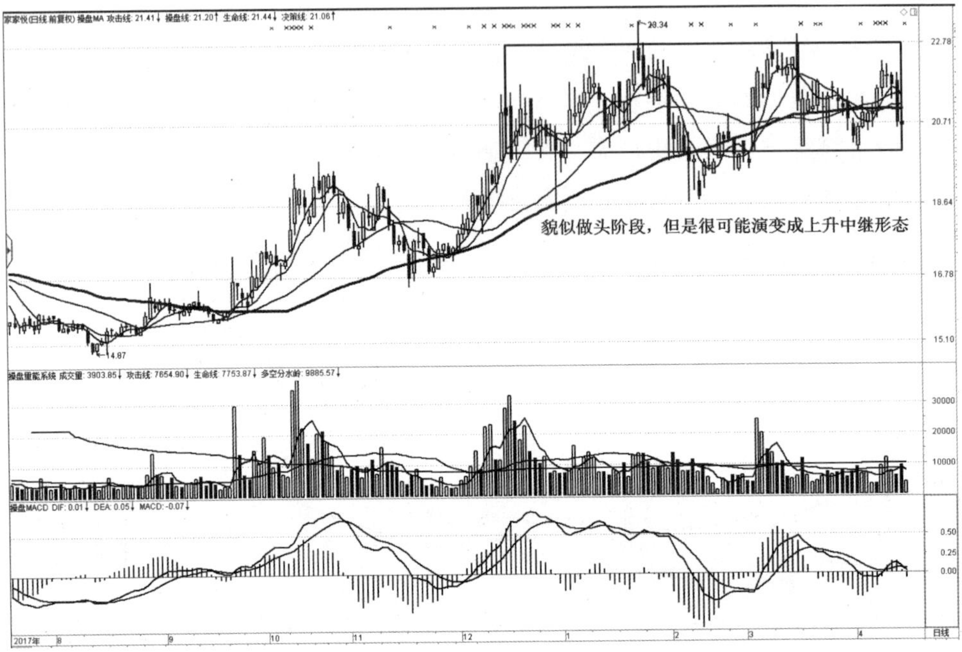

家家悦（603708）2017 年 7 月 20 日—2018 年 4 月 18 日日 K 线走势图

7. 下跌初期

在股价的轮回中，下跌初期是非常重要的，因为这是我们难以辨别的且风险又是最大的位置。下跌初期市场中聪明的资金已经展开了一段时间的出货行为，从形态上可以看到股价从小周期开始破位且走出了下降趋势，市场的氛围正在从看多向看空扭转。如果在前期还没来得及卖出，此时一定要开始减仓或者平仓，因为趋势即将逆转，后期将进入步履维艰的下跌趋势中。

西水股份在前期强势上涨后，只是构建了一个非常短的头部后就转头向下。在 2017 年市场的整体范围并不乐观，西水股份是为数不多的表现非常卓越的个股，所以在上涨末期汇聚了市场中大部分人气，所以在最后的拉升过程中出货还是比较容易的。在大盘背景不同的前提下个股的趋势运行模式也截然不同，所以只有站在人性变化的角度去分析股价的变化才能够有效地面对市场的千变万化。

股价的转折点也有多种方式，暴涨后暴跌也是比较常见的，因为在资金推动下的A股不得不被强势资金绑架，资金的强势参与带动人气后就会形成暴涨，当强势资金开始逐渐退去后人气快速消散就变成暴跌。所以参与强势股固然是对的，但是如果选错位置或者在强势资金撤退的时候还急着去接盘后果就很难说了。所以对于前期暴涨过的股票，下跌初期基本都是以强势下跌的走势来完成，但是看起来的强势下跌只会是反向运行的第一个波段，要实现有效的反向运行在经过一个弱势反弹后一定还会再次运行一个下跌的波段。所以此时尽管关注到股价出现大幅下跌，也不能误认为股价有调整到位即将见底的可能。

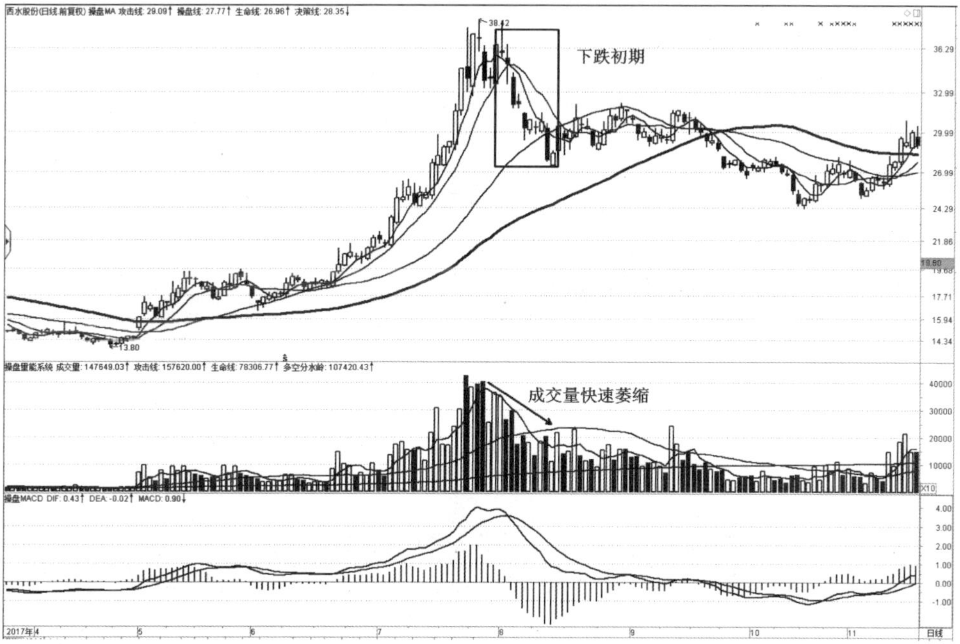

西水股份（600291）2017年3月27日—2017年11月17日日K线走势图

光迅科技的走势和西水股份截然不同，它是通过震荡上升的方式完成了一个上升趋势后进入缓慢的盘头形态。上升趋势的角度并不是非常陡峭，构成的K线实体也以弱势为主，在空间上的显赫涨幅也是在对时间维度有一定的牺牲后实现的。这是一种弱势上涨，我们实战时遇到这种情况的时候很多，虽然账户上有盈利，但是心理上备受煎熬。

这种走势出现时，如果你用短期均线来交易则必然会面对不断地止损和追高的窘境，因为这种趋势的级别也在潜移默化中发生了变化，转化成了更大级别的上升趋势。强势的大阳线固然是值得期待，但是它更像是昙花一现的烟火，虽然漂亮可是持续的时间不够长，只适合做短线，如果想运行出更大级别的上升行情一定是稳健上涨型的。

下跌初期和筑头阶段更是难以界定，因为对于通道式上升的走势来说，每次回撤后股价依然有再创新高的可能，也就是说只有在反弹无力、反弹不再创新高后才能够确认股价进入了调整或者下跌的状态中，前期的反向波段才能作为下跌初期的第一个下降波段。股价开始进入盘整期间，也可以理解为下降趋势中的反弹或者反抽，一旦股价开始拐头向下跌破整理的中继形态下轨，就会进入下跌的主跌浪。

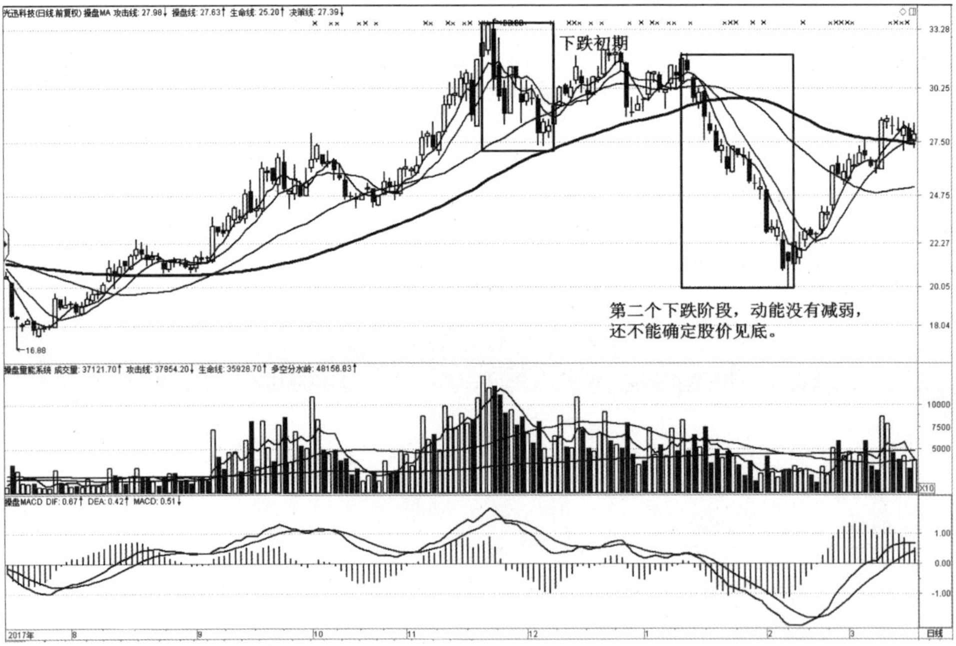

光迅科技（002281）2017 年 7 月 14 日—2018 年 3 月 19 日日 K 线走势图

8. 下跌中期

其实股价在下降趋势中是最好识别的，但是并不妨碍很多股民在这个位置盲目抄底，以至于不断放大亏损。下跌中期说明股价当前还在某个级别的主跌浪中，股价还没有止跌的迹象，后期还遥遥无期，短期内很难出现确认性底部。本书一直在和大家强调非常简单但是实用的判断趋势转变的方法，就是60均线。只要股价还没有站稳60均线，就意味着短期内不会形成上升趋势，所以一旦股价在60均线之下进行弱势横盘的很难会扭转走势，除非出现大阳线。

三五互联运行在大级别的下降趋势中，前期虽然出现过短暂的反弹但是并没有强势的资金来扭转整体走势，之后股价依然在60均线之下运行，每一次都是以横盘的方式遇到30均线的压制后向下跳水，属于非常典型的诱多性行情。要求大家牢记这样的走势，这是我们在交易中必须要回避的走势。

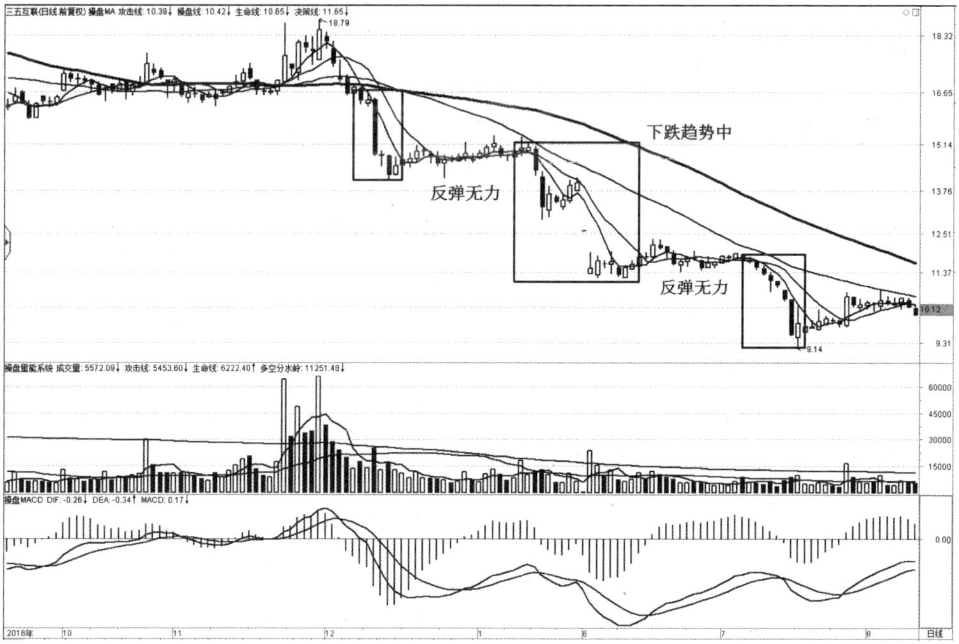

三五互联（300051）2016年9月21日—2017年8月10日日K线走势图

在 2016 年、2017 年以及 2018 年上半年的走势中，尤其是中小创的股票大部分都是在中长期的下降趋势中运行的，也就是说很多运行的都是短时间的反弹行情，很难引领股价走出中长期的上升趋势。这也直接导致了股民叫苦连连，对于在大环境处于严寒期仍然热衷于交易的股民来说，账户的持续性缩水更是让原本就不活跃的走势雪上加霜。

中富通的走势是非常值得关注的，因为股价虽然是从 60 均线之下开始起涨，但是只是一波较弱的反弹行情，股价的上涨最终受阻于 60 均线，虽然只是反弹行情，它也为市场带来了较为活跃的人气。成交量呈现非常明显放大的迹象。一直强调，选股一定要有强势资金参与和关注的，我们是顺势者，所以必须要紧随造势者的脚步才能有所突破。可是中富通的走势和我们的预期出现了较大的偏差，阶段性低位出现明显的放量痕迹后说明股价有止跌的迹象，后期很难再创新低，但是现实是股价受阻于 60 均线后持续性下跌且创了新低。

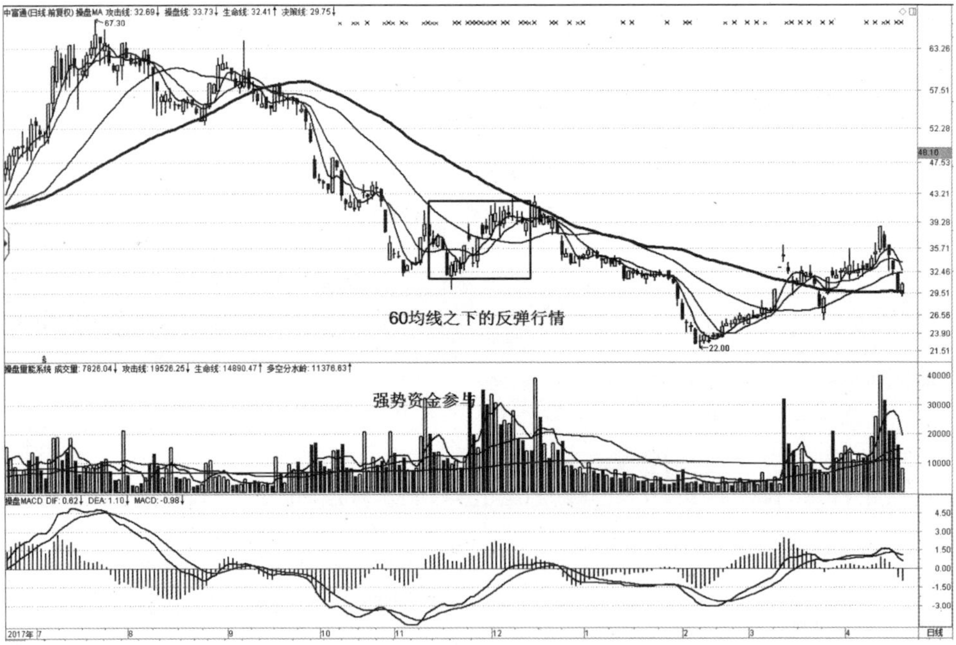

中富通（300560）2017 年 6 月 22 日—2018 年 4 月 23 日日 K 线走势图

在股市中谋生存不是只言片语就可以讲清楚的，因为股市中本不存在稳赢的圣经，只有多方面的信息，投资者要做的是通过信息的筛选和处理得出相对准确的投资结论。我们只能从上升趋势中赚钱，即使多方面的信息都告诉我们股价可能出现了低点，这个时候我们依然需要耐心等待，真正的大机会只有是在趋势的形成和确认后。

> **投资箴言**
>
> 股价的位置就是交易的风向标，不同位置具有截然不同的操作模式。只有识别清楚位置才会找到合适的操作点位。

第三节 掌握理性交易的逻辑

买卖股票是一个理性的决策过程，所以要求投资者能够逻辑清晰地处理各方面的信息后，做出成功率较高的买卖决定。在我们商学院的课程中，对我们的学员和操盘手会系统性地讲授如何做出投资决策，最重要的是会带领大家在一次次的总结和归纳中成长。无论在平时的生活是怎么随性的人，一旦涉及交易都不能容忍一点马虎，作为一个职业的交易者，无论是自己的资金还是资产管理的资金，都需要对账户负责，坚守我们该有的职业操守。

1. 确定机会大小

为什么我的股票涨了10%就掉头向下，为什么老师的股票翻了一倍后还能强势上行？无论是公开课还是内训课，我都要求我们的学员、操盘手修炼身心，做交易更要明白自己当下的状态，只有充分认识自己才能够更好地认识市场，明确市场当下的趋势级别、趋势的运行时间，才能够更好地指导接下来的交易。也就是说在一次交易之前，我们要做的一个分析是：股价后期的上涨空间有多大？运行的时间有多久？

在操作之前，先对市场做出定性的研判，当前会产生什么样的行情，是上涨不足 1 个月的反弹行情，还是持续上涨几个月的大牛市，不同机会下的操作策略是截然不同的。

股民都遇到过这样的问题：别人说这只股票好就买了，一下子涨了 20% 就受不了了，怕利润回吐赶快清仓走人，结果这才是大牛股的启动初期，后期还有 50% 的利润空间。有的时候说做个短线，结果第二天直接低开，亏损 5% 后要等反弹再出，结果第三天再次低开亏损了 10%。此时坚决不能卖，因为我一卖就会有反弹，之前吃过很多次这样的亏了，再等！第四天果然功夫不负有心人，高开 2%，等向上再冲一冲就走，结果没有向上冲而是直接拐头向下，亏损到了 13%。不能止损了，坚决持仓等待解套。

对于机会大小的分析和确定是很难做到准确的，如果用准确这个标准来衡量就会让我们进入一个交易的误区：在投资中盲目地追求高点和低点，殊不知任何对完美的向往都会让我们误入不可回头的深渊。所以交易是预测不等于妄断，一旦发现前期的判断出现问题时要对前期的预测做出及时调整。

在洪汇新材的走势中，开始会有一次股价会向上运行的预判，因为前期上涨非常强势，无论是从动能的角度还是波浪理论的角度上看股价还有一次创新高的可能。再加上在 3 个月的强势整理期，走出了非常明显的收敛形态，这是一个非常值得关注的形态，因为强势资金在该形态中可以做到充分地换手，为股价后期趋势性运行做好铺垫。在整理中，60 均线被逐渐修复，从下跌到走平再到向上，所有的信息都显示股价向上运行的概率大，所以股价会向上运行一个 15 分钟或者 60 分钟级别趋势性行情的可能。

但是股价以一根非常弱的小阳线向上假突破后转身向下，60 均线没有起到有效的支撑作用，反而是以强势阴线的方式快速下破。在做出预判后不是毫无理由地坚持前期的判断，而是当市场出现非预期性的信号时能够及时做出调整，有的时候不得不认错离场。

佩蒂股份完成一个上升波段后进入调整期，该调整结构跌破了 60 均线，股价的持续震荡每次都受阻于 60 均线。虽然前期低点的支撑被测试过，也证明过有效，但是在第二次测试的时候股价果断下破，做出了一幅十足的股价

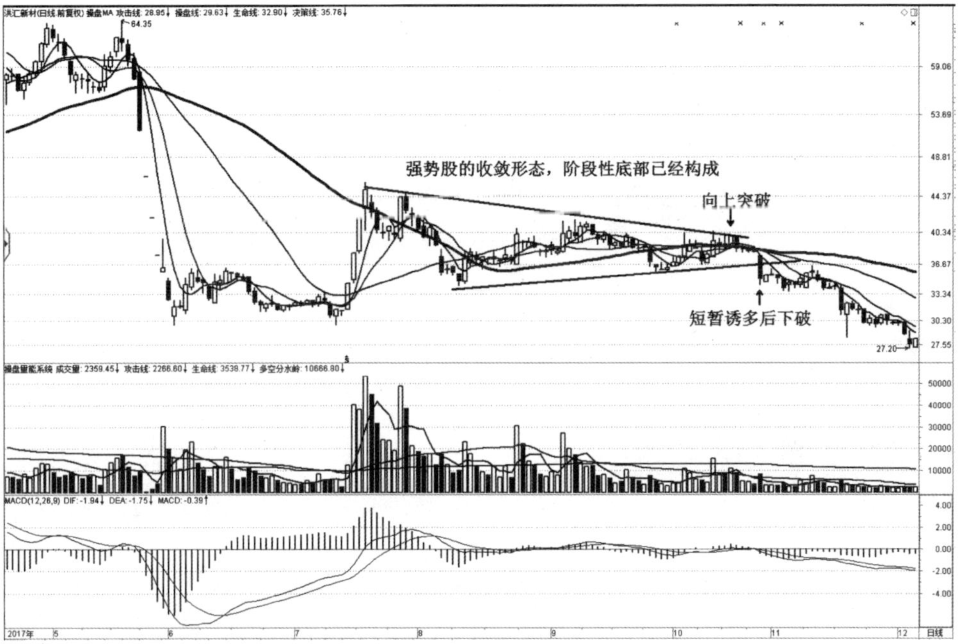

洪汇新材（002802）2017 年 4 月 19 日—2017 年 12 月 6 日日 K 线走势图

将要下行的迹象，但是就在市场氛围极度悲观的情况下股价逆势反弹，完成了一个 30 分钟上的上升波段，此时股价的宽幅震荡已经让市场的多空氛围比较迷茫，所以成交量并没有明显放大的迹象。股价再次回撤，再回到前期被确认过、也被跌破过的低点位置转头向上，此时趋势的级别和上涨空间和前一波的破底反涨行情是截然不同的。

在判断该行情级别的过程中最大的干扰来自破底，因为股价破前低点是趋势交易者最大的忌讳。缩小图形看趋势，放大图形看量价。对于一个趋势交易者来说，必须要学会从更长的时间上看待趋势的运行，才会避免一叶障目。当从更大的趋势上看时，不难发现这是一次调整过程中的诱空行情。破底反涨的诱空不是一般主力可以做到的，一定是有比较强的资金实力的，所以当看明白这些信号之后，股价后期的走势是非常值得关注的。

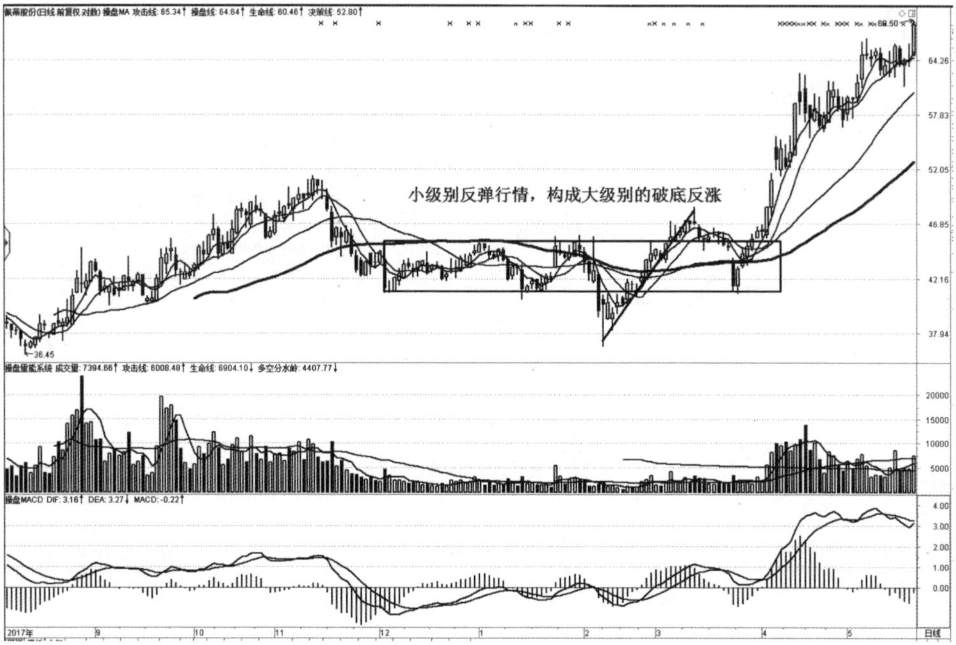

佩蒂股份（300673）2017 年 8 月 7 日—2018 年 5 月 22 日日 K 线走势图

2. 寻找交易信号

每一次交易都是一次系统决策的过程，这个要求我们能够理性、客观地对待整个过程和做出的结论。所以能够形成一套系统的投资逻辑体系是保证交易胜率的前提条件，一方面我们需要通过市场上卓越的投资哲学来武装自己的头脑，另一方面在有丰富经验的老师带领下，更深度地接触市场、认知市场，进而从中获利。

在对行情机会进行识别之后，要进一步确定交易信号，选股不等于买入，让你的买入行为尽量慢一点，这是对职业操盘人员最基本的要求，是能够提高我们操作准确率的前提条件。随着我们对趋势、K 线、均线、成交量等技术要素以及基本面变化的众多要素有深度理解之后，会逐渐构成我们的交易系统，会让我们的买入信号准确率更高。

对于股价走势的分析就像是拿着放大镜对行情的构成进行解剖一样。看更小周期的结构，判断当前走势的状态和位置，是否具有操作机会。我们商学院的系统分析方法集合国内、国外众多分析方法的优势，又有数位 A 股职业投资人紧随市场的节奏，所以能够从理论到实战两个层面更有效地指导大家股票投资。

我们技术分析的核心在于遵循道氏理论的三重运动，从基本运动、次级运动再到日常运动，最重要的是将经典的分析方式进行定量分析，能够更好地用于 A 股该有的特征。

无论是华尔街还是陆家嘴，经典的投资哲学都是投资家们一定要学习和掌握的。道氏理论历经百年不衰，存在就有道理，只是我们没有很好地理解和认识理论的精华。但是传统的道氏理论研究的股价走势周期较长，很难满足现在股民对投资快速实现短期获利的要求。所以在道氏理论的基础上，对行情进行更深度的解读是现在投资者想要追求的，而且随着科技的支持也是可以实现的。

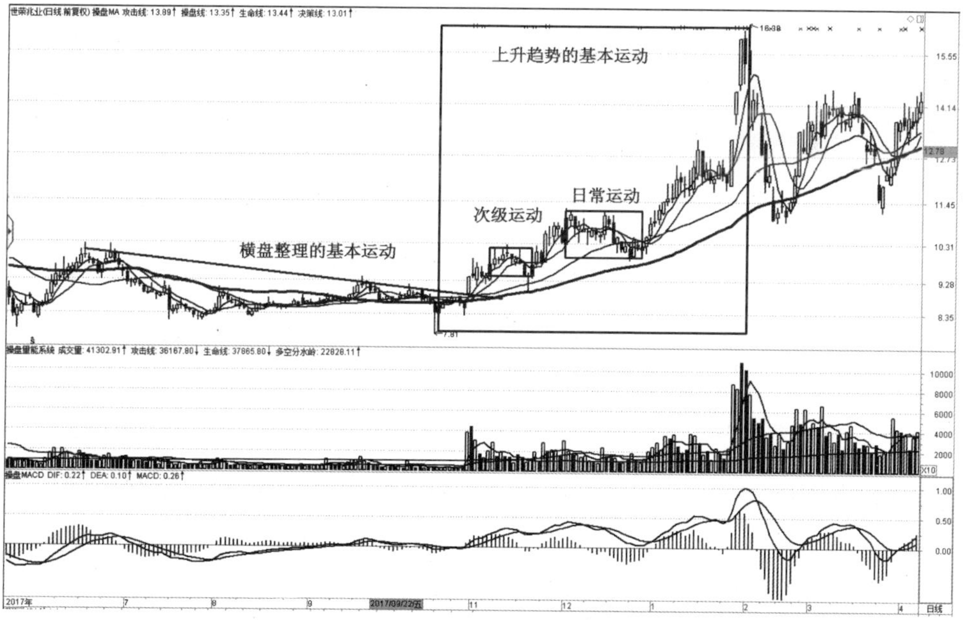

世荣兆业（002016）2017 年 5 月 22 日—2018 年 4 月 10 日日 K 线走势图

世荣兆业前期经过了长时间的底部横盘，是一个横盘整理的基本运动。

在道氏理论中，基本运动至少是一年以上，但是我们在分析的时候会和大家强调道氏理论的三重运动是相对的，只要能够识别三种运动就会出现基本运动、次级运动和日常运动的关系，有的时候我们用大周期、主周期和小周期来诠释股价在不同级别行情中的走势。股价在突破了底部横盘整理后进入了上升趋势，我们可以预期这是一个基本运动级别上的横盘趋势，时间或者空间和前期的底部横盘是对应的，但是该基本运动的运行过程中必然会由多个次级运动构成，而每个次级运动又会由多个日常运动构成。

在任何一个级别的上升趋势中，都会出现多个交易信号，但是并不是每个交易信号都是我们要参与的。这只股票的上涨逻辑我非常清楚，但是不是我要参与的，因为看得懂、做得到、赚到属于自己的钱是完全不同的几件事情。什么样的上涨逻辑需要什么样的性格和心态的人来参与，当你能够充分认识市场、认识自己后就知道什么是该参与的什么是不该参与的了。

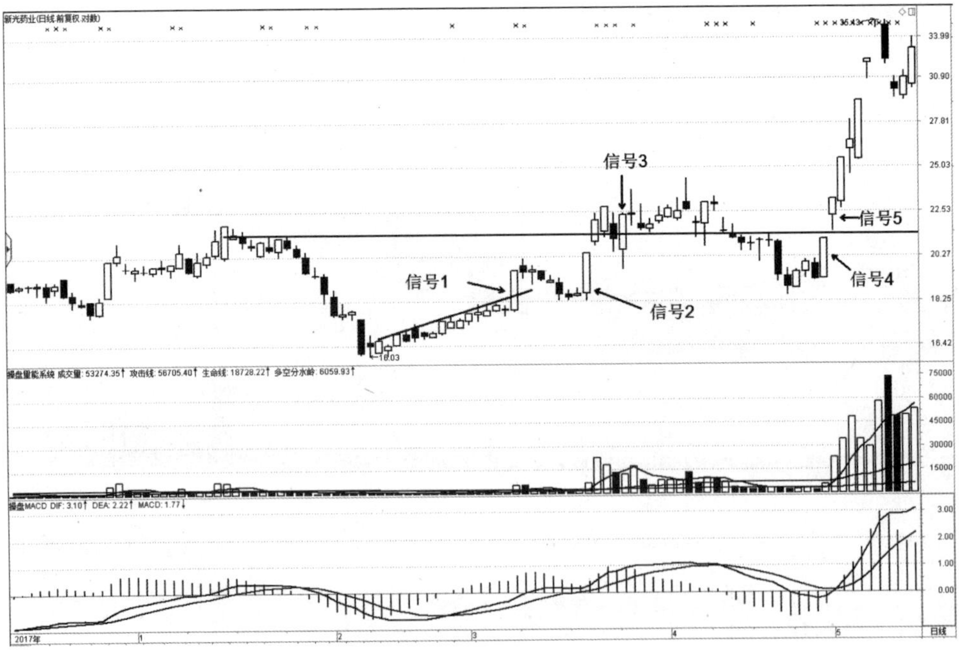

新光药业（300519）2017 年 12 月 12 日—2018 年 5 月 22 日日 K 线走势图

新光药业的信号 1 是一个小级别的向上突破，如果要参与一定要明白股价上方压力重重，参与必须要快进快出。信号 2 的级别同信号 1 的级别是相同的，只是 5 分钟、最多 15 分钟上的趋势性行情。信号 3 非常值得关注，股价突破前高后回踩，是确定性最强的买点。但是操作这类买点的核心问题在于容易买在 5 浪上，也就是最后一个小级别趋势的冲顶行情中，那结果不言而喻了。

信号 4 因为是涨停板所以基本可以确定调整到位，只是后期股价是以什么样的方式上涨的问题了。信号 5 再次突破前高，此时是以涨停板的形式突破的，多方动能强势，后市可期。

3. 明确交易模型

只有沉淀自己的交易模型才是实现稳健盈利的基础。任何一位投资大师，都不会是哪个股票涨了就做哪个，更多的时间是在等待，等待那个自己已经非常熟悉的交易模型出现，因为只有这种运行方式出现时才能够保证自己有足够的把控力进行交易。交易模型是什么？谁的交易模型更好？这是很多投资者会遇到的问题，但是请大家一定要记住每个人的交易模型都不一样，而且交易模型之间没有好坏，只有准确率是否更高。

比如说偏好于基本面投资的人，他的交易模型是分析公司的商业模式，这个月买进去后亏损了 30%，但是此时他只有 30% 的仓位，此时他做出了果断加仓的决定。在接下来的一年时间里股价上涨了 100%。还有一群人，他们的交易模型是多周期共振理论，每次严格进场时的止盈止损比例必须满足 3∶1，最近一个月盈利 20%。两者的交易模型各有千秋，但是你的交易模型只有你自己能够识别，找到最适合你的才是最好的。

除了从专业的角度来决绝模型条件的问题，还要从自身的角度来解决执行力的问题。有的人说这是心态的问题，其实有没有想过影响心态的因素有哪些？当然这是在交易模型固化之后要解决的问题，一个是需要对交易模型进行演练以保证自己对模型要素考虑周到，另一方面就是资金管理的问题，在实验阶段使用的资金比例最好是 10%。因为太多了风险大，太小了对于资金较大的人来说没有实战的感觉。

明确了交易模型之后大家要懂得放弃，也就是说不满足交易模型的情况不要操作，不是所有股价的上涨都和你有关系的。最常见的一种错误是在属于自己交易模型最好的进场点没有买进，市场验证了你的模式是正确的时候，你的账户还空仓，此时被马后炮的感觉非常强烈，所以鬼使神差盲目地追高式买进，结果进场后出现了小周期的背离点，只能站在高位上站岗。

同洲电子前期的资金进场迹象会给到我们非常明显的选股信号，但是不是所有选中的股票都可以买入。市场中每天会给到我们有强势资金参与的股票很多，这个时候只有在各方面满足我们交易模式的才能够参与。在确认同洲电子有资金进场后，我们不能确定股价是会以打压的方式进行一次向下洗盘，还是直接向上加速上涨。根据我们的经验股价从 60 均线之下上涨上来后回调的概率大，所以更不能盲目地进场，即使是底仓也要找到充分理由证明股价有向上运行的概率时才值得参与，否则需要等待。当然如果你的资金量大到必须在买套点参与才能不影响市场运动的情况除外。

股价在经过强势回调、两次明显的洗盘后开始企稳，在出现持续性买点的位置有值得参与的短线买点。但是对于看中长期走势的投资者，可能在 3.85 元的附近就开始买入了，过程中出现的洗盘完全是在他可以承受的回撤范围内，但是也有投资者的买进点就是主升的启动点，直到阳包阴的 K 线出现后才会进场。还有的人是要等第一个涨停板出现后，第二天开盘的时候追进……每个人的买点都不一样，但是全都是赚钱的，买点的好坏不是看谁盈利多，而是期间带来的风险和机会是你本身能够承受的。换句话说，就是投资真正的风险不是在于上市公司和股价的运行，而是在于投资者自己，你能够承受多大的风险就将决定你会面临多大的风险。

市场会经常发出股价企稳或者见底的信号，但是不是所有的信号都是我们要参与的信号。也就是说市场出现的交易信号要远远多于我们要交易的信号，识别市场的信号是我们要做的第一步，明确自己的交易信号是第二步，明确自己的交易信号才是明确交易模型的关键，此时要求我们要学会放弃那些上涨概率小的信号。

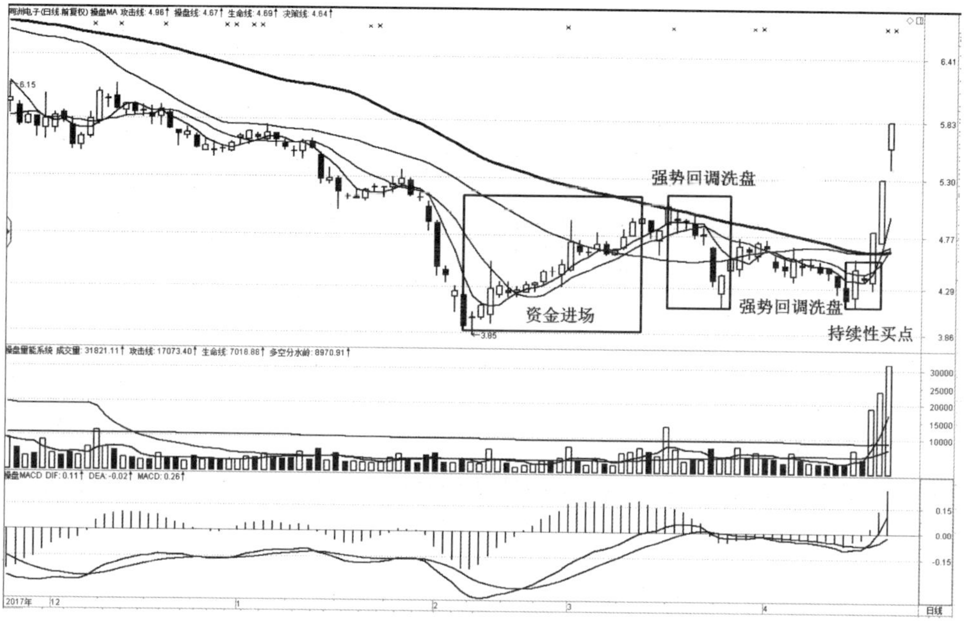

同洲电子（002052）2017 年 11 月 24 日—2018 年 4 月 24 日日 K 线走势图

信号 1 是超跌后的止跌信号，此时底部还没有确认，需要持续性的场外资金进场后才可以确认。股价会涨，依然会有交易机会但是级别有限。信号 2 是止跌后确认过最低点的起涨信号，由于此时坐底时间只有 6 天，所以只能看作是股价自然波动形成的底部，没有趋势性行情。信号 3 是非常值得关注的突破，也正是信号 3 的突破让行情的级别再次变大，但是和前期的下跌相比，当下依然只是一个超跌后的反弹，级别不会超过 30 分钟，而且随着上升空间的拉开股价可能随时见顶。

信号 4 是形成第二个底部后并且得到强势支撑后的上涨，但是第二个底部出现时的坐底时间不到 2 个月。信号 5 是形成第三个底部后得到强势支撑后的上涨，坐底时间达到了 3 个月。信号 6 是形成第四个底部后得到强势支撑后的上涨，此时坐底时间已经满足一个更大级别波段的需求，60 均线的支撑有效，且在横盘期间股价经过了数次有效洗盘，后市可期。

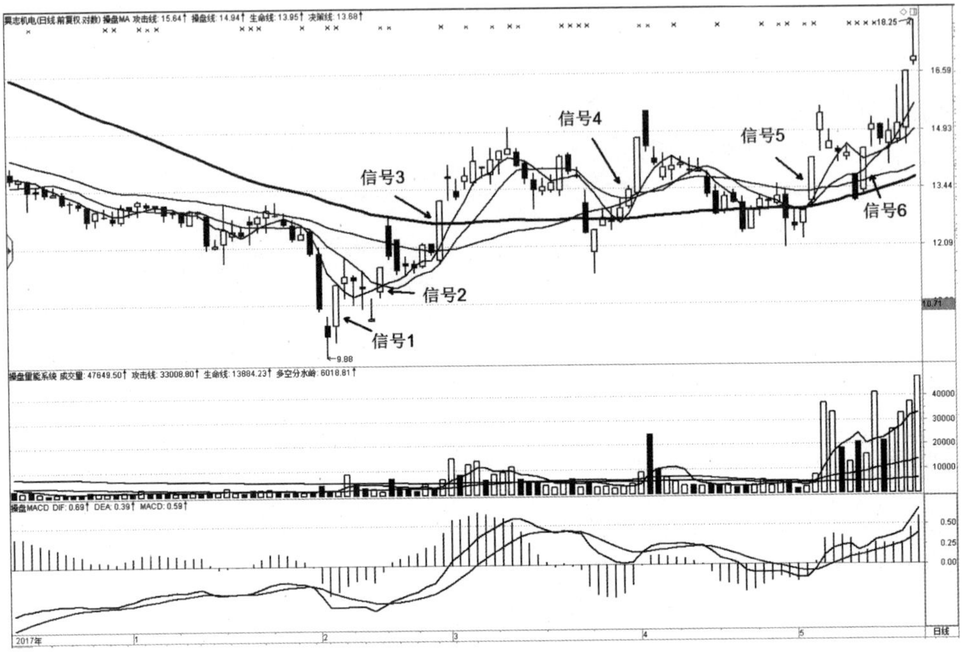

昊志机电（300503）2017 年 12 月 13 日—2018 年 5 月 22 日日 K 线走势图

投资箴言

不同周期的关系是股价运行的一种自然属性。大周期对小周期的制约关系、小周期对大周期的牵引关系，为起起落落看似无章可循的股价走势找到了规律。

第四节　看清涨跌规律的周期

缠中说禅中会深度讲述多周期看盘的重要性，但是在实际分析过程中更多的还是在日线上的分析，因为单周期的分析一样会得出多个周期的信息。但是对于初学者，一定要明确周期间的关系，这是股价的运行作为一门独立学科具备的天然属性，如果对这种属性不够了解就很难深度地认识股价运行的构成和机会。

不同的行情机会用不同时间周期的 K 线走势图进行分析，只有用不同时间周期来分析不同的行情，才能够看清行情的性质、运行的状态、时间、空间，才能把握好属于自己交易模型的买卖点位。我们商学院根据道氏理论的三重运动的关系，对学员强化的是三个周期看盘方式。

（1）大周期

其主要用途是判断方向的，确认是否具备满足波段行情条件，股价处于什么位置，确定股价的上涨幅度、相对目标价位及重要压力位、支撑位。从而判断该周期是否具有产生某一级别行情的基本要素，切记大周期是不会产生交易信号的，它的作用就是看趋势、看位置、看空间、看压力与支撑。

（2）主周期

在大周期确定趋势性质的前提下，研判股价现阶段处于什么位置，主周期针对大周期的位置进行深度分析，明确股价当下处于趋势的哪个阶段，是形成的初期、运行的中期还是终结的末期。如果还是处于初期和中期是会引发交易信号的，但是如果是末期暂时不会出现交易信号，虽然股价还会上涨，不过已经不是我们要追求的交易机会了。

（3）小周期

在主周期发出交易信号后，用更小的周期对主周期再次进行深度剖析。只有保证当下的行情在小周期上也处于趋势初期或者中期，才能够形成好的下单点位，如果在小周期上处于趋势的末期也不会形成好的下单点位，市场反馈给我们的信息是继续耐心等待。切记一定要在主周期发出交易信号后，才可以在小周期找到交易点位。

三周期看盘的原理是一种从大到小、从宏观到微观的分析逻辑，只有在保证大方向不出问题的情况下研究细枝末节才有价值，在大方向出问题时细枝末节还能够给你带来盈利的一定会把你带入一个万劫不复的深渊。所以无论当下行情处于什么阶段，都不能通过大周期做出是否交易的结论，一定是在看了主周期之后才能决定是否存在交易机会。

周期之间的对应关系

月＞＞周＞＞日＞＞60 分钟（30 分钟）＞＞15 分钟＞＞5 分钟＞＞1 分钟

前一个周期的一个上涨波段是由后一个周期两个或两个以上上涨波段，一个或一个以上调整波段组成；前一个周期的一个下跌波段是由后一个周期两个或两个以上下跌波段，一个或一个以上反弹波段组成。

这个公式只是理论上的，是一个引导投资者做盘的思维，当然主力做盘的思维和要素也都是围绕这个公式展开的，只是在横盘整理期间维持原趋势运行的波段数量和改变原趋势运行的波段数量在奇偶数上会有所差别。

针对视觉中国的走势和大家详细分析一下大周期、主周期和小周期的构成。虽然在理论上会持续和大家强调 3 个周期看盘，但是随着大家临盘分析能力的提升，只看两个周期甚至一个周期也可以做到高效操作，因为对于股价运行的原理清楚了就不会拘泥形态上以什么样的方式进行。

首先前期已经完成过对下降趋势的修复，60 均线已经拐头向上，股价上升趋势的运行稳健而有节奏感，说明资金的参与程度较高。但是股价并没有走出非常强势的直线上涨，而是在修复 60 均线之后开始横盘震荡，震荡的空间有限，更加彰显了背后的强势资金希望股价能够更好地在自己的控制下稳健运行的决心，也展现了主力资金志存高远的胸怀。横有多长、竖有多高是股市中不断传达的谚语，它背后具有指导交易的重大意义，只有经过长时间低位充分换手的股票才能够走出强势上升的行情，所以在日线上的横盘后必然会出现日线上的上升趋势，而日线就是对应的大周期。

在行情的演变过程中一定是从小周期向大周期传导，然后大周期制约小周期，这是事物发展的规律更是股价涨跌变化的原理。对于上文的上升趋势在 60 分钟上的走势见下图，最直观的解释就是把大周期上的走势在小周期上进行更为深入地分析，也就是把一根日 K 线拆分成 4 根 60 分钟 K 线后更深入地分析股价运行的结构。

在对 60 分钟上的上升趋势进行分析的过程中，充分地结合了缠中说禅的中

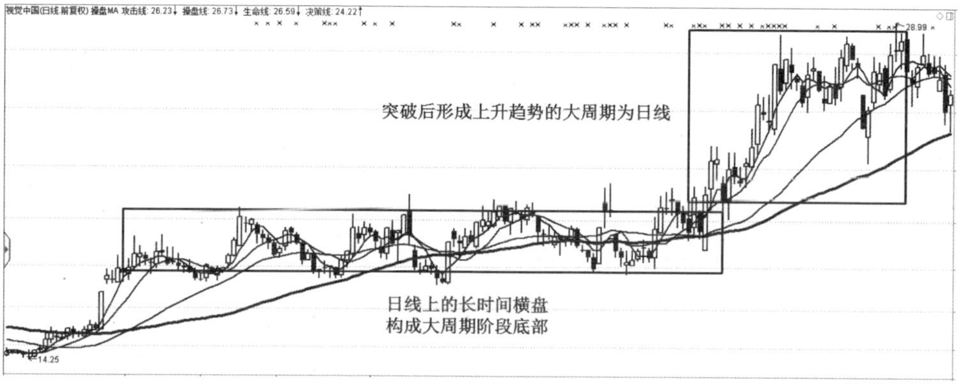

视觉中国（000681）2017 年 8 月 7 日—2018 年 4 月 18 日日 K 线走势图

枢理论，因为中枢理论是技术分析的一种非常核心的分析模式，它不仅支撑了其他趋势的延续和转化，更重要的是在同筹码转化相结合后从更全的角度上支撑股价的走势。首先从 K 线的形态上不难发现，股价的上涨不是非常流畅，如果你对大级别趋势理解不够深入，而且还是愿意关注小周期涨跌的人，对于视觉中国这个波段的持仓可谓是煎熬，因为它更像是喝醉酒的醉汉，在踉踉跄跄中实现了股价的上涨，在这个过程中只要你自己不够坚定，就很可能被它带错方向。

在视觉中国的 60 分钟走势图上标注出了两个大中枢和两个小中枢，在上升趋势运行的过程中，中枢的重心不断抬高，且也满足大中枢结构不完整的情况下小中枢不扭转趋势方向的原理。最简单的方式就是 60 分钟上的 60 均线持续向上，在股价没出现有效跌破 30 均线之前趋势是不会被扭转的。

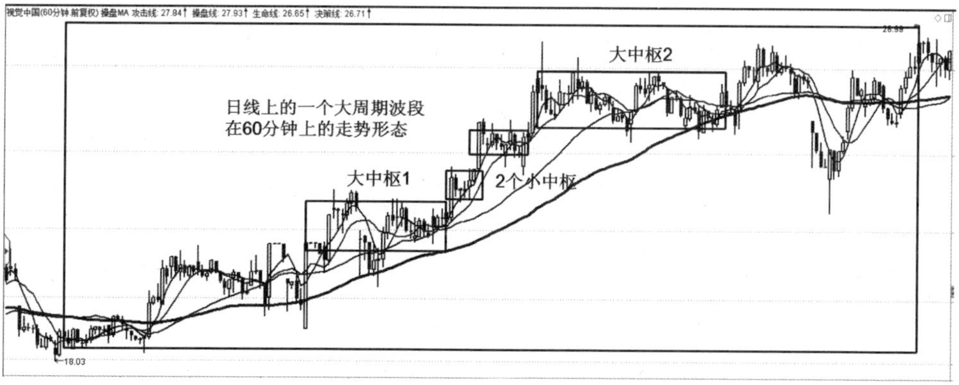

视觉中国（000681）2018 年 1 月 12 日—2018 年 4 月 3 日 60 分钟 K 线图

在缠中说禅中的黄金买点出现的位置，也就是上图中第一个大中枢形成前突破的位置。其实在图中标注之前是一个更大级别的中枢，在突破该更大级别的中枢后，股价继续向上，去寻找在更大级别中枢之上的大中枢，而股价在趋势方向上的传递过程就是交易机会显现的过程。

对于股价在两个不同级别中枢的突破点更精确的走势可以看到15分钟。在该突破点出现之前视觉中国出现过大阳线，也就是标志性K线，且在当天大部分时间是封在涨停板上的。之后股价快速回调后就涨停板的价格实现了强势突破，这是非常好的买点，但是在突破的波段中可以清楚地看到股价的上涨动能开始减弱，在小周期的走势上股价后期再创新高的概率不大。

从涨停板当天到最近的一个高点，在15分钟的走势上可以清晰地看出5浪结构，又是一支不是非常强势的股票，所以回踩是必然，且回踩的幅度可能较大。我们在实战分析时要紧盯盘面变化，及时做出对后期走势的预判，还要跟随盘面对前期的计划做出及时修正。

从走势上看，股价的回踩较深，而且回到了上一个中枢形态中，股价持续性的趋势性被阻挡。但是一定要牢记，在大级别的趋势运行中，小级别的走势会服从大级别的趋势，所以在大周期上趋势结构没有完整的情况下，小周期的调整不会改变大趋势的方向。此时我们就要关注到调整的支撑位，因为大阳线的开盘价、收盘价和实体的中间价是非常重要的支撑，该回踩直接跌破大阳线收盘价的支撑，所以二分之一位置的支撑就变得格外重要，一旦到该位置股价开始止跌，股价在小周期上非常容易形成阶段性底部，之后转头向上。

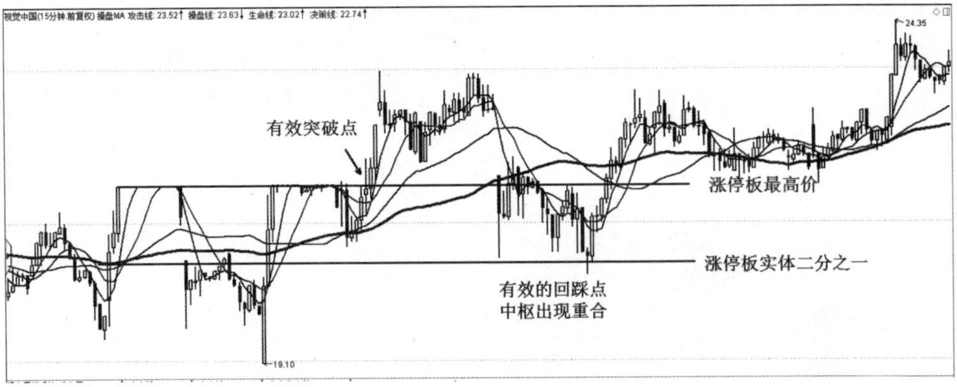

视觉中国（000681）2018年1月31日—2018年2月23日15分钟K线走势图

在确定大周期、主周期、小周期时，最重要的是要保证更大一个周期的一波走势在更小一个周期上能够看清其结构，通常情况下两个周期之间相差4~5倍就能够保证在小周期上看清走势结构，如果相差的倍数更多，之间的杂波太多容易造成干扰，如果相差的倍数太少，仍然没有办法看清准确的结构。比如日线上的一波行情在60分钟上就可以清楚地看出波段走势，如果用15分钟该波段的K线数会明显增多，就很难辨别出不同级别的波浪。

对于中长期趋势行情，主周期为周线，如果小周期是60分钟，周期之间相差了20倍，一般情况下会有很多杂波，周线行情在日K线上就可以看清楚其内部结构的走势，为什么要用60分钟的走势作为它的小周期呢？主要原因是在日线上找的进场点，很可能导致操作的点位不够精准，造成10%甚至更多的误差。

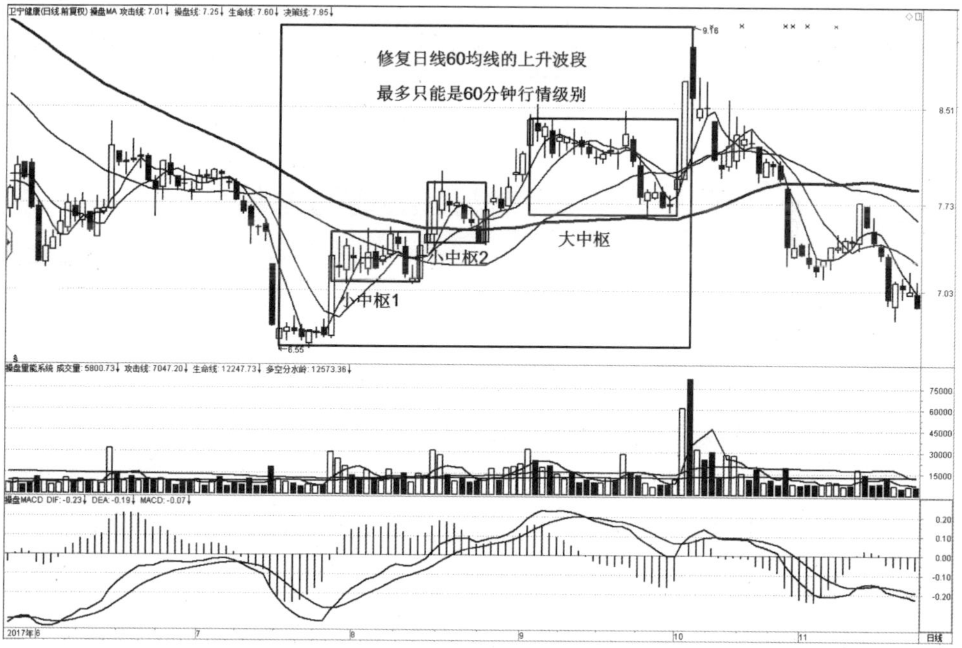

卫宁健康（300253）2017年5月24日—2017年11月23日日K线走势图

针对卫宁健康的一波行情再次和大家深度解析下行情级别的划分以及波浪理论、缠中说禅的应用。首先这个波段行情启动的时候60日均线还在持续性向下，也就是股价开始还在空方的市场中，上升趋势的产生是需要原来下降趋势被止跌后进行阶段性横盘为多方蓄积能量后才可能扭转的，所以股价从60均线之下到60均线之上的这波行情将会决定市场的多空氛围会不会发生变化，所以它的构成与强弱是非常值得研究的。

对于空转多的这个波段是3波还是5波对于行情的扭转意义重大，从该波段的中枢级别上可以看出，其间出现了两个小级别的中枢和一个大级别的中枢，也就是说该波段是由3波段构成的，并不是最强势的能够走出5个细分波段的扭转行情。整个上升趋势为60分钟级别的行情，其间是由4个5分钟级别的上升趋势，2个5分钟级别的调整，和一个15分钟级别的调整构成。

投资箴言

行情的运行是从小周期向大周期转化的：在趋势的转折点，小周期趋势的扭转能引领大周期趋势的扭转；在趋势运行中，大周期趋势会制约小周期的趋势。

第五节　走向稳健盈利的系统

交易系统的搭建不是一朝一夕能够完成的，需要我们在反复的总结和实操中逐渐锤炼。有的人把这个过程比作凤凰浴火重生后的涅槃，因为坚持不下来的就被烧成烤鸡了。这是成为职业操盘手的必经之路，但是又切忌“拿来主义”，可以听别人的思维方式和方法，不过最终自己的交易系统一定是在自己对市场有充分地积累和沉淀后形成的，别人的交易系统给到我们的只是参考和借鉴。交易系统的重要性不再赘述，可以参阅《股市立论与财富革命》。形成自己的交易系统是千辛万苦的事情，这需要你在市场上不断打磨，不断提炼。

1. 清晰、简单

在基础阶段会学很多的知识，K线、均线、盘口、量能、形态等等，总是有种应接不暇的感觉，直到你把每个知识的方向都可以条理清楚地讲述出来时，就会有一种“守得云开见月明”的感觉，此时就会发现股价运行的逻辑如此简单、股价的趋势性如此分明。只有在你对各种知识感觉清晰、简单的时候，才具备搭建一套交易系统的基础。

随着你的基础不断完善，你的交易模型不再瞻前顾后、丢三落四，因为所有的知识都是相通的，都是一脉相承的。起初的时候，面对你的交易模型你有种呼之欲出的感觉，因为有好多要点说不完，但是随着交易系统的不断沉淀，谈及你的交易系统时，你渐渐觉得没什么好说的，因为太简单了，说出来别人也不相信。如果你的交易模型复杂到连你自己都说不清楚，那就需要潜心阅读本书了。

2. 跟随市场

完成了前期基础阶段的准备后，要开始从理论转向实战，要知道理论是静态的，但是市场是动态的，如果你的交易系统不能有效应对市场变化，它实战的意义会变得短暂而且微乎其微。要知道最大级别牛熊的轮回都不会简单重复，更何况每天都会千变万化的日常运动。股市的微秒之处全在一个“变”字。

不能追求交易计划的完美，因为本不存在完美的交易计划，哪怕是匆忙进场也不能盲目地评判这是一个错误的买点，只要持续的交易计划能够跟随市场的变化而变化，并且做到回避风险、追求收益，就可以保证这是一次正确的且能够获得收益的交易。

3. 适应性

一个波段上涨 50%，有的人赚满整个波段，持仓 2 个月赚了 50%，但是有的人只持仓了两天，赚了两根大阳线，最终收益 11%。不能随意评判这两位投资者谁的交易模式更好，因为每个人偏好的交易方式是截然不同的，能够让自己的结构跟随市场的变化进而获得盈利就是正确的。

任何投资者构建的交易系统必须要保证同自身的内在结构相适应，短线客和价值投资者都是对的，但是如果你想通过短线收益快速叠加获得复利益就不能把基本面的要素作为选股的首要条件，如果你想要赚取大波段的收益就不能在乎短线的波动。市场中的信息太多，很多初学者进场后很难识别真正满足自己信念系统的要素，所以构建自己交易系统是一个过程，不是一蹴而就的。

4. 不能落后

构建交易系统采用的工具非常重要，这是保证信号是否及时的重要条件。有的信号落后是因为系统不够完善，这是基础知识不够扎实导致的，比如说判断趋势的反转，30 日均线和 60 日均线的金叉是一种信号，对底部构成双突破也是，大部分情况双突破会晚于 30、60 均线的金叉，但是通过 30、60 的金叉提前判断更大级别交易信号的产生是决定交易系统是否优秀的先决条件。

还有很多信号落后是因为系统问题造成的。行情的延迟性、软件不敏感等也是造成信号落后的主要原因，所以对于专业的交易者来说，完善的硬件系统也是保证交易信号及时有效的必备条件。

5. 衡量准确

任何一个交易模型都不会有 100% 的成功率，哪怕是股神也做不到，所以投资不以一次成败论英雄，交易系统的构建是为了实现长期的多次交易，只要盈利的概率大于亏损的概率，而且每次盈利的空间会大于止损的空间，长此以往必会盈利。评价交易系统是否准确也是如此，这对构建交易系统者本身来说就是一个挑战，哪怕是一个不错的交易系统，当小概率的亏损事件发生时，别人和自己的质疑很容易让我们去调整交易系统，殊不知画蛇添足了。

交易系统是否优秀不是别人来评价的，要求构建者自己本身有足够强大的内心应对别人的质疑，然后坚定去执行，用收益来堵住悠悠之口。你的交易系统只有你自己来打造，别人只是给你方法却不能把整个成熟的交易系统给到你，因为只有最符合你的思维逻辑和内在结构才是最适合你的，永远不要要求追求价值投资的人在短线套利系统中获得暴利。

每个人交易模型的沉淀都是需要时间和各方面要素积累的，随着我们专业知识广度的拓宽和对市场认识的加深会让我们的交易模型更接近市场真相，但是这是一个类似于无穷接近真理又永远无法到达的过程。我们要学会接受不完美，克制贪婪和恐惧。

（1）交易模型 1.0 版本

进场条件

条件 1：5 日均线和 10 日均线在生命线上方金叉，买入 30% 的仓位；

条件 2：回调到 30 日均线得到支撑加仓 30%。

出场条件：

条件 1：盈利 10% 平仓一半；

条件 2：15 分钟上走出下降趋势清仓。

上面的交易模型看起来非常简单，但是当这样清晰的标准出来时就说明我们的交易正在逐渐趋向理性，后期需要逐渐完善的是更有效地判断行情上涨，进而提高成功率和恰当的仓位管理能力保障收益曲线稳健上扬。

（2）交易模型 2.0 版本

大盘条件

大盘指数 30 分钟上还处于上升趋势中，且在日线上没有重要均价线的压制。

基础条件

前期经过充分下跌坐底后，股价已经在 60 日均线上方，且 60 日均线走平或拐头向上。

进场条件

条件 1：经过短暂调整后大阳线带动 5 日均线和 10 日均线在生命线上方金叉，买入 30% 的仓位；

条件 2：回调到 30 日均线得到支撑且不跌破第一仓大阳线的开盘价加仓 30%。

出场条件

条件 1：盈利 15%平仓一半；

条件 2：15 分钟上出现 5 浪背离且量价不健康或者走出下降趋势清仓。

在第一个版本的基础上添加大盘环境的要素以明确当下的基本投资环境，大盘是父亲，板块指数是母亲，是江氏交易天机一直在提倡的看盘模式，尤其在做强势股时只有父亲和母亲全都健康的前提下才会催生大牛股。

此外在版本 2.0 中会加入一些细节，比如带动两根均线金叉的 K 线形态，随着学习内容的深入，为了更有效地提高准确率，对该 K 线的分时走势也要有要求，甚至该 K 线之前几天 K 线的走势都要有明确的要求。版本 1.0 也是一个模型，是完全能够指导交易的，但是准确率非常低，所以需要不断地完善。

（3）交易模型 3.0 版本

大盘条件

大盘指数 30 分钟上还处于上升趋势中，且在日线上没有重要均价线的压制。

板块条件

个股所在的行业或者热点板块有集团性资金流入，个股走出和板块指数一致或者强于板块指数的走势。

基础条件

前期经过充分下跌坐底后，股价已经在 60 日均线上方，且 60 日均线走平或拐头向上。个股不存在 ST 风险，如果是亏损股至少当下有亏转盈的预期，公司的主营业务在同行中有竞争优势。如果当天追涨进场，要求其在板块涨幅排名前三位。

进场条件

条件1：经过短暂调整后大阳线带动5日均线和10日均线在生命线上方金叉，买入30%的仓位；

条件2：回调到30日均线得到支撑且不跌破第一仓大阳线的开盘价加仓30%。

出场条件

条件1：盈利15%平仓一半；

条件2：15分钟上出现5浪背离且量价不健康或者走出下降趋势清仓。

上述的交易模型到达3.0版本后指导实战的能力在逐渐加强，但是一定不是最终版本，理论上来看它能够指导操作，而且预期获利也会颇丰，不过可能付诸实践的时候你依然会亏钱。因为用交易模型的前提是我们对市场的博弈思维和运行逻辑有了深度的理解之后才会实现更大概率地指导实战。

再和大家分享一个《五维六法》中六大战法的交易模型，但是要求你是在对我们平台上老师分享的视频认真观看和研读后辩证地使用该战法，而不是拿来主义，证券市场是非常公平的，当你抱着贪婪的内心不再勤奋研读市场时，它是不会给你相应回报的。

（4）曙光初现战法交易模型（2018年3月版本）

大盘条件

创业板指数在10均线以上，且10日均线持续性向上，创业板整体成交量在5日均量线之上。

板块条件

软件服务板块指数站稳10均线，且10日均线持续性向上，软件服务板块整体成交量在5日均量线之上。

选股条件

前期经过充分下跌，在月线或者周线至少经过ABC或者12345的下跌，有明显的止跌迹象，特征为量能极度萎缩后有强势大阳线出现。2017年前3个季度均不出现亏损，如果是细分领域龙头的优选。

进场条件

条件1：60分钟上构成双底或者站稳60日均线后回踩10均线，买入10%的仓位；

条件2：如果10均线失守，在30日均线位置再买进10%的仓位；

条件3：出现强势阳线再加10%的仓位。

出场条件

条件1：跌破30分钟上60均线离场；

条件2：跌破30日均线止损离场。

任何一个交易模型都不是一成不变的，证券市场没有圣杯，所以我们的交易模型一定是随着市场的变化而变化，而且交易模型调整得越敏感，实战性会越强。希望每位股民朋友能够形成自己的交易模型，最重要的是这个交易模型能够随着市场的变化而变化，只有这样才能成为市场永恒的赢家。

投资箴言

市场是没有一劳永逸的交易模型的，因为市场时刻在变，政策在变，参与者的行为在变，所以我们的交易模型必须变。形成交易模型要求我们在对市场有充分理解的基础上因时制宜，顺势而为。

经典答疑

提问者：上海的郭先生【2018年江氏精品操盘手班学员】

我之前一点都不懂股票，听了朋友的消息后在2016年10月份买入了保千里，成本在 17 元左右，后来一字板打开后不断加仓，基本上压上了全部积蓄，成本是 4 元左右。通常情况下连续一字跌停板被打开后都会有反弹，为什么保千里的反弹就是不出现？我该如何操作？

回答者： *君洁老师*

乐视网是 2015 年创业板的神话，保千里则是主板的又一神话。关于乐视网的分析可以参见《价值爆点》，保千里和乐视网如出一辙，都是在大趋势时成为市场的风向标，但是一旦基本面的毒瘤暴露之后必然会引发暴跌。保千里的股价从 2015 年 6 月份见顶，到 2017 年 7 月份开始暴跌，其间经历了 2 年的时间。

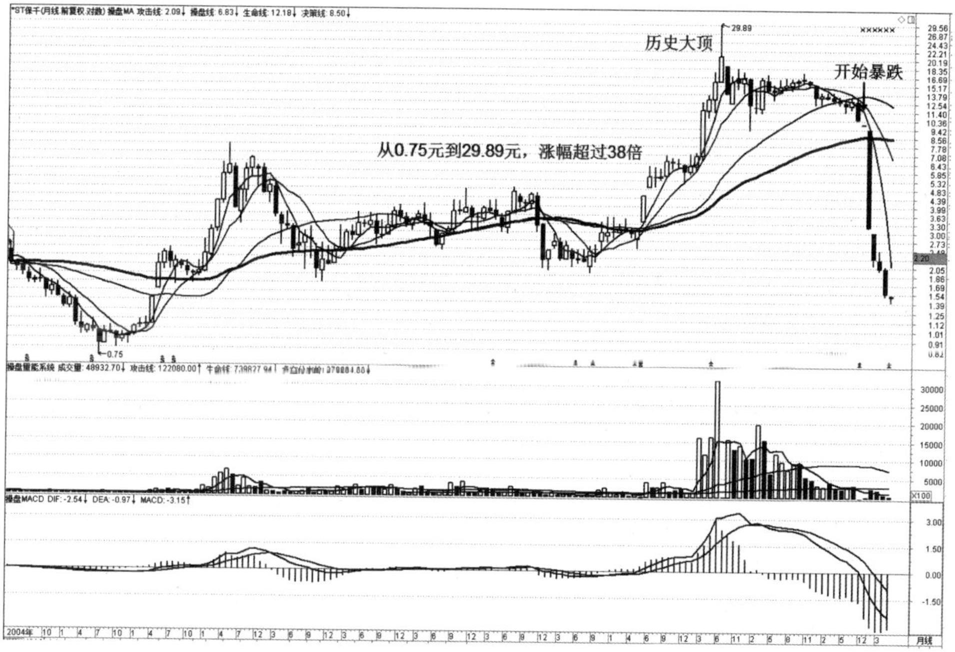

***ST 保千（600074）2004 年 4 月—2018 年 5 月月 K 线走势图**

从保千里的月线走势图上可以看出，股价在 2007 年和 2015 年的大牛市中都出现过暴涨，如果你在 2005 年的时候买进它 10 万，在 2015 年 6 月的时候就有 380 万，这个业绩可比市场的高手还要好几个级别。在 2015 年的时候谁都不会猜想两年后的保千里成为市场领跌的龙头，或者说在之后的两年时间里都没有想过它会出现断崖式下跌。2015 年的牛市最先上涨的就是以软件、互联网为主的科技股，其实大家心里都明白中国的互联网企业和软件企业中真的能有竞争优势的屈指可数，这一个浪潮过去之后，谁是在裸泳的人会一清二楚。

保千里的真正下跌不是从2015年6月份开始的，那时只是系统性调整。但是经过了两年的时间，人们当年被牛市冲昏头脑的冲动早已过去，公司基本面的漏洞开始暴露，这通常都需要较长的时间，因为上市公司基本面的转变都是基本运动层面上的，所以几个交易日、甚至几周的走势都不能代表什么。

保千里的连续一字板下跌是因为基本面出现了非常恶劣的变化，尤其连续28个跌停板让本来还对它有一丝希望的投资者都望而却步了，所以即使跌停板打开愿意接盘的人也少之又少。只要是没有扭转的下降趋势中，每一次反弹都是减仓的最好机会。无论是从基本面的变化还是技术形态向下的连续破位上看，都是早就该减仓或者止损了。当下你在这只大亏的股票上有较重的仓位，已经处于被市场绑架的状态，只有两个选择，第一个是彻底认输，果断止损出场，这个对很多人是比较难的，第二个是把决定权继续交给市场，只要不再创新低就继续持仓。

[本章小结]

何为趋势：只有对趋势级别做到定量的划分才能够指导实战交易，否则只能作为一种思维方式。月线、周线、日线、60分钟、15分钟和5分钟六种行情机会是实战操作一定会用到的，本章通过均线的辅助作用给趋势级别进行了定量的划分。

明确位置：趋势一定是在上涨和下跌的循环中轮回的，所以能够判断股价当下的相对位置是至关重要的。下跌末期、筑底阶段、上涨初期、上涨中期、上涨末期、筑头阶段、下跌初期和下跌中期八种位置状态，是指导交易的前提条件。

深思熟虑：每一次交易都是一次理性决策过程，要保证对自己的每次交易行为负责就必须做到能够确定机会大小、寻找交易信号、明确交易模型。

能够做到深思熟虑一方面需要对市场有深度理解和认识，更重要的是体现在对大周期、主周期和小周期三个周期看盘的方法上。

盘中盯盘：三个周期看盘是技术分析的一种非常重要的分析方法，体现的是分析事物过程中从宏观到微观的一种思维方式，大周期定方向，主周期找信号，小周期确定买卖点，采用分析事物通用的方法分析股价的变化才更具有通用性。

交易系统：打造一套自己的、能够应对牛熊的交易系统是在市场中实现稳健交易的前提，但这又是一个漫长艰辛的过程，首先要运用量化的分析工具，比如均线，做到有效跟随市场，且能够适应市场的变化，在市场上才可以做到真正的战无不胜。

[思考题]

1. 不同级别行情机会的定量划分标准是什么？
2. 股价处于不同位置时的操作策略相同吗？怎么做出调整？
3. 每一笔交易前要思考哪些事情，这些对我们的交易有什么影响？
4. 大周期、主周期和小周期的关系是什么？它们怎么配合起来指导交易？
5. 你的交易系统是什么？每次买卖有严格遵守你的交易系统吗？

第三章

操盘手偏爱K线

K线和股价存在什么关系？有的人把K线就理解为股价，但是毕竟一根K线有四个价格，哪个更能够指导实战？有的人用收盘价，有的人用四个价格的均价，其实这并不是主要矛盾，问题的关键在于K线代表的是股价当天运行的轨迹，我们选取哪个价格作为分析的标准是因为选择的时间节点。也就是说分析K线不只是在价格的维度去选择要素，还要在时间的维度进行选取，才能够保证选取分析要素的准确度。

第一节 认识 K 线

K 线是技术分析的核心灵魂。历史会重演，但是不会简单地重复，K 线就是演绎每个故事传奇故事的表演者，只有对这些表演者的特征、形态做到深入理解和分析我们就能读懂每一个股市故事。盘面每天都是异彩纷呈的，看懂的人可以从中获得自己追求的财富，但是看不懂的人只能在多空的打打杀杀中损伤自己多年积累的血汗钱。

认识 K 线是对我的操盘手学员的第一个要求，这是保证能够和市场有深度对话的基础。K 线会讲话的，但是学懂它的语言是比较难的，和我们学习英语、法语不一样的是，股票投资中已经成熟的老师并不多，最重要的是很多人好不容易摸爬滚打找到一条投资的康庄大道后是不愿意拿出来分享的，我希望能和我们普通的投资者分享投资方法，让证券市场法布施这条道路让更多投资者受益。

1. 单根 K 线

对 K 线的认识和理解是从最基础的单根 K 线开始，当明白一根 K 线所代表的含义后才能够有能力分析多根 K 线。就像学习英语要从 26 个字母开始一样，只有懂了字母的拼写要领、发音方式后才能够有效的组合单词、短语，甚至是句子。

K 线的学习是每位操盘手入门的必修课，裸 K 实战能力的练习也是每位操盘手必须苦练的功力。无论是日本蜡烛图还是国内系列讲述 K 线的书籍，都从多个角度诠释了实战过程中 K 线的重要意义。本书将 K 线的基本形态和技术要领和大家一一分享。

(1) 第一根K线：大阳线

大阳线是指个股当天涨幅大于7%、大盘指数涨幅大于3%的阳K线，上下影线越短越好，最好没有上影线。这个标准是针对日线而言的，在各个周期上都有大阳线，但是在其他周期上的大阳线一旦出现涨幅大于最近20根K线平均涨跌幅2倍以上就视为大阳线。

案例解析

股价在经过了中长期坐底后虽然还没有站上60均线，但是随着时间的推移，股价的收敛程度越来越紧，和60均线的距离也越来越近。这里属于重要的时间、重要的地点，所以一旦出现放量阳线将会扭转原来的疲惫行情。大

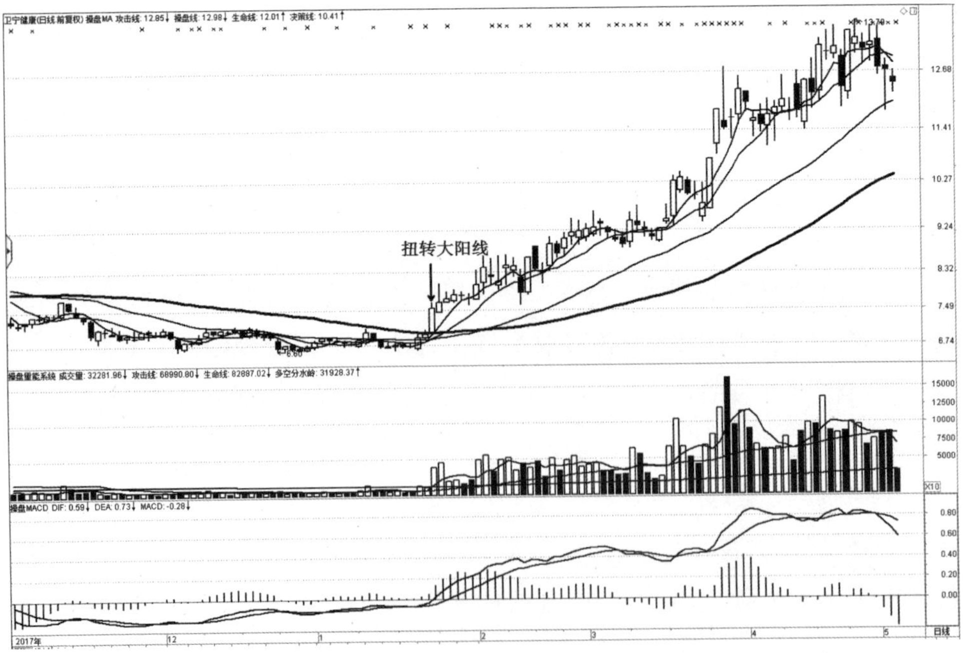

卫宁健康（300253）2017年11月2日—2018年5月4日日K线走势图

阳线出现后股价以震荡上升的方式运行，从 6.60 元上涨到 13.7 元，接近一倍的上涨空间。

（2）第二根 K 线：大阴线

大阴线是相对大阳线而言的，要求个股当天的跌幅在 70% 以上，大盘指数跌幅大于 3% 的阴 K 线，下影线越小、上影线越长说明空方动能越强。这个标准是针对日线而言的，在各个周期上都有大阴线，但是在其他周期上的大阴线一旦出现跌幅大于最近 20 根 K 线平均涨跌幅 2 倍以上就视为大阴线。

案例解析

一定要对下跌的中继形态提高警惕，中长期的横盘一旦向下选择了方向就意味着下降趋势的开始。对行情的研判一定要先从趋势的级别着手，明确当下的行情级别后才能够准确地找到看盘周期。光从日线上看益生股份的横盘是非常具有诱惑性的，这是一个上涨波段后的一种非常强势的横盘形态，但是在向上突破的位置，上涨阳线的成交量不足，从技术形态上来看很难具备上破的动力，再加上基本面上骤然突变，导致市场一致性看空，在重要的支撑位出现了强势的下破大阴线，直接熄灭前期对多方行情的幻想。在后期的下跌中，走出了 7 个一字跌停板，下跌幅度有 60%，如果对位置和大阴线有充分地认识，在大阴线当天果断止损才是最明智的选择。在证券市场中不断学习的目的就是为了提高我们的执行力。

益生股份（002458）2017 年 5 月 23 日—2018 年 2 月 23 日日 K 线走势图

（3）第三根 K 线：纺锤线

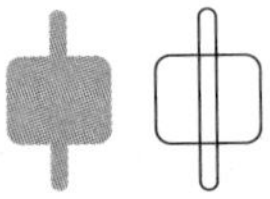

纺锤线是指当天振幅小于 5%、实体大于 1% 的 K 线，阴阳不分，当天的分时盘口以横盘震荡为主，代表的是一种分歧或者喘息，当天的成交量越大分歧越大，反之如果成交量越小则说明喘息的概率会越大。

案例解析

纺锤线出现的频率很高，尤其大盘股和交易不活跃的股票中。单纯出现纺锤线很难判断它给我们的信息，一定是要结合纺锤线后 K 线形态进行深度分析才有意义。在奋达科技的走势中，该纺锤线出现在了小级别收敛形态的第三个高位，此时就像是人生的十字路口一样，一旦出现方向的选择，将会影响人生的轨迹。

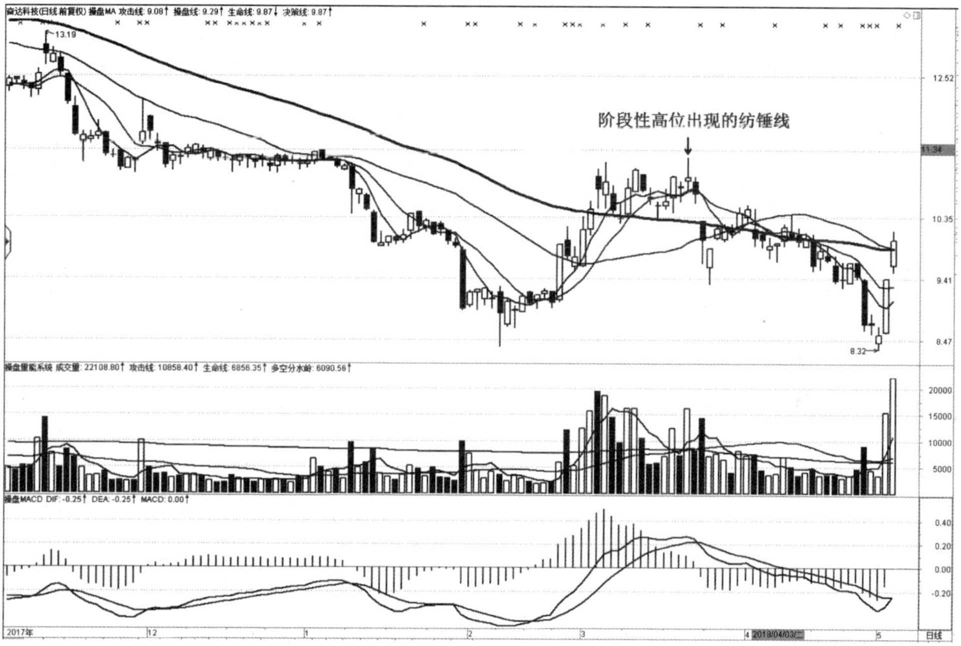

奋达科技（002681）2017 年 11 月 6 日—2018 年 5 月 4 日日 K 线走势图

（4）第四根 K 线：十字星

十字星是指当天振幅小于 5%、K 线实体小于 1% 的 K 线，阴阳不分，当天的分时盘口以横盘震荡为主，代表的是一种分歧或者喘息，当天的成交量越大分歧越大，此时如果成交量越小则说明喘息的概率会越大。同纺锤线不同的是十字星的振幅更小，说明分歧更小。通常情况下十字星当天很难放量，所以一旦遇到放量的十字星变盘信号的概率更大。

案例解析

很多朋友在面对十字星形态的时候更多的是抱怨，因为受不住这种半死不活的煎熬，总是说“哪怕跌也好啊，来个痛快的”。这是一种典型的焦躁心态，一旦走势真下跌时，并不会和朋友去探讨自己的股票出了什么问题，而是会独自怨天尤人，简单地抱怨股价为什么不涨。

用友网络的走势属于非常典型的强势上升趋势，在这个过程中出现的十字星通常是因为多头指标过热导致股价需要等待一下均线的回归，既是多方市场的喘息，也是我们交易时非常好的进场点。如果在上升的初期遇到十字星，这是十足的黄金，我们要固定能够在这个位置买进的交易模型，因为我们不仅要做到看得懂股票，更不能忘记参与市场的初心：获得盈利。

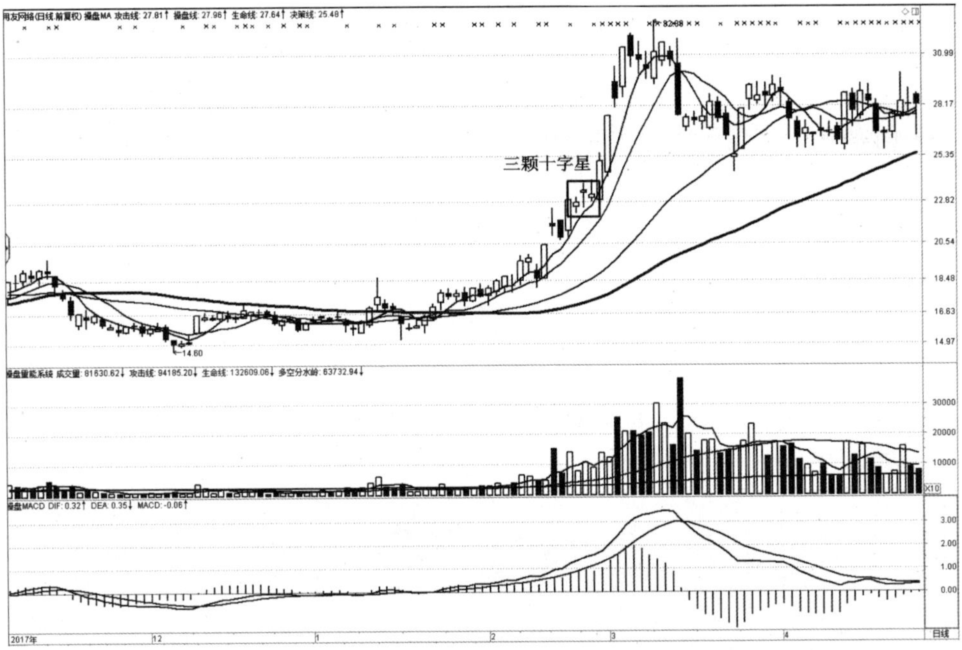

用友网络（600588）2017 年 11 月 7 日—2018 年 4 月 27 日日 K 线走势图

（5）第五根 K 线：长上影线

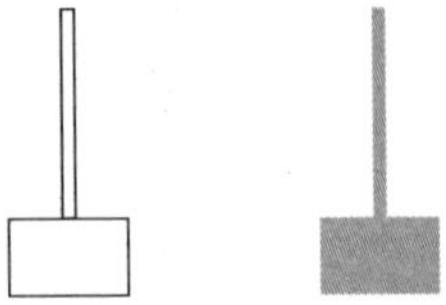

长上影线是指当天的整体振幅超过 5% 的情况下，上影线的幅度是实体幅度的三倍以上，最好没有下影线，说明当天的股价上冲后遭到了空方的打压，股价上方的抛压较重，股价有调整的需求，除非股价再次站稳上影线的最高点否则新的行情很难展开。

案例解析

虽然有的时候长上影线的出现是主力资金向上试盘，但是之后还是会出现阶段性调整。一旦出现在重要的压力位上时，后期调整的时间会被延长，依然是反弹无力的高点出现了长上影线，则接下来面临的必然是股价持续性下跌，完全有不断创新低的可能。诺德股份在前期 16.60 的高点后持续震荡下跌，非常明显该高点有明显的放量、滞涨的迹象，此时出现长影线是要及时规避的，而且该形态无论是出现在日线上还是小周期 K 线上都要回避。增强风险意识，一方面需要明白亏损后回本的难度会增加，另一方面要明白识别风险的技术形态。

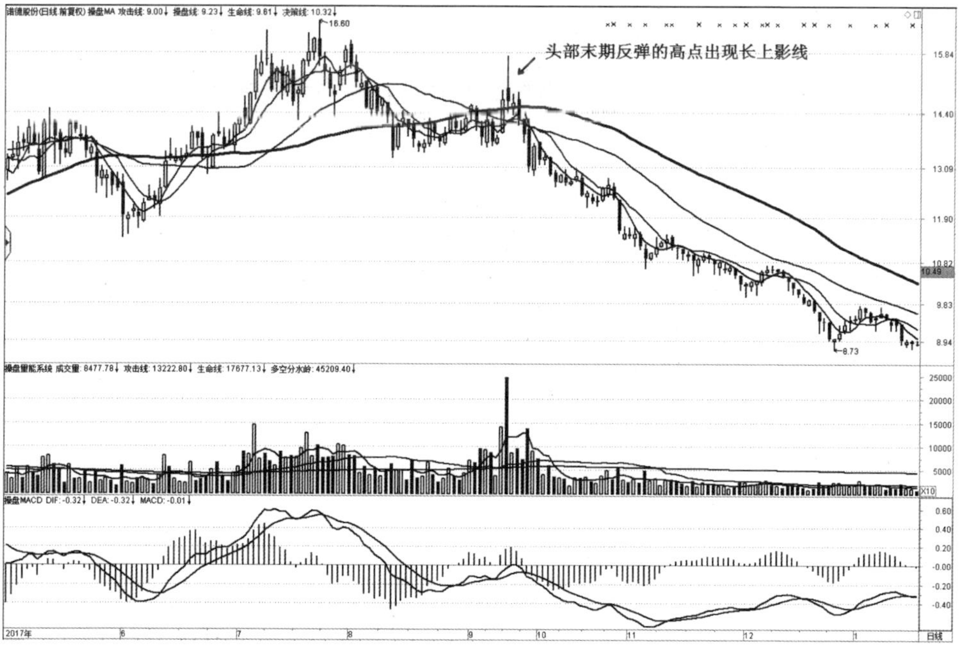

诺德股份（600110）2017 年 4 月 27 日—2018 年 1 月 18 日日 K 线走势图

（6）第六根 K 线：长下影线

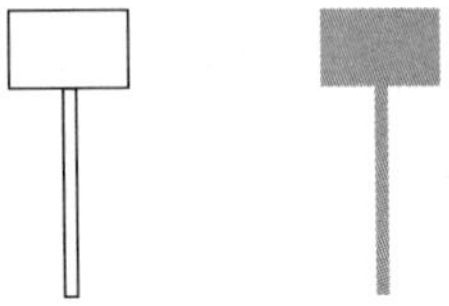

长下影线是指当天的整体振幅超过 5% 的情况下，下影线的幅度是实体幅度的三倍以上，最好没有上影线，说明当天的股价下探后得到了多方主动性买进，也就是股价遇到了支撑，此时股价会止跌调整或者向上。

案例解析

长下影线的形态特别像一条腿，立在那里完全可以支撑起上面的身体，也象征着一种稳定性。新元科技在下跌 5 浪的最后一个波段以长下影线的方式完成了下跌波段的结构形态。在对下跌形态进行分析时，是否出现完整的 5 浪、是否出现背离均是我们判断行情结构必须要考虑的问题，我们商学院通过对历史大量数据进行分析和反复论证发现，信号的准确程度会超过 70%，如果将该位置出现小周期的反向运动也算在内，准确率会更高。

从走势图上可以看到，在阶段性低点出现长下影线后股价并没有非常顺畅地上涨，而是在一个缓慢爬升后快速向下打压，该打压的过程起到了强势洗盘的作用，最值得关注的是这根 K 线最终以长下影线的方式报收。如果说最低点的下影线不能作为底部的标准，但是在第二根下影线出现后就是对底部的进一步确认，一根 K 线为点，多根 K 线为面，点的力量有限，但是一点拓展成面就会形成更加强势的扭转力量。关于 K 线的点、线、面的关系会在《黄金 K 线》课程里进行更深度介绍。

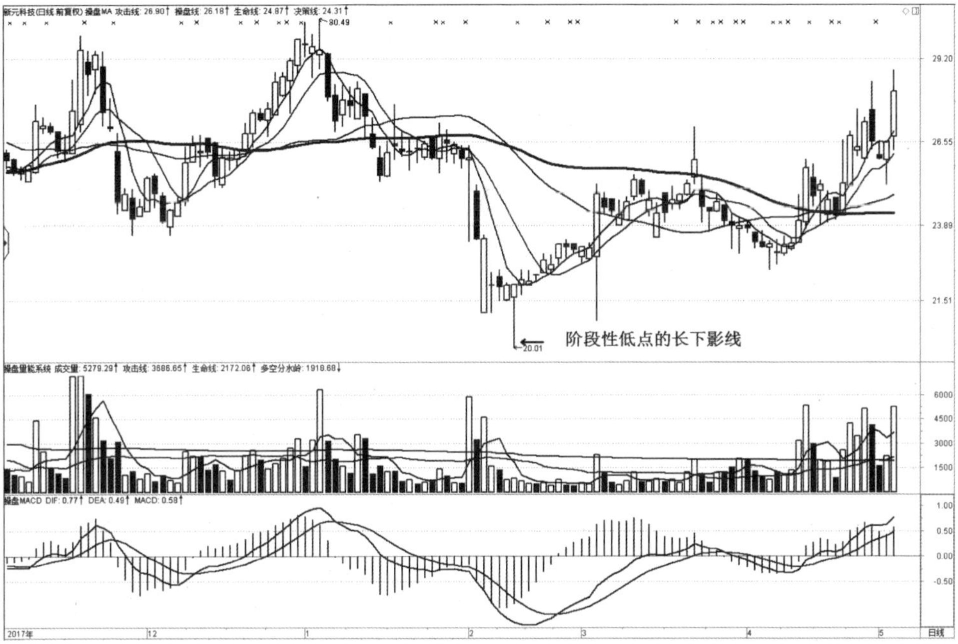

新元科技（300472）2017 年 11 月 6 日—2018 年 5 月 4 日日 K 线走势图

（7）第七根 K 线：流星线

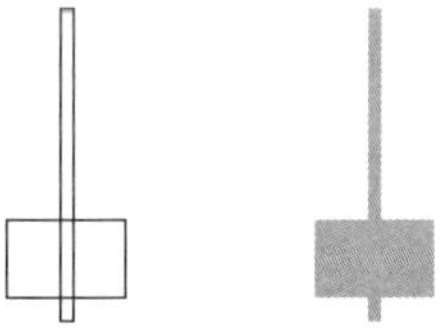

流星线和长上影线的差别就在于下影线上，虽然流星线允许有下影线，但是最好控制在 1% 以内，因为在上影线比较长的前提下下影线过长意味着分歧较大，对于研判后期的趋势性方向的意义不大。

案例解析

分析 K 线形态必须是站在多空博弈的角度上，而不能单纯地从 K 线涨跌的表象上，因为表象上的变化是有限的，背后蕴含的博弈关系才是市场多变的根本。恒基达鑫在涨停板后的第一个交易日出现了流星线，它同上影线不同的是还有下影线，代表当天的分歧非常大。还是要回到当下所处的位置上，股价经过中长期的充分下跌后的强势反弹，我们通常说这是强势游资运作股价的一种行为，股价前期缓慢上涨在吸筹，快速拉升为出货。这在疲弱的市场中非常常见，也是我们在震荡市亏钱的主要原因。

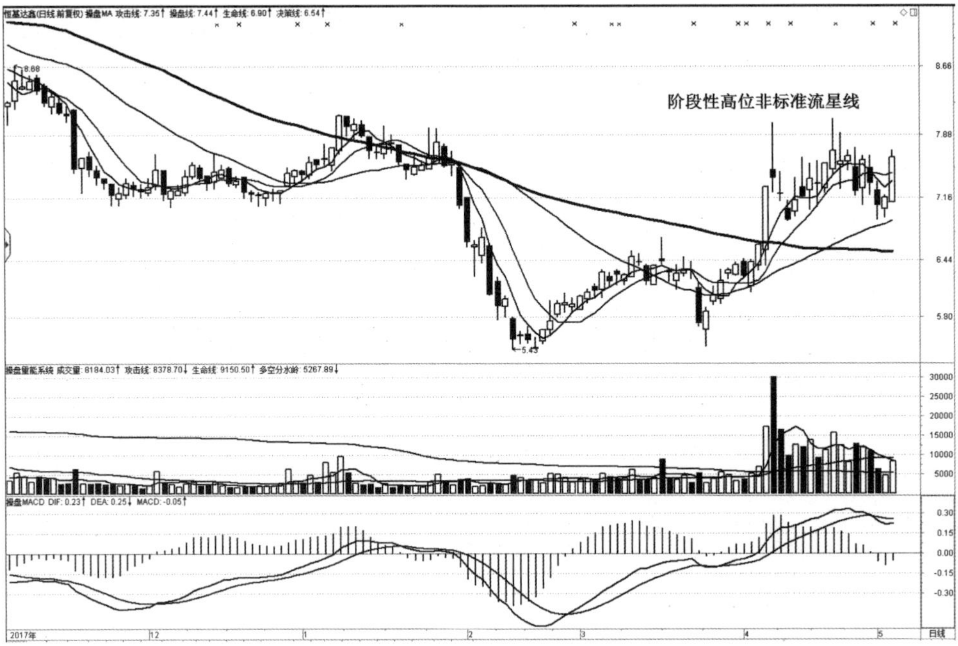

恒基达鑫（002492）2017 年 11 月 6 日—2018 年 5 月 4 日日 K 线走势图

（8）第八根 K 线：锤子线

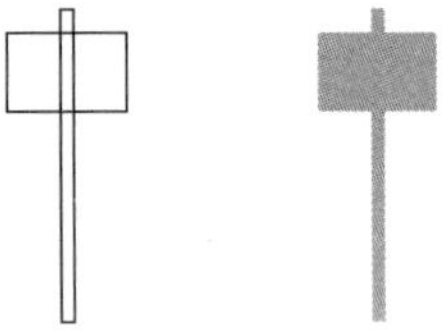

锤子线和长下影线的差别在于上影线，虽然锤子线允许有上影线，但是最好控制在 1% 以内，同样的，在下影线比较长的前提下上影线过长意味着分歧较大，股价见底遇到强支撑后会选择向上的决心不够强。

案例解析

在阶段性高位出现的锤子线和长下影线都是要引起我们注意的，因为这代表着市场中的分歧越来越大了，而分歧必然是由于交易中存在着越来越多的买方和越来越多的卖方，健康的上涨是不应该出现越来越多的卖方的。西部矿业在出现锤子线之前出现了一根长上影线，说明市场中的抛压越来越重，而此时的抛压不是来自前期的套牢盘，而是该上涨波段的获利盘。在阶段性顶部，股价必然面对强势资金要兑现，专业程度不强的散户盲目进场的局面，而且这个局面不是一朝一夕，而是会持续一段时间，尤其是在熊市或者牛皮市，主力资金的出货是需要足够长的时间的，所以反复出现警示性 K 线是对顶部的有效验证，也给到了我们足够多的离场机会。

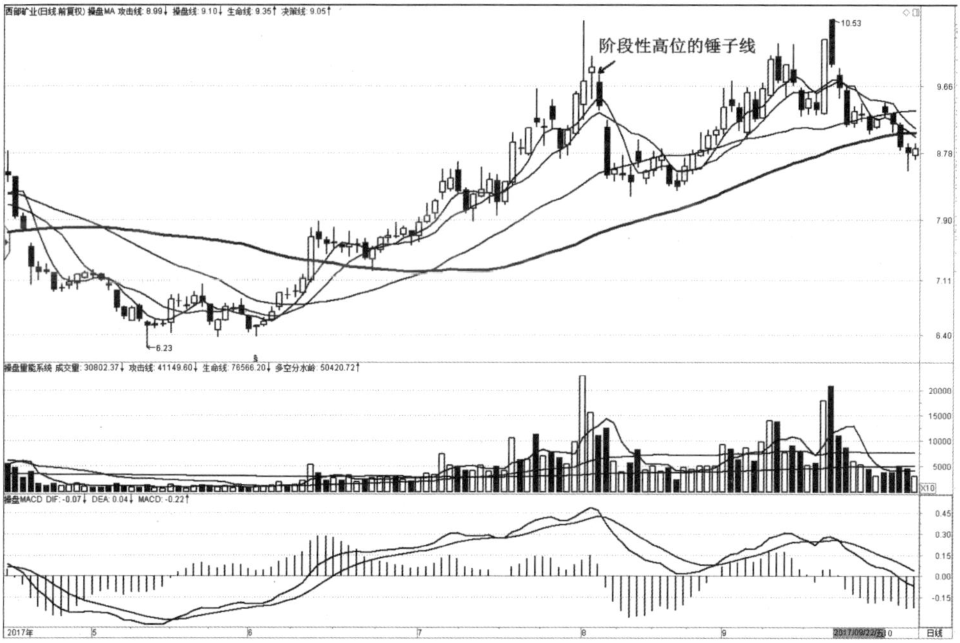

西部矿业（601168）2017 年 4 月 14 日—2017 年 10 月 13 日日 K 线走势图

（9）第九根K线：高浪线

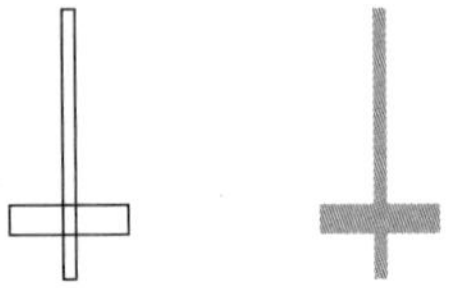

高浪线是指振幅大于5%，实体小于1%的一种股价盘中剧烈震动的情况。实体的振幅超过5%的情况也比较多，这是一种非标准的高浪线，在我们交易系统中也没有明确定义，因为在振幅较大的前提下即使实体的幅度较大也很难判断当天多空的决心，因为盘中没有给出非常明确的多空意愿一致性。

案例解析

其实K线形态只有三种，就是一致性K线、分歧性K线和蓄势性K线，他们之间的相互转化让市场充满了无限的变数，但是也正是这种透过表象具有深度内涵的分类，更能阐述K线背后的博弈，每次学员听完分享K线背后博弈转换豁然开朗的表情都让我更加坚定地从事投资者教育和培训工作，因为越来越多的股市参与者因为我拨开了股市迷雾，找到了一条全新的路。

龙舟股份也是在涨停板之后出现了高浪线，股价虽然在前期构建了非常明显的双底形态，但是我们要明确的是这只是一个小级别的底部形态，它距离走出爆发性大黑马的行情还有很大差距，所以此时的高浪线就是我们必须要卖出的位置。另外在强势行情中的大牛股，高浪线也会出现在洗盘的位置。在编撰本书之时的市场环境一般，满足该情形的案例不多，而太早之前的研究价值会打折扣，欢迎大家在具备阶段性牛市行情的时候关注我的视频，会和大家针对那个时候强势高浪线洗盘的个股进行分析。

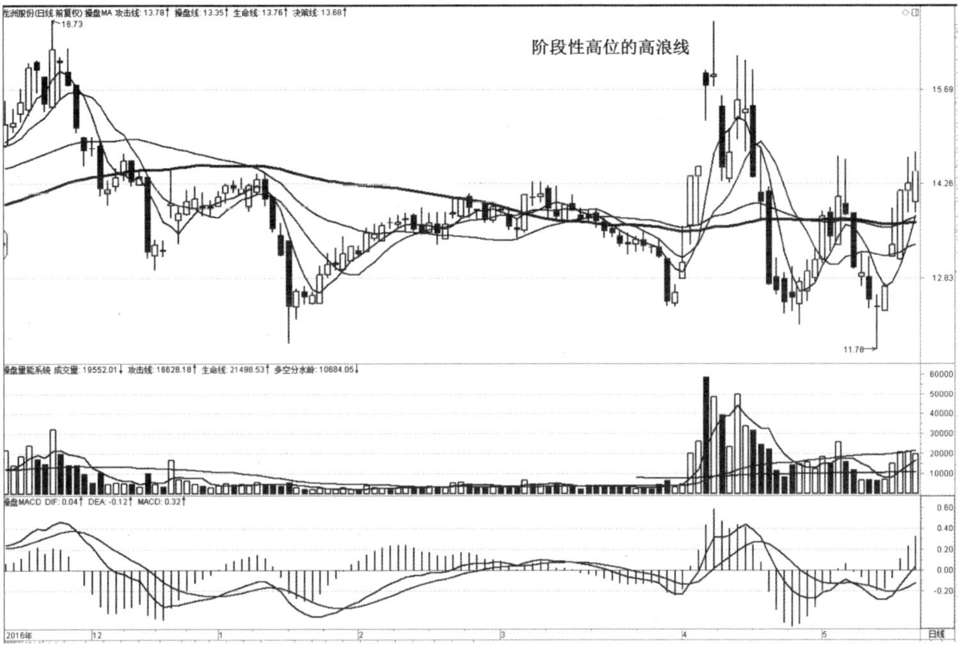

龙洲股份（002682）2016 年 11 月 16 日—2017 年 5 月 18 日日 K 线走势图

2. 双根 K 线

（1）第一组 K 线组合：乌云盖顶

乌云盖顶 K 线是由一根大阳线和一根大阴线构成，股价在经过了一根大阳线的强势上涨后没有延续上涨，而是在重要的位置出现了一根大阴线，该大阴线直接击穿大阳线实体的二分之一，代表的是空方能量明显强于多方，在阶段性高位是见顶的标志，但是在上升趋势中就是非常明显的洗盘。

案例解析

按照我们通常的理解，大阴线后股价会继续下跌，尤其是在阳线之后，代表的是空方动能的加强，而且已经有非常明显的迹象表明空方即将扭转前期的多方行情。关于乌云盖顶形态形成阶段性顶部扭转的走势不再赘述，但是关于这一形态构成的洗盘是非常值得研究的，一方面防止被洗出来，另一方面会给到我们参与强势股的非常好的机会。

湘邮科技在 11.21 的低点形成后，股价有非常明显的强势资金吸筹的迹象，是属于在超跌状态下强势反弹站稳 60 均线的行情，这个波段的上涨是为了确认后期会形成大趋势的前提条件，也就是说这个波段的上涨给予我们的已经并不是在这个波段中获利，而是作为有效的选股条件，之后进行跟进。波段出现前期高点后运行了标准的 ABC 调整结构，对于调整形态是我们必须要关注的，只有结构完整的调整形态才会启动后期的强势行情，尤其是在二浪和四浪中，如果忽略了结构就很容易买在诱多的 B 浪，进场后直接面临较大的回撤。

60 均线是湘邮科技非常有效的作盘标尺，股价围绕 60 均线进行调整后站稳 60 均线才是我们要关注的信号。3 浪的延长浪中出现了涨停板，这是用波浪理论做强势股最核心的秘密，尽管波浪的核心是我经过数年探索出来的，可是我依然愿意和学员们分享。因为掌握了这些砝码的人能够在市场中不断获利，这也是我在践行“法布施”的初心。

湘邮科技的精彩在于洗盘上，在 2018 年 3 月、4 月以及 5 月初期市场中这样的洗盘形态非常多，因为是场内资金的博弈，所以对于短线和波段的强势股均遭到了操盘资金的强势洗盘，只有这样才能保证他们后期的拉升与出货的顺畅，否则很容易出现被市场快速扭转的空方情绪闷杀掉。

湘邮科技（600476）2017 年 9 月 7 日—2018 年 5 月 4 日日 K 线走势图

（2）第二组 K 线组合：刺透形态

刺透形态和乌云盖顶刚好相反，这是在代表空方动能较强的时候出现的一次多方能量的反包，大阳线直接插入大阴线实体的二分之一以上，说明多方能量较强。但是实盘时，我们经常遇到乌云盖顶后刺透形态，或者在刺透形态后乌云盖顶，这就要求我们能够做到根据股价所在的不同位置，站在主力的角度分析股价的变化。

案例解析

奇精机械是在下降趋势中出现的刺透形态，属于股价超跌后的强势阳线反包。股价无论是在下降趋势中还是横盘整理中，只要不出现强势扭转的阳线很难确认下跌结束，所以作为止跌信号的刺透形态对于趋势的扭转有着至关重要的意义。但是对于小趋势的扭转需要小的多方动能，对于大趋势的扭转需要大的多方动能，虽然奇精机械出现刺透形态时也满足一阳包多阴的形态，但是股价上方压力重重，扭转的堆量也不够，导致只能单底构建过程中小级别的反弹或者反抽行情。

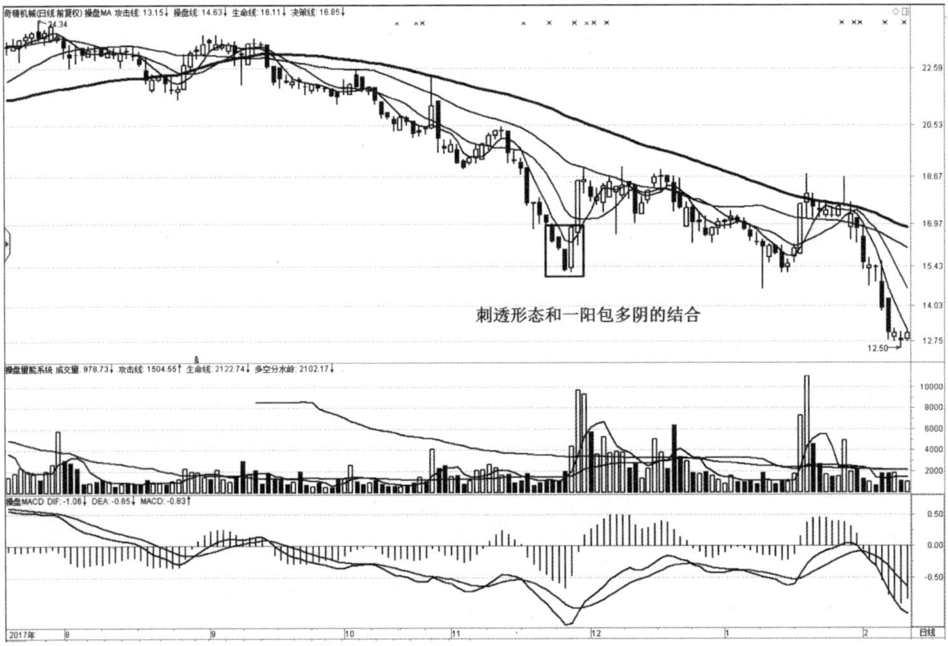

奇精机械（603677）2017 年 7 月 19 日—2018 年 2 月 12 日日 K 线走势图

（3）第三组 K 线组合：早晨之星

早晨之星是由三根 K 线构成，第一根为大阴线，第二根为十字星，第三根为大阳线，是一个标准的逆转形态，如果十字星当天是向下跳空，大阳线当天是向上跳空则认为能量转换的力度更强，通常被称为岛形反转。

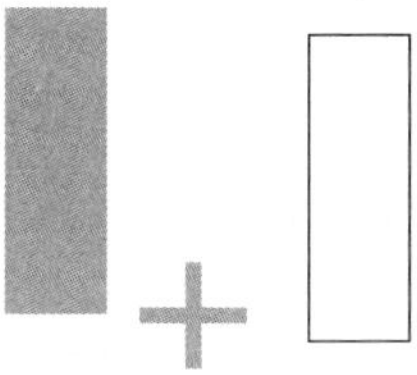

案例解析

上海洗霸的阶段性低位出现过了早晨之星的形态，虽然大阴线和大阳线的实体幅度并不够，但是因为十字星的左边和右边都有一个明显的跳空缺口，依然可以证明趋势出现反转的决心。单纯从股价是否创出新低的角度考虑，这个早晨之星可以定性为单底，其实要是再细致的观察当下指数对前期阶段性底部的假突破，股价在这个位置构建了一个 30 分钟级别的底部。虽然底部较弱，但是至少是指引我们交易一个 30 分钟波段行情的重要依据。

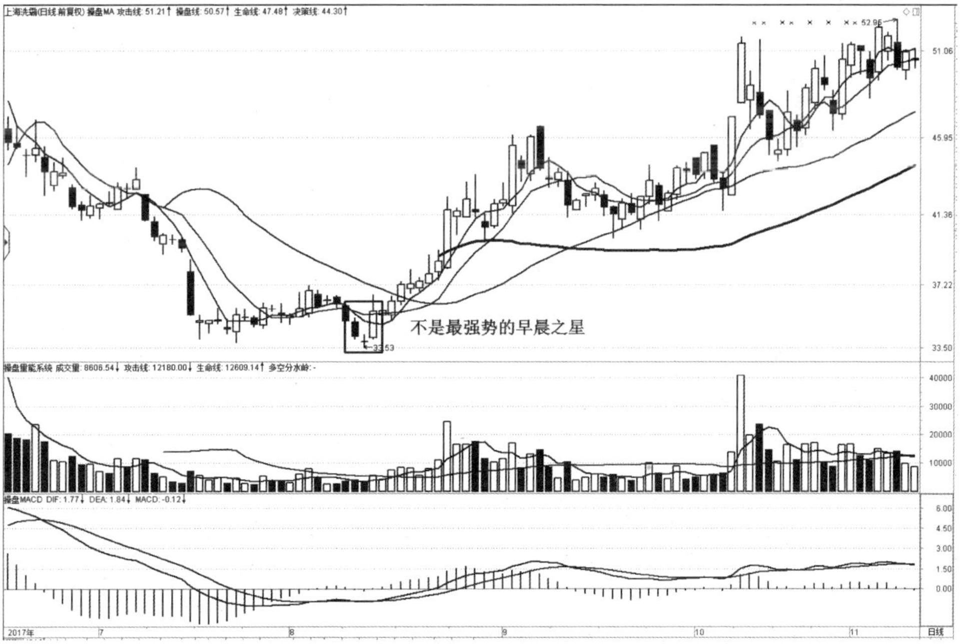

上海洗霸（603200）2017 年 6 月 19 日—2017 年 11 月 10 日日 K 线走势

（4）第四组 K 线组合：黄昏之星

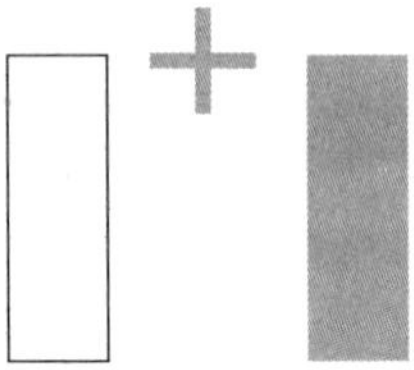

黄昏之星是由三根 K 线构成，第一根为大阳线，第二根为十字星，第三根为大阴线，是一个标准的逆转形态，如果十字星当天是向上跳空，大阴线当天是向下跳空则认为能量转换的力度更强，通常被称为岛形反转。

案例解析

实盘中，很多形态是不会和理论上走的一模一样的，所以在千变万化的盘面中怎么能够及时锁定值得我们关注的形态是至关重要的，这要求我们在不断复盘过程中辩证地去看待各种变化的形态。黄昏之星是一种市场由多转

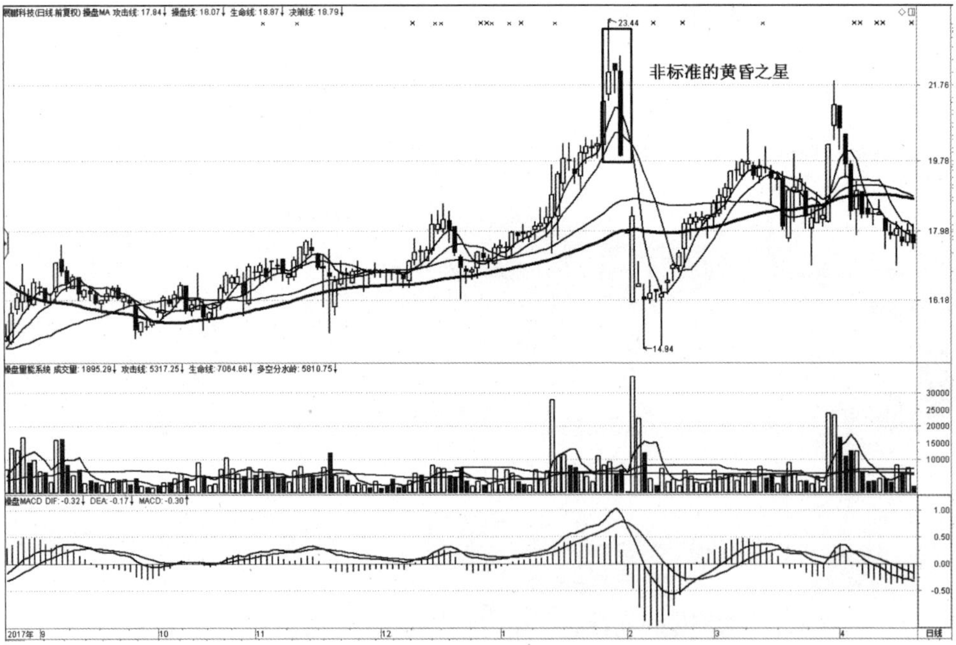

展鹏科技（603488）2017 年 8 月 24 日—2018 年 4 月 23 日日 K 线走势图

空的危险信号，如果这时股价的走势出现了多种见顶的形态就会大大增加转势的风险。展鹏科技的黄昏之星的第一根阳线出现了较长的上影线，这说明股价已经开始遇到了严重的抛压，第二天的弱势 K 线再次说明股价滞涨的迹象更加明显，第三天的大阴线已经确认行情的反转。

（5）第五组 K 线组合：母子线

母子线名如其形，是指第二根 K 线被第一根 K 线的实体包住，也就是说第二根 K 线的最高价和最低价均在前面一根 K 线实体之间。最明显的是第二根 K 线基本都伴随着反方向的跳空，所以很容易形成阶段性的转折信号。

本钢板材（000761）2017 年 10 月 16 日—2018 年 4 月 17 日日 K 线走势图

案例解析

本钢板材的阶段性高位在涨停板出现后，股价没有持续地顺势上涨，而是走出了一根跳空低开低走的阴线，股价虽然创了新高，但是该新高点的价值大打折扣。从该上涨波段的趋势中不难看出标准的 5 浪上涨结构，涨停板出现在冲顶的 5 浪上，所以次日一旦没有按照常规向上跳空，就需要以关注风险为主。

（6）第六组 K 线组合：蝴蝶结

这是由两根十字星构成的形态，其间伴随着向上跳空或者向下跳空，和单根十字星形态的要求类似，如果放大量则很可能形成变盘，所以蝴蝶结的量能越萎缩越好，只有萎缩才能视为是趋势的喘息形态，后面会沿着原来的趋势方向持续进行。

案例解析

烽火通信的十字星出现在均线依然大多头的情况下，此时的十字星是属于非常明显的多方正在喘息的阶段，股价一旦突破了蝴蝶结形态的高点就进入了加速上涨的阶段，也就是一再和大家强调的主升浪。无论你属于什么交易策略，能够给你带来盈利的一定是主升浪，只是主升浪行情的级别不同带来的利润空间不同而已。

同烽火通信不同的是，成都路桥的蝴蝶结出现在了反弹行情的位置，也就是 60 均线还没有被有效修复，股价从 60 均线以下向上上涨，在首次遇到 60 均线的时候遇到了明显的抛压，但是股价并没有选择快速转身向下，而是贴着 60 均线运行了两根十字星。如果要参与蝴蝶结形态，一定要求股价不能跌破攻击线，且呈现多头形态的均线根数越多越好。

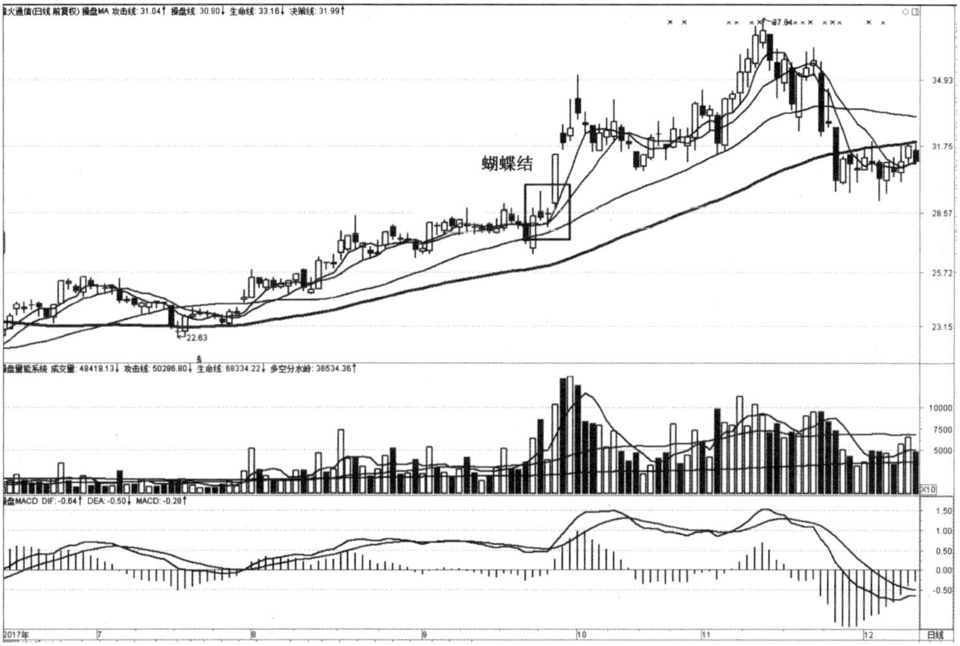

烽火通信（600498）2017 年 6 月 14 日—2017 年 12 月 12 日日 K 线走势图

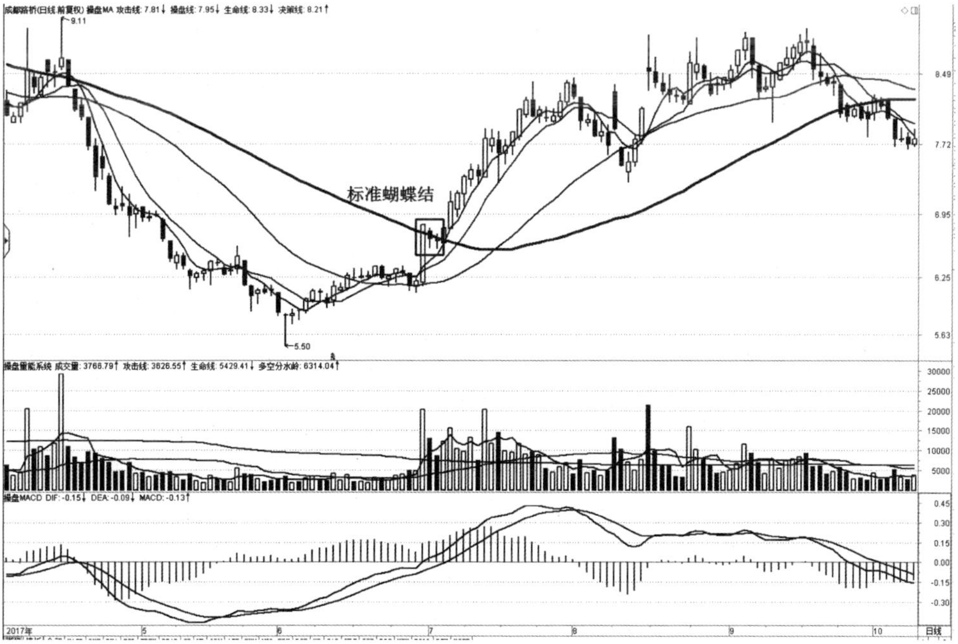

成都路桥（002628）2017 年 3 月 30 日—2017 年 10 月 17 日日 K 线走势图

（7）第七组 K 线组合：跳空二阴

该形态是指连续两根跳空阴线，是非常明显的空方信号，但是实盘时一定要和洗盘区别开来，因为它们产生的结果是截然不同的，一个是股价会持续下跌让前期的上升趋势出现明显的反转，另一个是洗盘完毕，股价会更好地上涨。而分辨洗盘还是出货所依据的不只是当下均线所在的位置，而是股价在运行过程中多空、钱多和钱少者的博弈。

案例解析

从 TCL 的走势跨越看出，同蝴蝶结不同的是，跳空二阴线的实体越来越

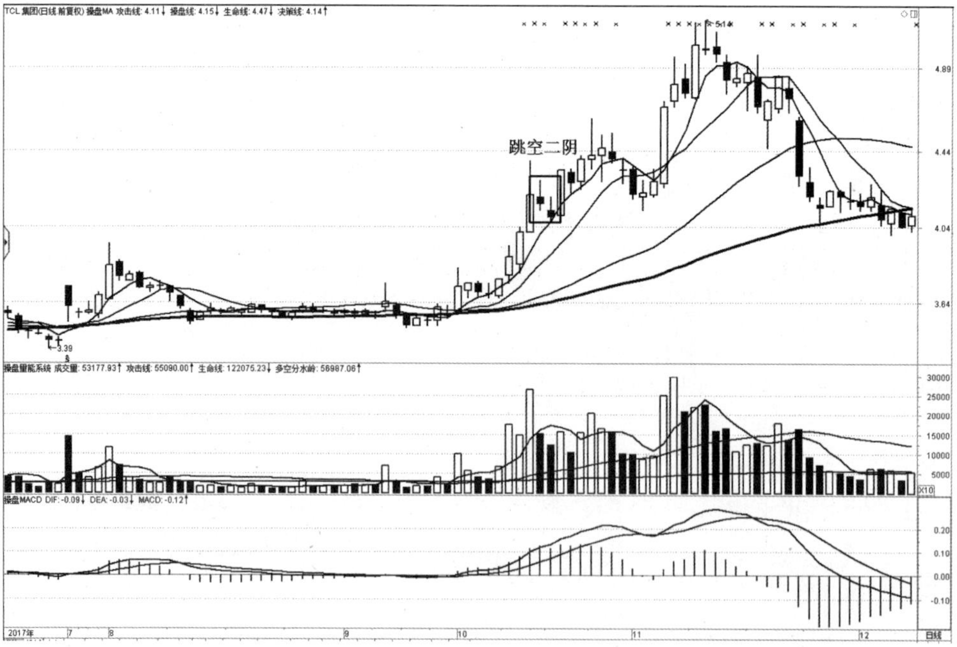

TCL 集团（000100）2017 年 4 月 13 日—2017 年 12 月 8 日日 K 线走势图

大，甚至是有跌破攻击线的迹象，尤其在之前的阳线上又出现了长上影线，造出了一种上升趋势即将转向的迹象。但是在该位置，如果密切关注到成交量的走势就不难发现，股价正处于缩量下跌中，是不具备大量出货的可能的，此时一旦遇到支撑就是开始建仓或者加仓的信号，一旦在小周期上创新高就是更明显的加仓信号。

（8）第八组 K 线组合：一阴扫二阳

该形态是由连续的两根小阳线或者中阳线后的一根吞没形的大阴线构成。按照趋势的惯性逻辑，连续的阳线后股价会继续上涨，但是一旦出现实体较前期阳线都强的阴线后就说明市场的风向开始发生转变，不是阶段性高位也要展开全新的一轮调整。

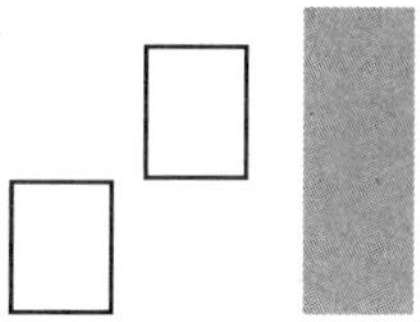

案例解析

从世名科技前期的上升趋势不难发现，股价处于缓慢上升的趋势中，股价均是以小阳线的方式上行，虽然扭转了全部均线系统，但是并没有展现出较强的、具有攻击性的上升趋势。在我的交易体系中，经常会提到慢涨快跌，指的就是这种形态，在市场多方动能不强的情况下，一旦遭受到了空方的打压，就会导致股价出现断崖式下跌。

实盘案例：震荡行情

下图是用友网络半年时间内宽幅震荡的走势，从图中股价重心的变化上看，最终股价选择向上的概率更大，所以这只是股价在大级别上升趋势运行中的一个调整形态。图中的六根标志性 K 线是非常具有代表性的，因为在阶段性的高位和低位最容易出现标志性 K 线，但是有一个值得我们思考的问题：到底是标志性 K 线决定了高低点，还是高低点决定了标志性 K 线。

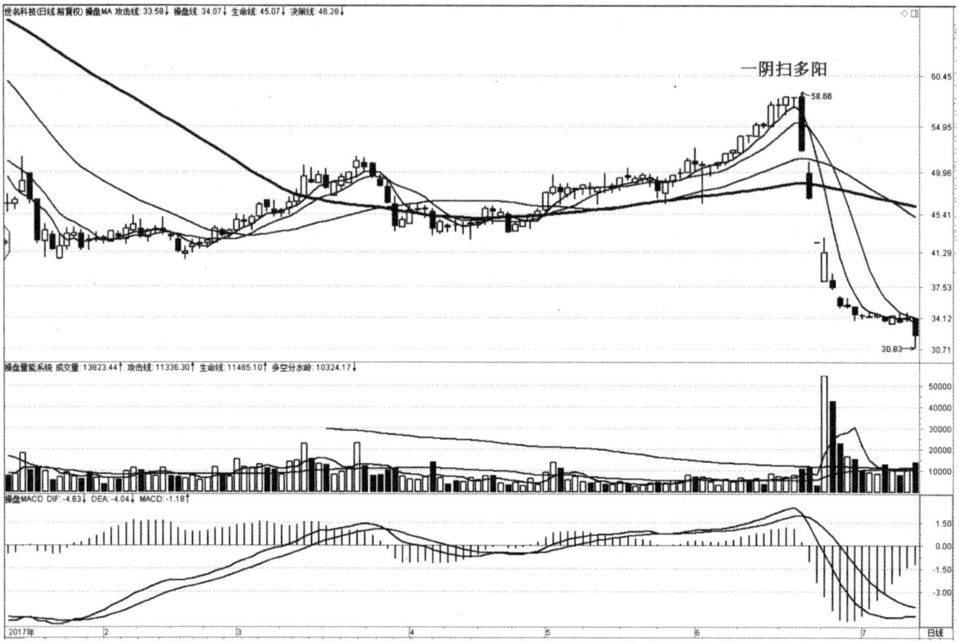

世名科技（300522）2017 年 1 月 10 日—2017 年 7 月 12 日日 K 线走势图

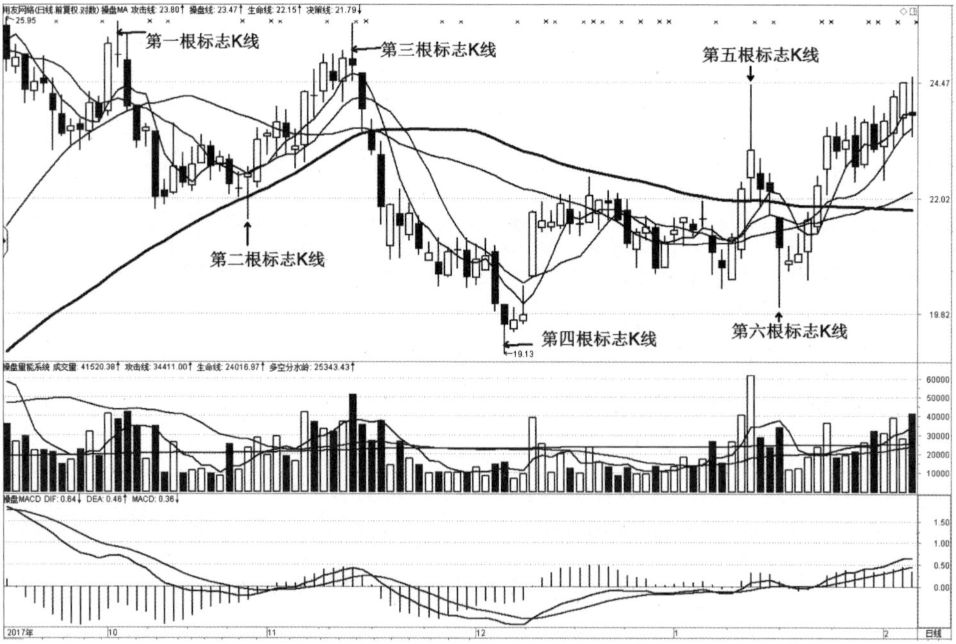

用友网络（600588）2017 年 9 月 15 日—2018 年 2 月 6 日日 K 线走势图

（1）第一根标志性 K 线

该 K 线是一根十字星，出现在前期大阳线之后，但是按照正常的理论分析，大阳线之后应该是继续上涨，因为大阳线代表的是多方能量的充足，但是该十字星却是向下跳空，也就是说之前大阳线做多动能是值得怀疑的，甚至说大阳线当天的盘口中会有非常明显的诱多行为，所以此时就为后期的变盘埋下了伏笔，第二天股价没有继续上行，那前一天的十字星就不是多方动能喘息的信号，而是多方动能衰竭的信号。

（2）第二根标志性 K 线

该 K 线出现在 60 均线的位置，此时是股价第一次回踩 60 均线，在《黑马在线》一书中有详细介绍股价在第一次、第二次甚至第三次回踩重要均线时的支撑力度。在大多头的行情中，首次回踩 60 均线的支撑会比较强，而此时一旦出现标志性 K 线就更值得关注，阶段性的反弹行情是非常值得期待的。这根 K 线的形态出现了长下影线，表示多方资金在此位置愿意积极承接抛盘的意愿。

（3）第三根标志性 K 线

该 K 线是出现在股价遇到 60 均线止跌反弹后的高点，此时前方的套牢盘被首次解套，所以一定会面临较强的抛压，股价在此位置直接强势上行的概率不大，所以就变成了遇阻回落留下上影线。

（4）第四根标志性 K 线

该 K 线出现在标准的下跌五浪结构的末期，是以长下影线的方式完成了股价的最后一跌，之后便反转向上。结构是分析位置时必须要考虑的问题，它和 K 线形态的关系就像一个人和决定这个人的基因一样，K 线的形态就是位置形态的基因。

（5）第五根标志性 K 线

该 K 线又是一根典型的长上影线。一只股票在短时间内反复出现标志性 K 线形态且具有非常大的相似性，就说明该股价本身正在缔造一种规律，只是我们是否能够保持一颗善于发现该规律的细心、耐心和好奇心。

（6）第六根标志性 K 线

该 K 线是一根典型的长下影线，它和之前的一根长上影线之间具有非常明显的对称性，在 K 线天机的课堂上会深度解析这种容易识别，又对交易有实质性指导意义的形态。虽然它们的出现代表着市场的分歧，我们更多要关注的是这种分歧背后的逻辑：主力资金的意图，因为只有强势资金才能够给市场留下这样的痕迹，散户分散的资金是很难的。

实盘案例：主升行情

下图同样是用友网络的走势图，只是对应的时间段有所不同。上文中介绍的是横盘震荡趋势，该段时间则是非常明显的主升趋势。从 K 线的特征上可以很直接地看出，主升行情的运行中没有像震荡行情期间那么多的长上影线和长下影线，也就是说随着趋势的确认，市场中看多的一致性越来越明显，在上图中的这一段没必要做高抛低吸，此时应该以持仓为主。

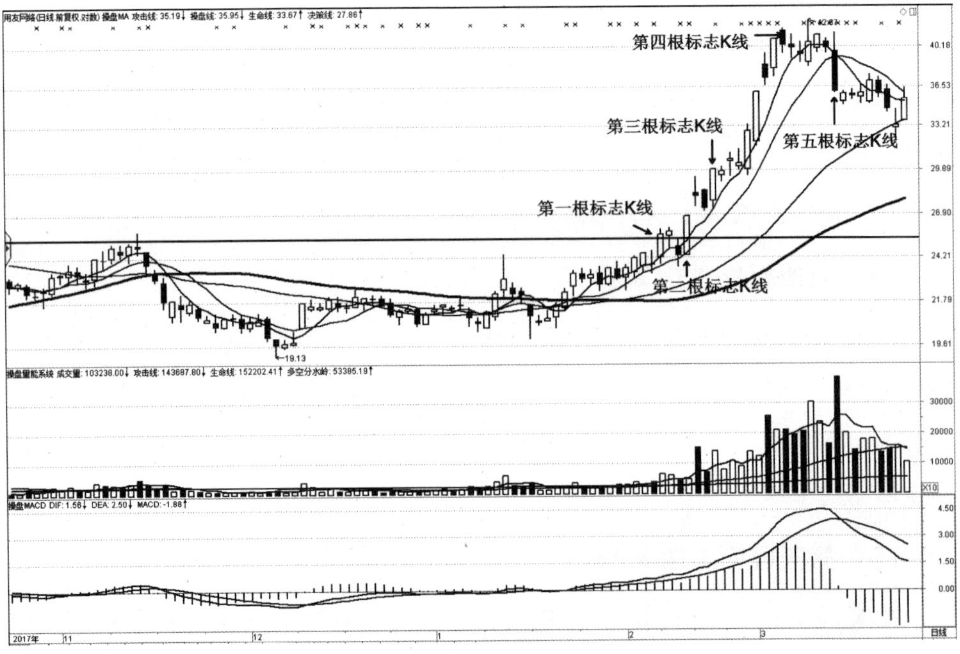

用友网络（600588）2017 年 10 月 24 日—2018 年 3 月 26 日日 K 线走势图

（1）第一根标志K线

该K线是指突破前期高点的中阳线，虽然它的突破并不是以大阳线的方式完成的，但是依然值得关注，一方面是当时的市场环境就是以科技股为主，另一方面股价从前期的19.13低点开始重心在不断上移，且成交量也有非常明显的缓慢变大的迹象，加上所有的均线系统都被修复了，所以此时的突破为股价后期走出趋势性行情做了充分准备。

（2）第二根标志K线

该K线是对第一根标志K线最完美的补充。上文有提到过突破时没有出现大阳线难免会有一点遗憾，随后两根弱势K线的回调并没有改变均线系统上升的趋势性，而前期因为突破而形成的中阳线作为标志性K线，它的开盘价和收盘价对股价后期的走势也会起到重要的支撑和压力作用。所以当股价回踩两天并没有跌破操盘线时，出现的向上跳空的涨停大阳线就是主升趋势真正开始的点位。

（3）第三根标志K线

该K线又是一根出现在两根调整性K线之后的涨停大阳线。第二根标志性K线后出现的是涨停大阳上方的纺锤线和一根小阴线，最重要的是第二天小阴线出现的时候伴随着明显的缩量，虽然股价整体的振幅和前一天纺锤线没有发生大的变化，但是说明市场上的分歧在减弱，又是在上升趋势中，所以大家对多头趋势的预期在不断加强。

（4）第四根标志K线

该K线出现在阶段上涨高位。前期股价在出现涨停大阳后都会出现高开低走的假阴线，其实都是阳线，与之前不同的是第四根标志性K线则是一根实实在在的阴线，虽然也有跳空高开，但是K线的本质已经发生了根本性变化。如果你对市场的变化是敏感的，此时就要开始提高警惕，不管午盘是否能判断出来股价见顶，在当下这个位置降低仓位总归是对的。

（5）第五根标志K线

该K线是一根低开低走的大阴线，虽然盘中有过向上反击的动作，但是并没有创新高，所以该上影线只是上涨末期的一种诱多性行为。如果对第四根标志 K 线和第五根标志 K 线之间的弱势 K 线进行深度分析，不难发现股价在小周期的走势中构建了一个小级别的头部，而第五根标志 K 线则是对该小级别头部向下的破位。

下图是士兰微在 2017 年浩浩荡荡的芯片行情中走出来的强势上涨波段。单从形态上来说，后期的上涨动能并不算强势，而且时时刻刻在给市场做出一种分歧较大、即将见顶的迹象。实战时要对行情的级别做出充分识别，只有在该基础上才能够找出有效的防守标准，才能够保证风控和止盈的有效性。

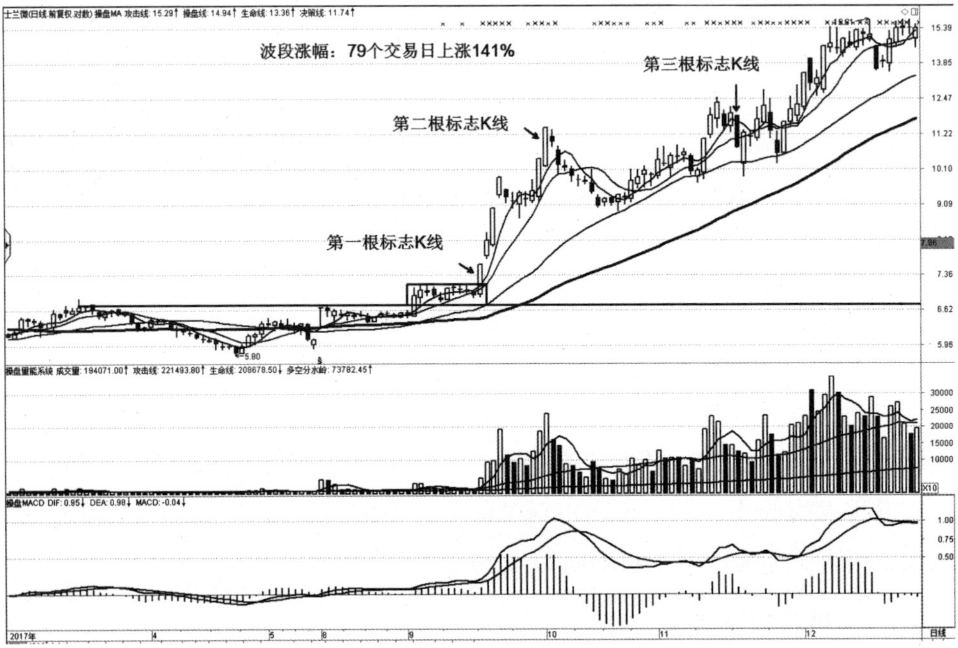

士兰微（600460）2017 年 3 月 2 日—2017 年 12 月 26 日日 K 线走势图

（1）第一根标志 K 线

在上文分析用友网络的时候就有提到过对阶段性高位形成突破时构成的标志性大阳线，它对趋势的形成有着至关重要的作用，代表的是多方强烈的做多意愿。该 K 线出现之前股价已经完成了对均线系统的修复，也就是说在多头状态下，股价走出了持续创高的形态，而且又是趋势形成初期的第一个涨停板，是非常具有研究价值的。

（2）第二根标志 K 线

在士兰微的主升行情中，出现了数根强势涨停板，这是很多投资者可望而不可即的，因为很多时候都是在股价走出了涨停板后惋惜，很难做到在涨停板之前买进。第二根标志性 K 线是一根出货的大阳线，是我们在买入时坚决要回避的，否则一旦踩进去至少会有一波 20% 的回撤。

（3）第三根标志 K 线

该 K 线出现在了阶段性 5 浪的位置，只是士兰微在最后的上涨 5 浪中走出了延长浪，所以只能确定这是一段强势资金阶段性出货的位置，任何一个高点都是减仓的信号。该大阴线是一根将前期几根阳线都吞没的形态，在阶段性高位代表的就是分歧，说明此时市场中会有较大的抛盘，不排除股价会持续性创新高，但是风险开始加大。

投资箴言

K 线形态是我们进行投资交易的基础，是我们对股价结构和位置进行识别的前提条件。因为 K 线是主力做出来的，所以只有更好地通晓人性，才能够更准确地寻找到合适的买卖点。

第二节　多头 K 线

多头 K 线是指连续三根阳线，代表股价能够持续性地展现多方的动能，也被称为红三兵。这是一个耳熟能详的 K 线组合形态，在众多交易体系中均有阐述，它在交易过程中的重要性是不予言表的。在江氏操盘体系中，一根线为点，两根线成线，三根线为面，红三兵的形成对于盘面来说会起到至关重要的变化。在阶段性的建仓区，红三兵就像是一面宣告强势资金进场的旗帜一样，给盘面的性质带来了决定性改变。

无论什么形态的分析，都离不开位置，因为在不同的位置出现的同一个形态也会有截然不同的含义，就像在山脚下时只能向上攀登，在山顶上时只能选择下山，而在半山腰的时候却可上可下，最终决定方向的因素有很多。

主力思维是江氏操盘体系灵魂一样的思维方式，最简单的一种逻辑就是：强势资金一定是在低位或者相对低位建仓、在高位或者相对高位出货，所以确认有强势资金建仓后就一定会有拉升的动作，江氏操盘这套体系更专注于寻找到是否有强势资金进场。

1. 标准多头 K 线

连续三根阳线，阳线的实体以中阳线为主，上下影线越小越好，最好不能超过实体的幅度，整体的成交量要有明显的放大迹象，最好构成量堆形态。三根阳线实体不能越来越小，最好盘口有强势的攻击波以展现背后强大的资金实力。

如果是在阶段性底部则是场外资金逐渐进场的信号，说明资金做多的意愿较强，但是还只是在建仓区，没有达到控盘状态，需要在反复震荡坐底的过程中继续吸收以实现高度控盘。

如果是在上升趋势中，通常是稳健型且资金实力雄厚的主力所为，股价上涨的节奏张弛有度，走出中长期大黑马的概率很大。

如果是阶段性高位，尤其是在一个涨幅达到 50% 以上的上升波段末期，小周期走出了清晰的五浪结构后，一旦红三兵的分时盘口有钓鱼波等明显的出货波形时就是主力资金阶段性出货的信号，股价即将迎来调整。

2. 非标准多头 K 线

实盘分析中经常会遇到连续三根阳线的走势，但是大部分是不会构成红三兵形态，这只是股价在正常运行中做出的一种自然形态，也就是说不是所有的三连阳都是红三兵。实战的时候区分三连阳是否为红三兵最简单的标准就是阳线的实体和对应的成交量是否呈现依次放大，如果这个标准不满足就一定不会构成红三兵。分析 K 线形态一定是站在主力资金的角度进行分析，否则就无法在千变万化的 K 线形态中找出规律。

还有重要的因素就是位置，在我们整个体系中对位置的强调就像是出门前的定位一样，一定要找到你要走的大方向，否则必将会迷失，如果找错了位置就很难得到满意的交易结果。投资最简单的一个道理就是低买高卖，市场中重要参与者一定会按照这个模式进行交易，但是散户却很难做到，一方面是没有识别高位还是低位的能力，另一方面却是因为自己的侥幸、贪婪而导致的盲目交易。虽然在标准红三兵中对三种位置进行了分别阐述，但是我们要明确的真正具有选股价值的是阶段性低位建仓红三兵，真正具有交易价值的是形成上升趋势后在上升趋势的初期出现的红三兵，而在阶段性高位和下降趋势中的红三兵都不具有指导实战的价值，所以也可以视为非标准红三兵。

案例解析

冠福股份在经过中长期下跌后有止跌的迹象，3.81 的低点形成时出现了一根下影线，此后股价进入了为期两周的弱势横盘状态，在此期间短期均线系统得以扭转，最粗的均线 60 均线下跌的角度开始变得平缓，在图中的第一个圈注框内有 5 根阳 K 线，前 3 根构成标准的红三兵后股价上涨的动能继续加强，从量能角度上看投入的资金越来越大、人气也越来越足，直到第 5 根阳线留下上影线之后股价出现了明显的滞涨迹象，随后就走出了调整形态。但是在阶段性低位算是一个主力资金异动的信号。

在之后两个月的横盘整理中，股价的低点不断抬高，有非常清晰地止跌、坐底的迹象，在此过程中成交量不断萎缩，市场的参与程度在减弱，但是每当阳线出现时还是有明显的放量迹象。在后一次出现红三兵走势时成交量形态上有明显的小量堆形态，说明人气有所回暖，有明显的资金不断增加的迹象。

在该坐底阶段，是对决策线不断修复的过程，决策线从大角度向下到逐渐走平，在该过程中股价每次小幅上涨都会带动决策线拐头向上。但是切记这只是选股信号，告诉我们从空头有可能转为多头趋势，但是当下还不具备扭转和形成上升趋势的信号。

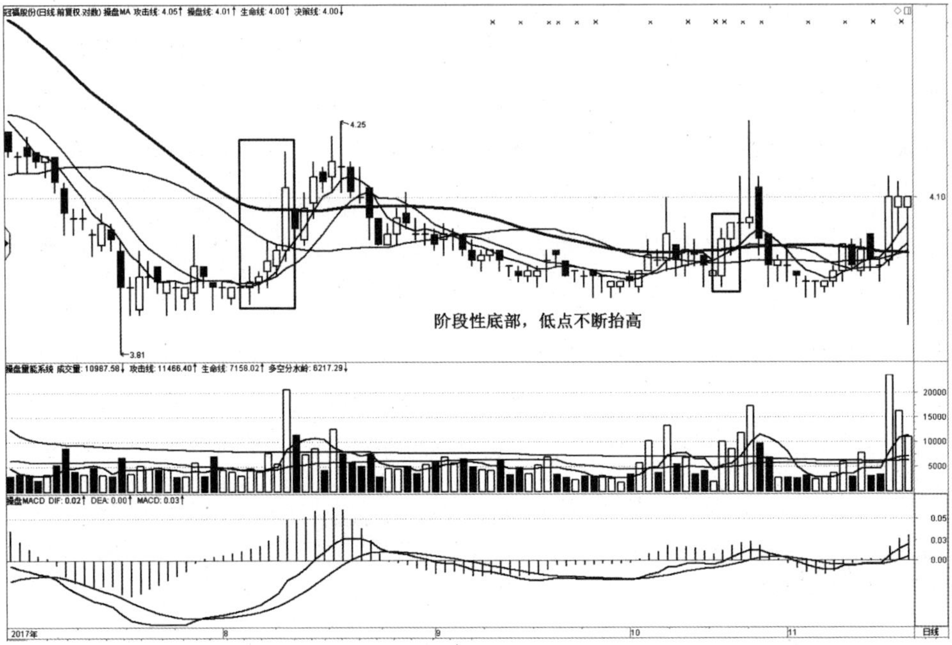

冠福股份（002102）2017 年 6 月 29 日—2017 年 11 月 20 日日 K 线走势图

这个过程就像是在市场出现了明显的空头信号时，要劝服一个坚定看多的人开始减仓一样，因为他对股价未来的走势充满无穷的幻想，所以你先要让他意识到股价不会永远无休止地上涨，让他知道会卖股票和会买股票一样重要，此时他渐渐意识到此时满仓所面临的潜在风险，原来坚定看多的意愿开始动摇但是还有幻想，所以依然不愿意减仓。所以要和他讲江氏操盘体系中判断一级顶部时的依据，而且我用这套技术成功地判断了 2007 年到 2018 年数十次的大小顶部。此时他渐渐明白当下所面临的风险，终于从动摇变为空头，开始减仓。

坚定看多 ⇨ 开始质疑 ⇨ 变为空头

60均线向上 ⇨ 开始走平 ⇨ 60均线向下

案例解析

该股票也是在阶段性坐底阶段，前期经过了充分下跌后有明显的止跌迹象，并没有明显的资金进场的迹象。请牢记，下跌过程中没有放量的阳线都是诱多，说明并没有强势的承接盘买入。下降趋势一旦形成，股价的下跌就像是高空抛物一样，没有遇到阻隔它下跌的支撑物就不会停止，而且只有小的支撑并不会起到很大的作用，因为强大的下跌动能会直接打穿短暂的支撑，只有强有力的支撑才能够阻挡股价的下跌，而对于股价来说在下降趋势中能够形成有效支撑的就是场外资金不断买入。

在出现第一个信号的时候是下降趋势还没有有效扭转，中长期均线还在较大的乖离中，最主要的是构成的红三兵并没有明显地放量迹象，也就是说我们等待的下降趋势中止跌的信号不明显。我的操作格言之一是“下跌趋势不言底”，所以第一个信号的位置不会出现任何交易信号。

自然交易形成的自然反抽行情结束后股价再次创新低，当然也不排除是有抢筹动作后再次向下打压，所以股价再次创了新低。随后股价进入了阶段性坐底阶段，整个底部的构建过程从 15 分钟底部、到 30 分钟底部、再到 60 分钟底部，虽然整个过程并没有非常明显的放量迹象但是在连续出现的红三兵信号的过程中，成交量有依次放大的迹象。

第二个信号、第三个信号和第四个信号都是在底部的横盘阶段，并没有形成趋势性行情，但是带动了决策线从大角度向下到逐渐走平的转变。在这个过程中，强势资金开始逐渐进场，并且有非常明显的试盘和洗盘信号，而且多重底部形态的构建为后期走出多头行情做了非常好的铺垫。

在出现第五个红三兵信号之前已经实现了决策线的扭转，K 线明显站稳了决策线，此时主力控盘节奏把握得非常稳健。第五个红三兵信号同前面的红三兵信号开始呈现了比较明显的差异，成交量开始明显变大，而且股价的走势已经带动了各周期均线逐渐走出多头趋势。阶段性低位持续性出现的红三兵建仓形态给我们选股提供了强大的理论依据，但是知道第五个红三兵信号出现时才是真正的交易信号。在整个江氏操盘体系中，对选股信号和交易信号做了明确的区分，以保证整个实盘操作过程更加理性和流程化。

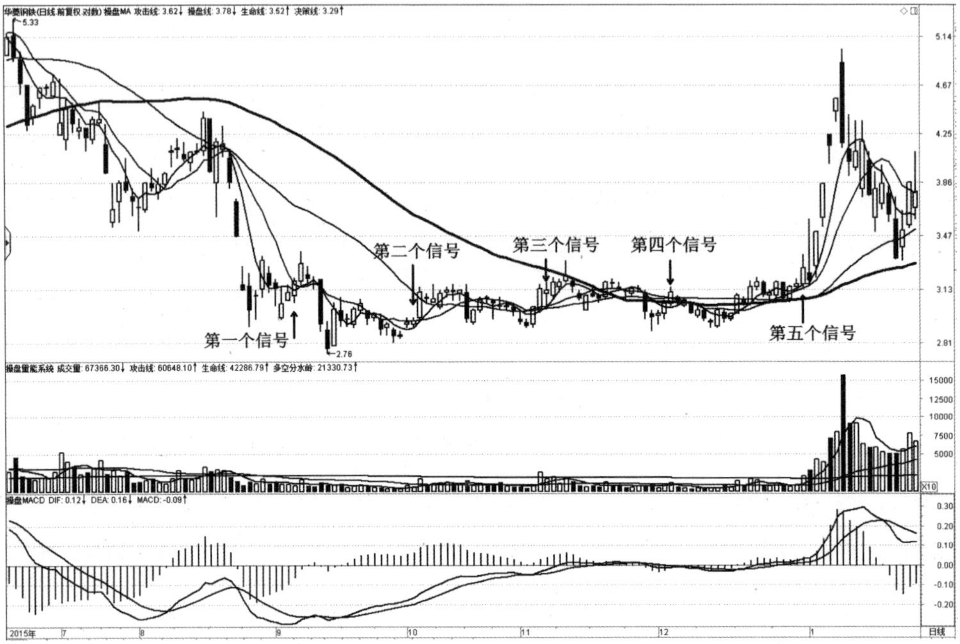

华凌钢铁（000932）2015 年 6 月—2016 年 1 月日 K 线走势图

案例解析

在股价持续下降的趋势中，一定会有反弹或者反抽，很多投资者都是在这些具有诱惑性的短暂上升行情中积极参与，但是很快又被再次下跌套牢。趋势是有惯性的，一旦进入下降趋势很难扭转，所以出现的阶段性诱多行情不仅是对我们心态的考验，也是对技术水平的考验。

下图中的第一个红三兵信号时成交量没有明显放大，最重要的是中长期趋势还在向下，所以只能暂时关注，股价后期的走势是否会对趋势形成扭转至关重要。在股价遇到生命线的压制后进行回踩，但是并没有跌破之前的低点，在第二个低点形成时再次出现红三兵的形态，虽然 K 线的实体依然不强，但是有阶段性资金进场的信号。可是因为趋势并没有扭转，所以最多是短线主力资金参与，不会是控盘资金。只要有造势的资金进场，就一定要解决兑现的问题，所以股价必然会出现拉高后出货的走势，而且拉高的动作会在短时间内出现，不会等待很久。

股价在决策线附近向上冲高了一次，留下来长上影线，说明当天盘中抛盘的力量较重，在《买在起涨》一书中对上影线做了深度的解读，我们一定要规避一些重要位置出现的上影线，因为即使不是阶段性顶部也会面临阶段性调整。此后股价再次展开了一轮强势下跌，止跌后股价出现了连续多根阳线，这个时候能够看出来其开始出现堆量，所以它们的含义远远超过了红三兵。

但是第三个红三兵信号也是出现在下降趋势中，并没有展现出扭转趋势的能量，也不构成首要的选股条件。但是如果对红三兵的形态理解不到位，就很容易被假的信号所迷惑进而做出错误的决策，只有从趋势、位置和主力资金布局的角度来看才能透彻地理解红三兵，并能够将其有效地运用到实战中。

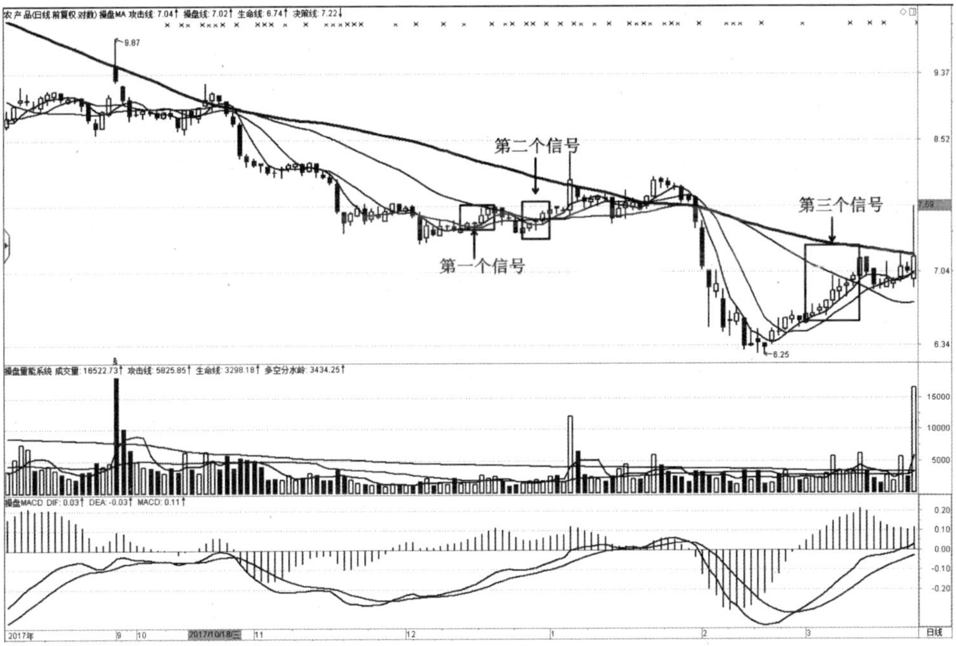

农产品（000061）2017 年 8 月—2018 年 3 月日 K 线走势图

同上文的几个案例不同的是，下图走势的红三兵出现在了阶段性高位，属于非常明显的主力资金出货的信号。在该上升波段的运行中，均是以阳线为主，也有非常明显的短线强势资金参与建仓、拉升和出货的迹象。但是需要我们明确的是，这个上升波段的构成只是小级别的上升趋势，其核心驱动力是短线资金。

如果你对支撑和压力有做过深入分析，就不难发现，前期有较重的套牢盘形成的抛压，而且距离现在的时间较短，必然需要长时间的横盘整理才能够消化。请牢记“首次到前高点必有回调”，这个现象发生的概率会达到90%以上，所以对于追求波段性更大收益的投资者来说此时暂时离场观望是非常明智的。

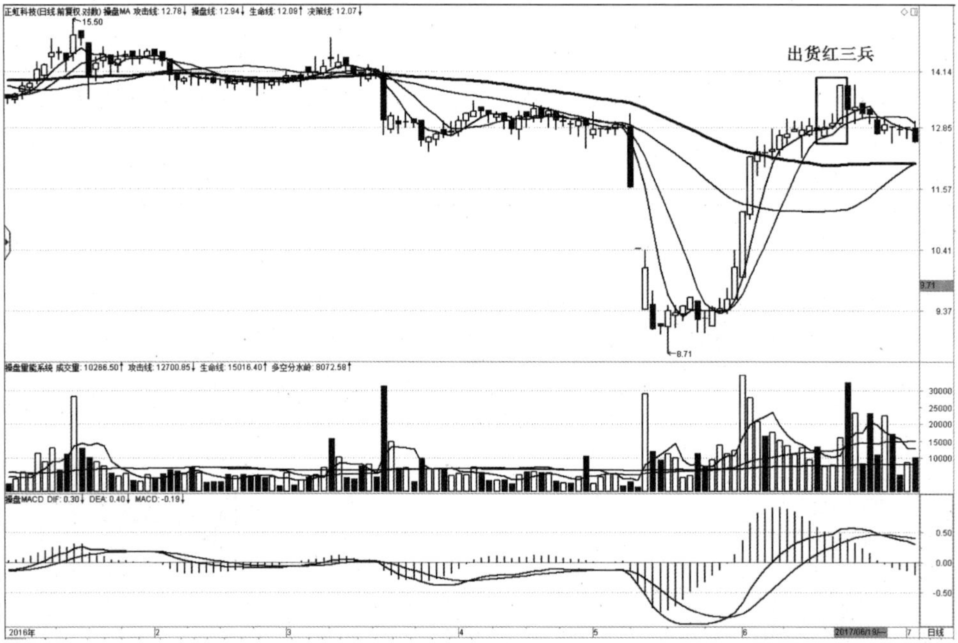

正虹科技（000702）2016 年 12 月—2017 年 6 月日 K 线走势图

> **投资箴言**
>
> 趋势的形成在于市场的一致性，而一致性最简单的体现就是 K 线的阴阳，连续的阳线代表在蓄积的多方能量，连续的阴线代表在蓄积的空方能量。

第三节 空头 K 线

空头 K 线是指连续三根阴线，代表股价能够持续性地展现空方的动能，也被称为黑三鸦。分析连续的单根阴线的重点依然在股价当前所在的位置，在阶段性高位还是在上升初期出现的空头 K 线是具有截然不同含义的。我们更关注上升趋势中洗盘的黑三鸦，而不是出货或者持续下跌的黑三鸦，这依然要求分析盘面变化的时候能够站在主力资金博弈的角度上进行分析。无论是上文中还是我们其他书籍中都会强调，洗盘的末期一定要缩量，只有缩量才能达到洗盘的目的。

泰豪科技在前期的下降趋势中反复出现仿佛像黑三鸦的连续 3 根阴线，但是在下降趋势被扭转之前，该形态只是空方能量的释放，只会不断加剧股价被向下打压的程度，所以两次出现在下降趋势中无效的黑三鸦对我们的实盘交易帮助并不大。图中标注的黑三鸦是发生在 60 均线附近，这是反弹行情末期多空双方分歧较重的位置，出现黑三鸦后，不出现确认性阳线是不能确认股价会继续上涨的。

从下图中不难看出，黑三鸦出现后股价开始止跌，虽然没有强势站稳 60 均线之上，但是股价暂时没有再次深度下跌的迹象。虽然黑三鸦后出现的并不是强势大阳线，不过此时出现了一根止跌的十字星，这根 K 线说明股价上涨和下跌的节奏在该位置进入了均衡状态，继续方向性选择的 K 线。

实盘时经常会遇到这样的问题：假阴线可以作为黑三鸦的构成要素吗?也算是的，而且实盘时不难发现有的时候股价连续下跌的天数不只 3 个交易日，会延长到 4 个交易日甚至 5 个交易日。其实原理都是一样的，只要是在有场外资金关注的阶段性底部，股价向上突破后走出连续缩量下跌的小阴线就是值得关注的，这是阳中阴买的核心要点。

泰豪科技（600590）2017 年 8 月 21 日—2018 年 3 月 26 日日 K 线走势图

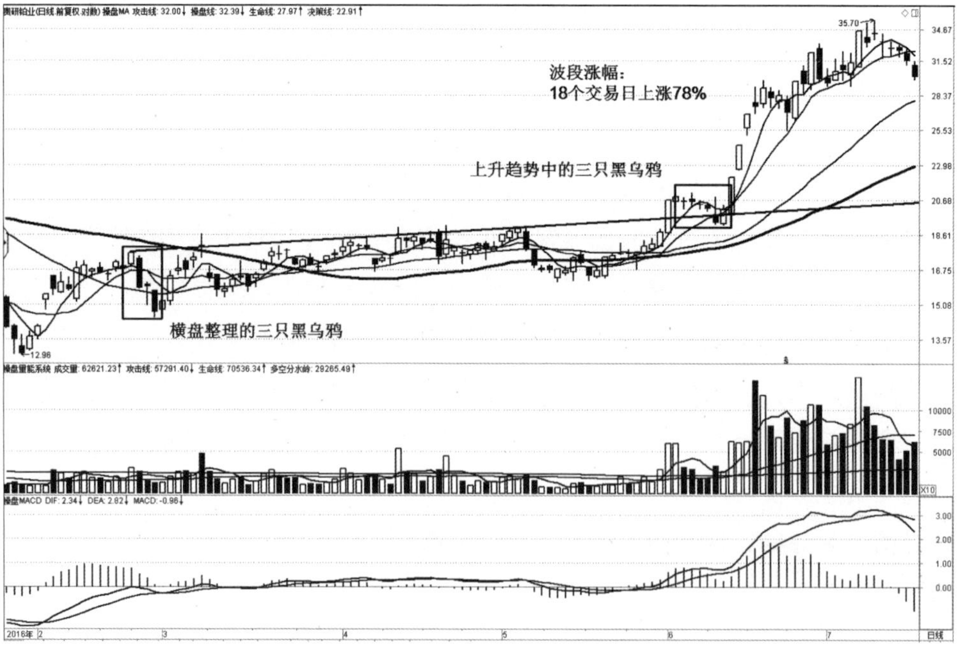

贵研铂业（600459）2016 年 1 月 26 日—2016 年 7 月 18 日日 K 线走势图

投资箴言

黑三鸦是一把双刃剑，如果你对行情的演变得心应手，黑三鸦会让你大显身手，但是如果你对趋势的运行并不是非常熟悉，黑三鸦很可能会让你亏大钱。

第四节 涨停K线

在我的交易体系中有一本书专门讲涨停板的是《涨停聚金》，这里还是需要再次和大家分享一下涨停板，因为所站在角度完全不一样。在我们的生活中，每一个人都扮演着多个角色，可能是父亲的同时，还是一个儿子、一位丈夫、一位领导、一位员工、一位志愿者……当我们需要扮演不同角色的时候必须要将自己的特征进行调整，以达到有效地成为这个角色的扮演者。

在市场中，你可以是贡献了市场交易结果的交易者，可以是会引导别人交易的股评家，甚至是引导市场交易的股价引导者。当然能成为最后一种参与者的概率不大，就是因为能够扮演这个角色的人不多才导致了市场中真正获利的人不多。其实扮演好一个角色并不难，难的是在不同角色之间进行适当切换。散户有散户的特征，你数年的炒股经验已经让你把散户的特性练就得炉火纯青了，想要站在主力思维的高度上看待股价的走势真的有点难。我们的宗旨，就是希望能够帮助大家成功完成从散户向主力的转换。

如何能够做好“追涨停”？一方面要有固定的操作模型，比如形态要素、位置要求、指标的金叉死叉等，更重要的是存在K线走势图背后的交易逻辑和思维方式。这些要素就像宪法指导着所有具体的法律法规一样，没有这些要素对操作涨停板进行约束和指引，会让操作涨停板的成功率大打折扣！

1. 八大秘诀

在《涨停聚金》中分享过做短线追涨停的时候要掌握的八大秘诀，它们是加在我们交易上的一系列规则，能够促进交易更有效地执行下去。大家要明确的是这只是在追涨停的时候适用，如果你利用某个周期的主升来抓涨停则要依据的要素又是截然不同的。但其中几条出现涨停板的通性，是非常值得我们关注的。

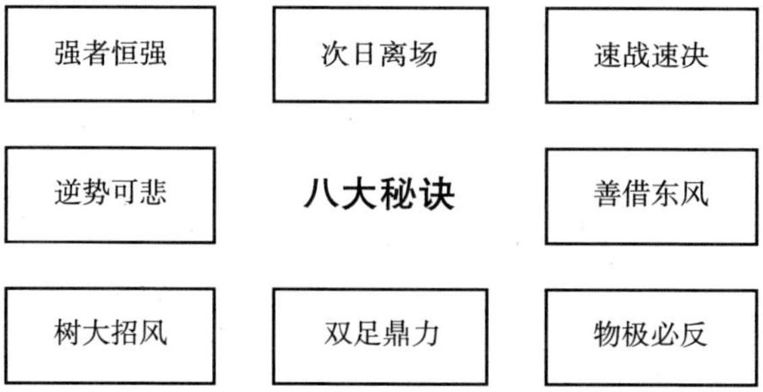

强者恒强：有涨停 K 线出现的股票一定是比较强势的股票，说明背后有强势资金在推动，在同一个位置出现的涨停板次数越多说明资金的实力越强。所以我们要操作强势股必然要关注涨停板、操作涨停板。

善借东风：无论是操作追涨停还是涨停之后的回踩，最好要有大盘的东风吹来才能够保证成功率，因为涨停板很多时候依靠的是人气，人气不足时失败的概率会增加。借助大盘不是要求大盘一直是牛市，在震荡市中的反弹和熊市中的短时间反抽都可以借助大盘的力量。

拒绝逆势：还在下跌趋势中的股票上行能量太弱，难以成为市场上的短线热点，即使有行情也很难持续，所以在该位置出现的涨停板很多都不会太流畅，要么就是涨停后被不断打开，而且出现明显主动卖出的金额多于主动买入的金额，明显有资金在出逃，这样的涨停板一定是我们要远离的。

2. 内部构成

涨停板的内部构成直接决定了多方市场强弱的真伪。虽然大部分涨停板都是在强势资金推动下实现的，仅有少数是市场人气推起来的，但是并不是所有的涨停板强势资金都是为了拉升，有的只是诱多、有的只是试盘、有的甚至是为了出货。所有涨停板到底怎么样是需要在对涨停板的内部构成分析后才知道的。

(1) T 字板

T 字板既包括一字板又包括其中被打开过的 T 字板，是指开盘价和收盘价都在涨停价格的一种涨停板。虽然很多书籍对这两种形态分开介绍，但是其实它们只是在强弱上有所差别，在市场推动股价上涨的角度上看，两者并没有太大的差别。这是一种通常要伴随利好消息才会出现的，因为利好消息的放出，会导致股价以强势跳空的方式开盘，因为跟风的资金较重，所以对于主力来说会大大降低了所消耗的资金。

一字板的涨停板盘是决定会不会出现 T 字板的核心，被打开了说明盘中出现过较重的抛盘，其原因是有强势资金在阶段性出货，但是主动性卖出了一会后股价又被拉升了起来。前期卖和后期买的参与者是同一方吗？如果说之前的卖出是为了出货，后期的再次拉回又是为了什么？市场中每天都会有各种各样的异动现象，这些现象为市场增添了无限的活力和机会，当你开始对这些变化开始感兴趣的时候就会增加花在市场中的时间和精力。

案例解析

除了拉高建仓外，所有主力资金的建仓都是比较隐蔽的，都是以一种不让市场发觉的方式来实现的。华锋股份前期出现超跌走势后股价开始缓慢上扬，弱势 K 线并没有一种多方市场已经开启的前兆，但是从分时盘口中已经有资金异动的迹象。

尤其是在第一次回踩后，股价出现了久违的大阳线，就在潜移默化之中完成了对均线系统的修复。主力资金都是喜欢厚积薄发的，前期卧薪尝胆，一旦到了该引爆行情时会把前期所付出的时间成本和各种煎熬统统拿回来。

启动涨停板宣布了股价进入了主升阶段，这是最该引起我们关注的点。

市场中妖股的形成不仅仅是靠一方面的要素，要同时具备天时、地利、人和，所以这种具备强势上涨基因的标的就是我们在盘中和盘后要花足够多时间关注的。

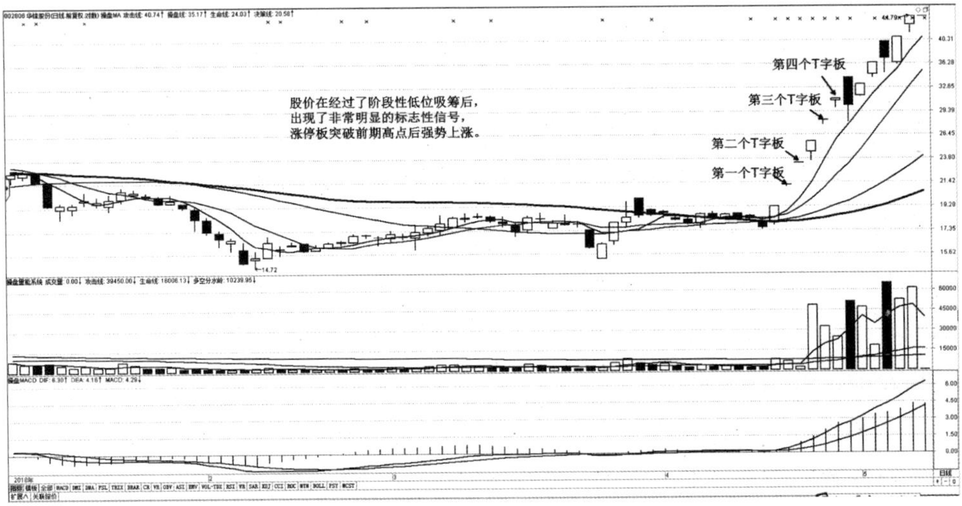

华锋股份（002806）2018 年 1 月 10 日—2018 年 5 月 10 日日 K 线走势图

前两个 T 字板属于非常健康的一字板，盘中没有发生过分歧，是最理想和健康的，所以如果有仓位只需要坚定持有就可以了。但是在经过了一根小阳涨停板之后开始出现了 T 字板，说明市场中的分歧开始出现。

下图的第一幅图对应 K 线图上的第三个 T 字板，但是从分时图上并没有看到盘中股价被打压过，只能看到有较大的成交量放出。这是一种非常隐秘的出货方式，主力资金在散户不知不觉中开始兑现筹码。请切记主力资金都是在上涨过程中完成出货的，所以发现有主力资金出货的迹象并不意味着股价就见顶了，但是必须要开始警觉。

下图的第二幅图对应的 K 线图上的第四个 T 字板，它不是最标准的 T 字板，早盘大幅跳空低开后有过向下打压的动作，也就是说有资金刻意做过向下的诱空后再次拉升到涨停，且之后涨停板没有被打开过。如果说前一个 T 字板是主力资金在开始出逃，但是后一个 T 字板却给到了我们全新的信息：股价依然处于强势上涨过程中。

必创科技也算是 2018 年上半年市场中少有的一些龙头妖股之一。对于我

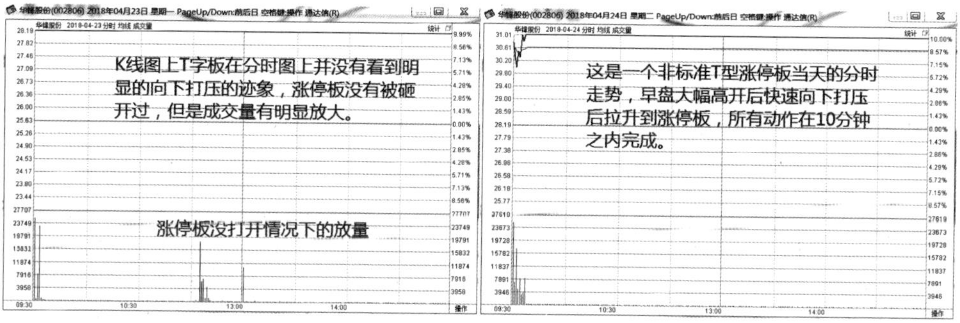

华锋股份（002806）2018 年 4 月 23 日—24 日分时走势图

们来说，市场在不同的环境下要选择不同交易模型来操作，这是因为主力资金会先于我们选择不同的操作模式，我们只有跟随市场的风向及时做出调整才是真正的顺势而为。所以当主力资金偏向于充分下跌的标的时，是否有充分下跌的结构是判断主力资金有效建仓的第一个条件。

必创科技在日线上经过了标准的 ABC 下跌后，股价有明显的止跌迹象，同时伴随股价的上涨有明显的放量迹象，场外资金参与的痕迹很明显。这种形态就是我们平时选股的时候要格外注意的。同华锋股份不一样的是，必创科技的第一个上涨波段就站上了 60 均线，之后股价缩量回踩 60 均线，然后以涨停板的方式启动主升浪。

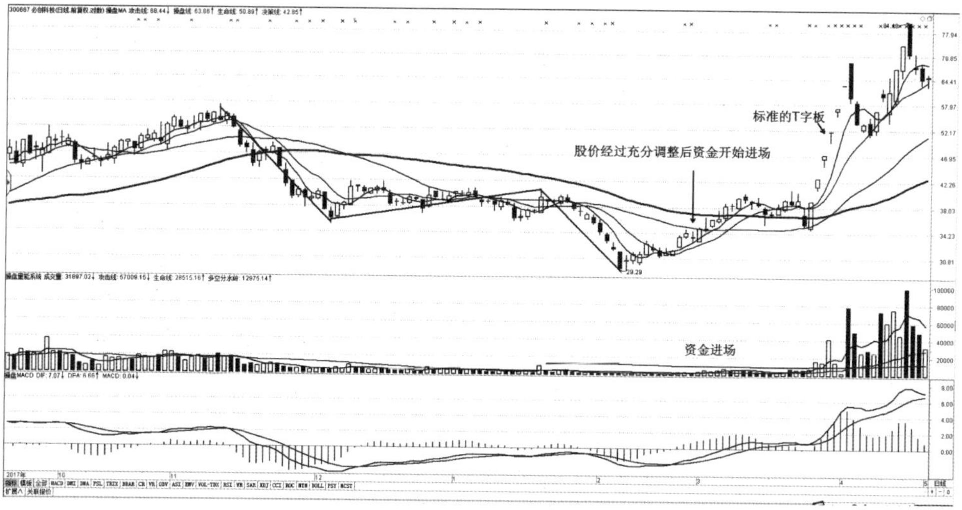

必创科技（300667）2017 年 9 月 20 日—2018 年 5 月 20 日日 K 线走势图

必创科技在整个主升行情中除了最后一个涨停板是一字板，其他的均是有实体的涨停板，说明启动前期市场的抛盘较重，主力资金在不断投资资金拉升才形成了强势的涨停板。

在K线图中标准T字板的前一天走势如下图中的第一幅图，又是一种非常强势的T字板，代表的是多方强势的做多动能。后一幅图对应的是T字板当天的走势，从分时走势图中可以看出，多空分歧较大，但是唯一好的现象就是涨停板被第二次打开后并没有较大的成交量放出，说明市场的抛盘并不重，后期股价再次被拉回涨停且一直封住，就说明了依然存在的强势多方动能。

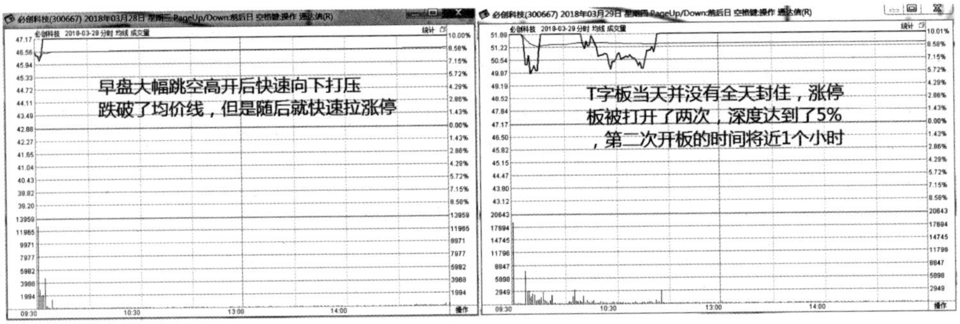

必创科技（300667）2018年3月28日和29日涨停板分时走势图

（2）小阳涨停

小阳涨停是一种早盘大幅高开后涨停的形态，要求早盘高开的幅度超过7%，当天涨停的时间不限，涨停的波形最好是以极强势或者强势多方量能为主，如果主力资金足够强势、做多的决心又强一般会选择较早的时间涨停。

（3）中阳涨停

中阳涨停是一种早盘跳空高开的幅度在3%～7%，当天涨停的时间不限，涨停的波形最好是以极强势或者强势多方量能为主，如果主力资金足够强势、做多的决心又强一般会选择较早的时间涨停。该K线形态当天股价到涨停的波幅比小阳涨停更大，需要主力投入的资金也更大。

（4）大阳涨停

大阳涨停是一种早盘小幅跳空高开或者平开甚至跳空低开后向上强势拉升到涨停板的K线形态，当天涨停的时间不限，涨停的波形最好是以极强势或者强势多方量能为主，如果主力资金足够强势、做多的决心又强一般会选择较早的时间涨停。该K线形态要求投入的资金量更大，主力在拉升中不断地吸筹，所以后期的新高是比较值得期待的。如果大阳涨停的分时构成是以长波或者尾盘偷袭方式涨停的则要谨慎。

实盘案例

在宣亚国际两个波段的强势反弹行情中都出现过涨停板，由于股价位置的特殊性和操作资金的特殊性，就会决定该两个上涨波段的特殊性。这种特殊性不是指它们上涨的方式同别的股票不同，而是指上涨波段的动因更加值得深入分析和解读。

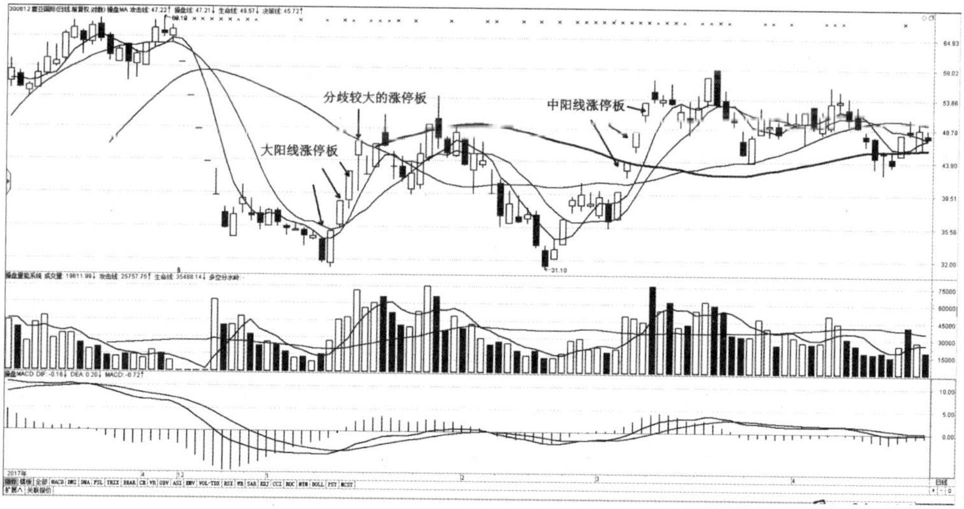

宣亚国际（300612）2017年3月13日—2018年4月25日日K线走势图

第一个上涨波段是发生在超跌之后，K线形态上出现了涨停阳包阴后连续走出三个涨停板，这四个涨停板具有双重意义，一方面是前期超跌后自救，另一方面是指强势资金在新的低位再次吸筹买进，然后在强势反弹的拉高过程中出货。

第二个上涨波段出现在双底后，虽然这个底部的震荡非常大，单纯从形态上看是不具备操作价值的，总的来说如果你对主力资金的异动比较熟悉，当下位置即使是上涨，也不会产生大的机会。无论是第二波还是第一波，均没有出现过一字板，就说明主力手中的筹码不足，需要调动市场人气后才能够推动涨停板，所以在K线形态上就会出现留下不同实体的涨停板。

下面的第一幅图是上图K线走势中第一个上涨波段低点出现放量阳包阴涨停板的分时走势图。该图中股价的上涨并不是十分流畅，有非常明显的拉拉停停迹象，也就是资金推动后股价会出现自然回落。单从分时图上看，当天的涨停板并不吸引人，但是一定要结合位置进行综合分析，超跌后的低位出现涨停板是最容易出现妖股的位置，所以后期走势是值得关注的。

第二个涨停板向上拉升的动能明显比前一天要强，首先在涨停板的时间上就可以发现，涨停的时间开始提前了。在该位置股价出现反弹的概率很大，不一定是连续涨停板，但是一个30%的波段还是极有可能的，所以一旦遇到该形态需要我们的关注。

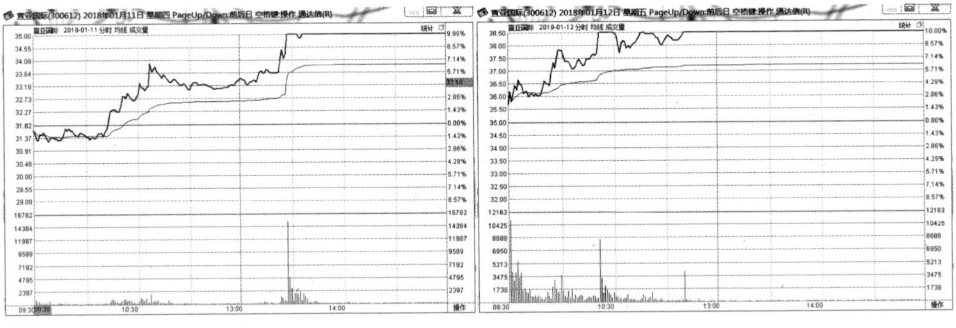

宣亚国际（300612）2018年1月11日和12日分时走势图

超跌的股票在第一个涨停板和第二个涨停板是可以考虑追涨停的，因为还没有达到主力资金的盈利预期，所以风险较小。投资者一定要注意超跌后启动的行情，从第三个涨停板就要谨慎追高了，因为会受到行情级别的限制，上涨的空间有限，开始资金出逃的概率加大，场内多空的分歧程度会加剧。

下图的第一幅图是第三个涨停大阳线，早盘强势拉升涨停后盘中两次打开了涨停。如果是在启动的初期，这样的形态是没问题的，因为涨停板打开是最好的震仓的方式，但是在阶段性高位就意味着有资金开始兑现。

下图的第二幅图是第四个涨停板，虽然它非常像中阳线的涨停板，但是下影线就充分说明了盘中的巨大分歧，尤其是在第四个涨停板的位置，此时一旦出现强势资金的抛盘将会带动前期一批获利盘开始了结，所以此时最重要的是规避风险、及时兑现、切忌追高。

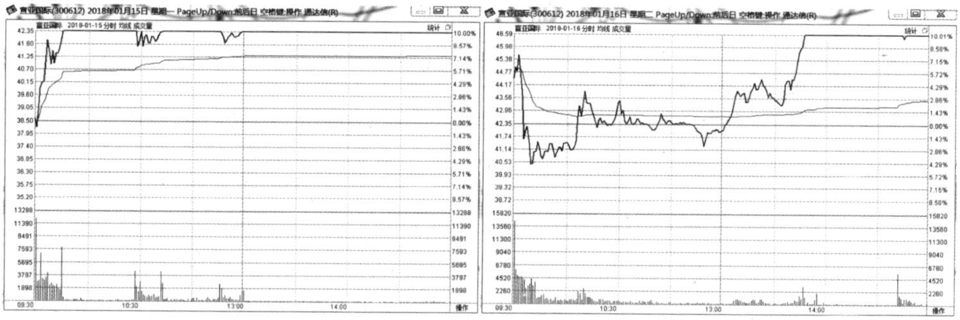

宣亚国际（300612）2018 年 1 月 15 日和 16 日分时走势图

在第二个拉升波段中也是由 4 个涨停板构成。第一个涨停板的分时波形属于我们操盘体系中最为强势的拉升波形的一种，也就是说实盘是一旦遇到早盘这种波形和量峰的推动，股价当天被拉升到涨停板的概率非常大。在盘中，后期拉涨停的资金量还没出现前，之前的两个拉升波段对应的成交量均视为攻击型的强势资金量能。

第二个涨停板是一根中阳线的涨停板，也就是说股价早盘有跳空高开，只是做多的力度不是非常强势。在涨停之前股价数次跌破盘中均线总有一种将要下行的假象，但是最后都又强势拉回，虽然被拉升到涨停板也被反复打开，走出了我们通常认为的烂板行情。如果从盘口的形态上看涨停板是有问题的，但是从趋势上看股价还在上涨，到底该依据什么？这个问题涉及资金和心理上的博弈问题，很多内容无法用文字来解释，会在我的《盘口定乾坤》课堂上进行深度探讨。

通常情况下，烂板出现后股价在涨停板的次日跳空低开的概率大，但是

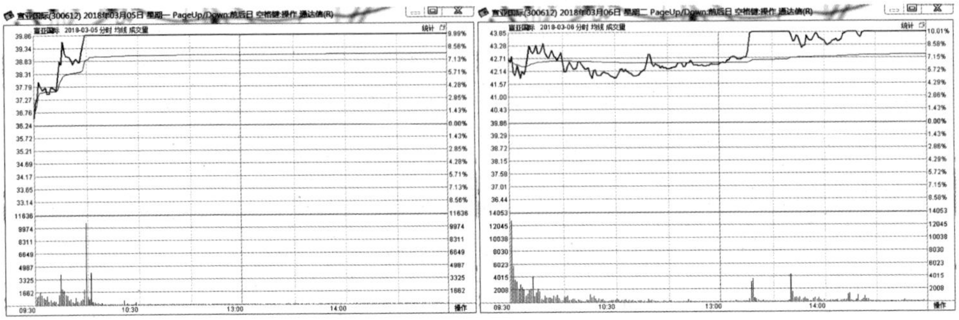

宣亚国际（300612）2018 年 3 月 5 日和 6 日分时走势图

宣亚国际却是向上跳空高开，也就是说我们前一天看到了“烂板”的表象，但是没有透彻理解“烂板”的本质。在第三个涨停板当天，股价跳空高开后震荡了半个小时就被拉升到涨停板，这也是一种做多意愿较为强烈的一种表现。上文有强调过反弹行情第二个涨停板和第三个涨停板的差别，当然也适用于此。从第三个涨停板封板后打开的时间上看，涨停板依然正常，至少还没有强势抛盘的出现。

最后一个涨停板当天还是强势跳空高开后股价围绕均线展开震荡，可是均线的支撑作用非常强，直到 10：40 左右被强势拉升到涨停板。虽然当天的涨停板依然健康，但是我们知道监管的节奏基本是在第六个涨停板时被关小黑屋，所以四个和五个涨停板一般会成为连续涨停上涨的极限。

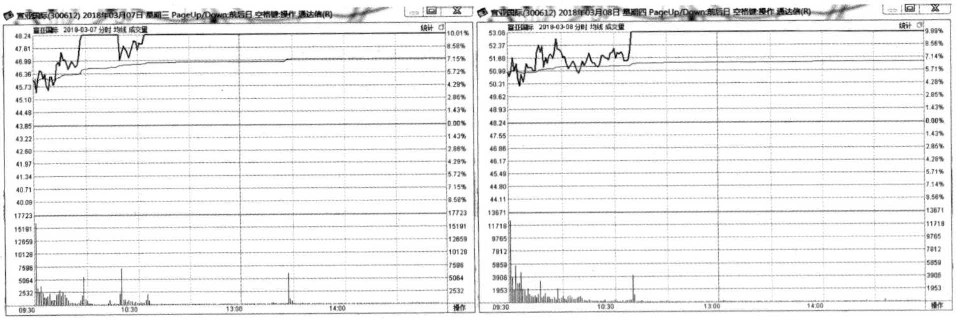

宣亚国际（300612）2018 年 3 月 7 日和 8 日分时走势图

这是一个超跌后的强势反弹行情，股价先经历了两周的弱势上涨，因为股价涨幅和振幅都比较小所以并没有明显的放量的形态出现，直到股价出现了涨停板才能够确定改变了前期弱势小角度上涨的轨道。该上涨波段也是共有四个涨停板，从涨停 K 线的形态上不难发现，K 线的实体越来越小，也就是说随着多方动能的加强，股价早盘高开的幅度越来越大，做多的意愿越来越强烈。

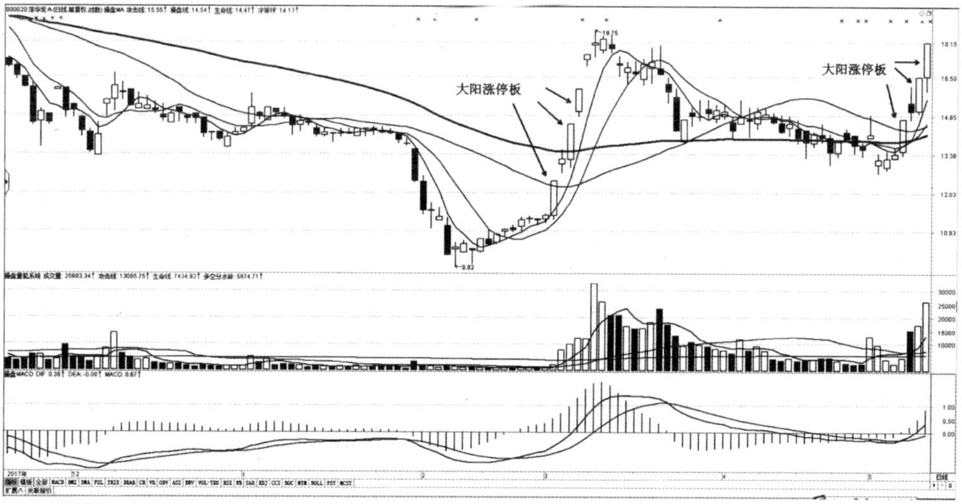

深华发 A（000020）2017 年 11 月 14 日—2018 年 5 月 11 日日 K 线走势图

第一个涨停是对前期上升行情的加速，但是更有强势资金在抢筹的迹象，因为前期的上涨速度较慢，只是让股价止跌了，并没有激发起市场的人气，所以成交量还很小，强势资金并没有转换到足够多的筹码，所以市场出现了利好时，必须采取拉高吸筹的方式让自己在最短的时间内获得筹码，也就是一边拉升一边吸筹。虽然这种方式需要大量的资金，但是一旦遇到这样的操作模式可以确定，后期一定还有一个波段的空间。

第二个涨停板又是在盘中集中在某个时间快速拉升，一方面让前一天买进的筹码获利，另一方面也避免了跟风盘进来一起抢筹码。超跌位置的股票，上方有非常大的套牢盘，一旦股价封住涨停板是不会有人愿意卖出的，因为通常的解释是“不打开的涨停板才是好的涨停板，后期还会上涨；打开的涨停板是不健康的，后期的上涨会很困难”。这是市场的历史走势给我们留下的机会，但是真正的主力是制造规律、让我们发现规律、再破坏规律，破坏规律的时候就是反人性操作的。第二个涨停板上午单波、长波拉升到涨停后并没有封住涨停，而是选择了向下打压，一方面昨天买进的筹码可以获利离场，另一方面制造出了股价上涨无力的假象，让对股价还抱有无限希望的散户选择离场，进而达到洗盘的目的。

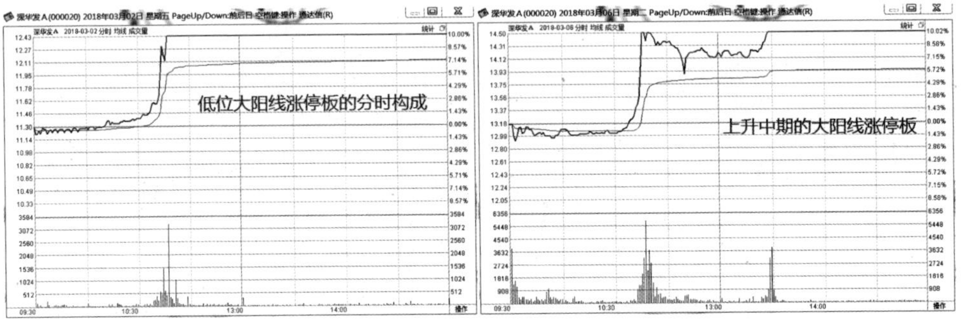

深华发 A（000020）2018 年 3 月 2 日和 6 日分时走势图

> **投资箴言**
>
> 我们不是主力，所以只能从形态上认知主力的行为。涨停板是主力的专利，对于我们就是一把双刃剑，当我们能够通过形态熟练地运用涨停板的时候它会为我们所用，但是当我们还不能准确地洞察其背后的意图时就容易被其所伤。

经典答疑

提问者： 成都的邢先生【2018 年江氏精品操盘手班学员】

我是看过江海老师《买在起涨》这本书后联系到老师然后报名的，因为我对 K 线情有独钟，市面上关于讲 K 线的大部分书都看过，但是没有那种产生共鸣的感觉，直到看了江海老师对 K 线的解读。但是我对 K 线一直有一个疑问，既然 K 线是主力做出来就有一定的诱骗性，那么单纯从 K 线的角度看待股价的涨跌就是不科学的，看裸 K 交易是不是具有一定程度的猜测性和赌博性？

回答者： 君洁老师

很高兴有机会回答这个问题，因为这个问题已经上升到法和道的层面上，当你开始思考这样的问题时就会开始思考推动股价上涨和下跌的动因了，渐渐地不会被股价形式上的运动所掌控。

凭借裸 K 进行交易不是靠猜测和赌博，因为这是在对 K 线、形态、趋势、博弈、主力思维等多方面的信息有充分了解后才能做到的。股票投资有很多东西要学，学这么多方面的内容为的是可以更好地指导交易，它们之间有着密切的关系，所以要想做好股票不是单纯地理解某个方面、某个战法后就可以做到，是对理论有全面的理解后形成完善的交易系统，只有这样才可以让你有能力应对牛熊的变化。

完全可以把裸 K 交易作为一个方向，当你对 K 线能量有深度理解之后就可以从 K 线的形态上获得市场传递给你的一切信息。

[本章小结]

K 线是技术分析的灵魂，每根 K 线形态上的变化直接决定了位置和趋势，所以只有深度理解和认识 K 线才算真正懂得交易、懂得投资。

认识 K 线：在 K 线的众多形态中，只有最具有特定含义的 K 线才值得我们深入研究，本章介绍的基础 K 线形态是懂得认识主力资金、懂得博弈的基础，是我们走进投资之门的钥匙。

多头 K 线：是识别上升趋势的一根基础 K 线，在没有构成该 K 线形态之前很难确认上升趋势。

空头 K 线：是识别下降趋势的一根基础 K 线，在没有构成该 K 线形态之前很难确认下降趋势。

涨停 K 线：对涨停板的认识是建立强者思维的基础，只有充分认识和理解涨停板，才会真正懂得如果去做强势股。

[思考题]

1. 单根 K 线有哪些形态，出现的位置和所代表的意义是什么？
2. K 线组合有哪些形态，出现的位置和所代表的意义是什么？

3. 还有哪些你遇到的但是本书没有提到过的 K 线，它们对交易有何影响？

4. 涨停板对交易的影响大吗？该如何通过涨停板制定交易策略？

第四章

操盘手善借盘口

K 线是主力“做”出来的，有太多的陷阱和欺骗，然而分时盘口却是用真金白银“做”出来的，虽然还是会真真假假虚实难辨，但是当大资金进出是不会骗人的，即使是个套也是被钱砸出来的！

交易软件上的每个功能都是经过斟酌后确定的，存在必然有它的意义，问题的关键是我们如何去使用这些功能。如何判断一根 K 线是否健康？大阳线是不是就代表市场强烈的做多意愿？大阴线是不是就代表市场强烈的做空意愿？这样的问题光看 K 线是很难解决的，这也是 K 线研究者遇到瓶颈的原因，而盘口的分析就会为其打开一扇全新的大门。

第一节 分时走势

盘口中每个要素都是资金博弈不可或缺的要素。在江氏操盘天机中，下面的四幅图是代表主力思维的经典盘口价格走势。图一是一种吸筹标志性盘口，图二是一种洗盘标志性盘口，图三是一种强势拉升标志性盘口，图四是一种快速下跌价的标志性盘口。

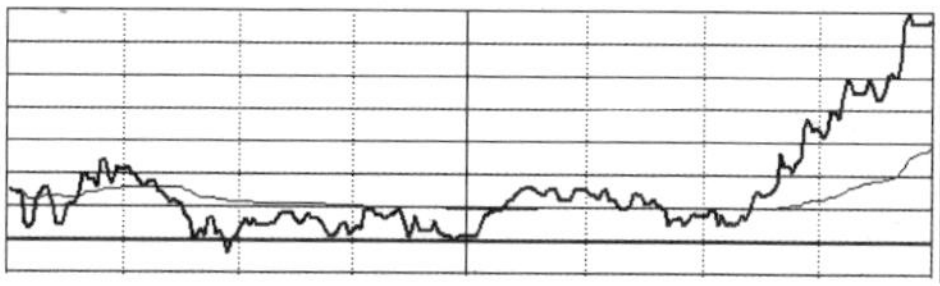

图一

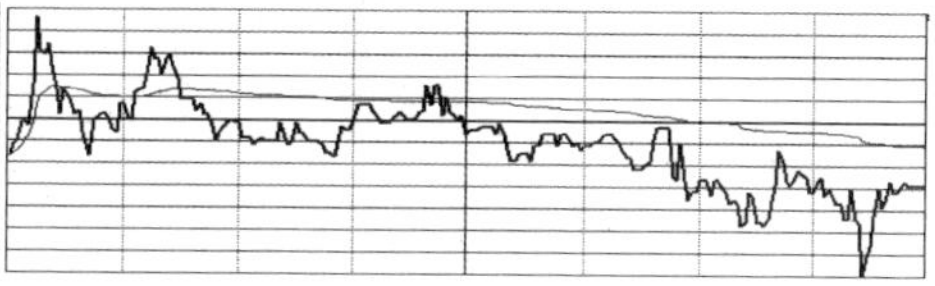

图二

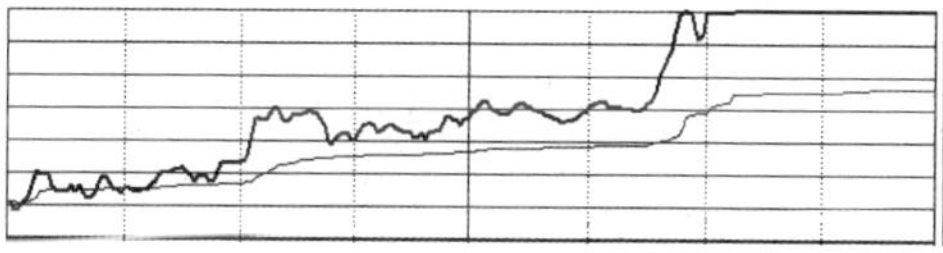

图三

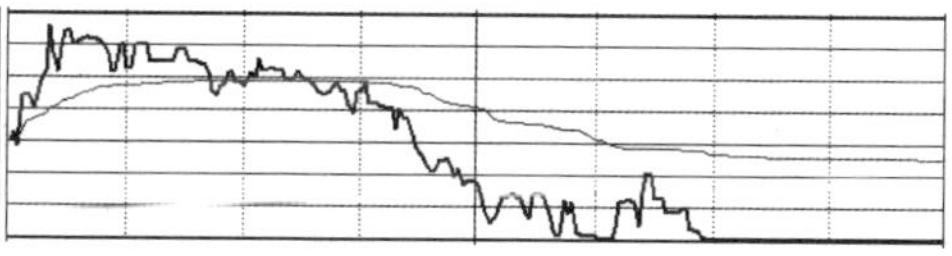

图四

下面的四幅图是代表江氏操盘天机经典的盘口量能走势。第一幅图是冲击型主力建仓的盘口量峰，每次有节奏地快速放量又快速缩回去，第二幅图前期形成了量堆，后期快速放大量代表盘中两波强势拉升，当天封在涨停板的概率特别大，第三幅图集合竞价放大量甚至是巨量，之后全天缩量，基本是高开后股价震荡下跌的走势，主力出货的概率较大，第四幅度上午量能较大但是比较分散没有构成量堆，尾盘有强劲的量堆，上午在不断拿筹码，尾盘快速拉升获利，很可能是短庄所为。

虽然不同上涨逻辑的股票所展示的形式是截然不同的，但是资金牵引、人性驱动的核心动因是有规律可循的，所以无论多大级别的行情都逃不掉资

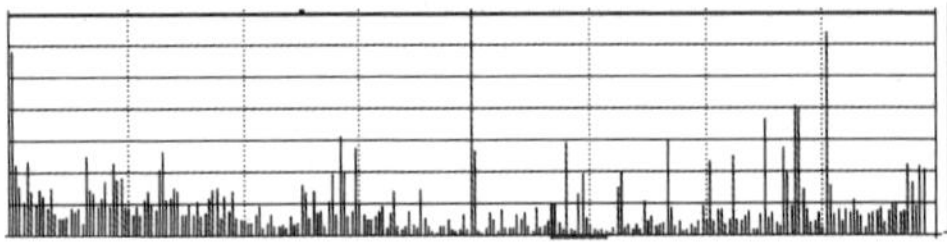

图一

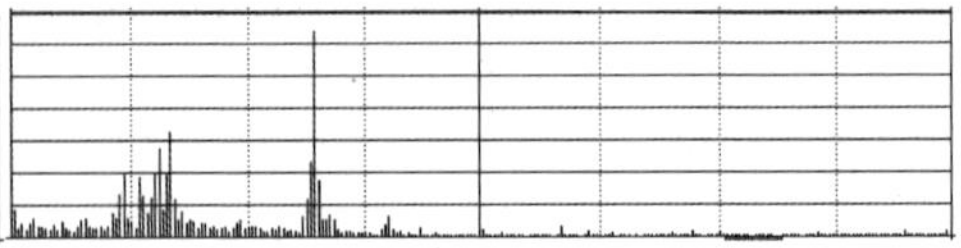

图二

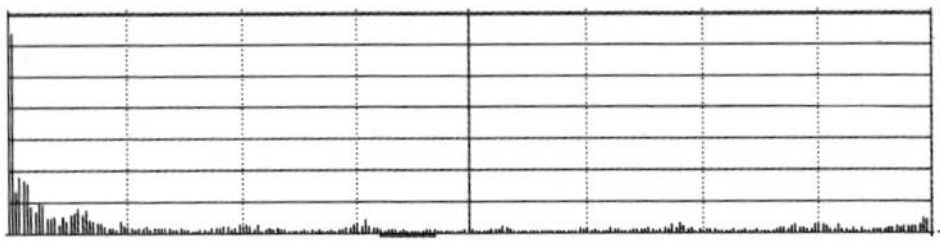

图三

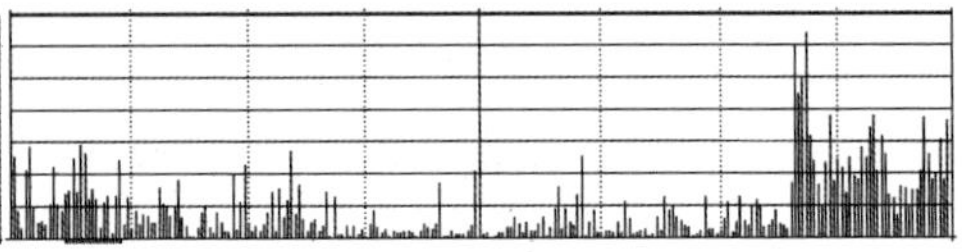

图四

金进场、主动推高、再到资金出逃的过程。重庆百货在上涨之前经过了几个月的横盘蓄势，该横盘期的K线对应的分时走势是非常值得关注的，只有出现过连续性场外资金进场快速抢筹的横盘期才有研究价值。

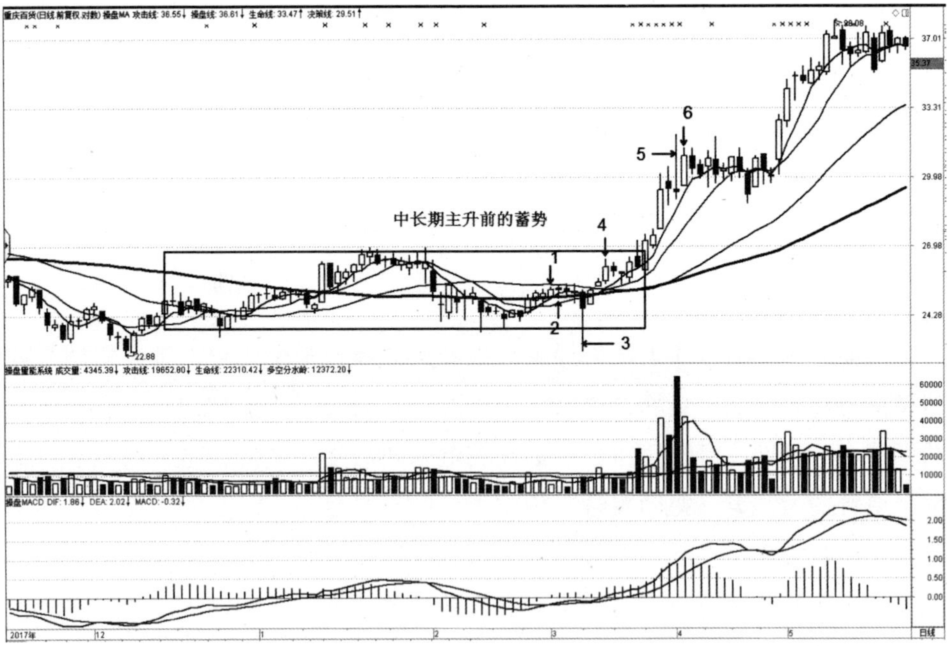

重庆百货（600729）2017年11月16日—2018年5月23日日K线走势图

在近4个月的横盘时间里，我们要持续关注每天股价的变化，以及寻找是否有强势资金参与的信号。在分时走势图中一旦发现有攻击波的频繁出现就值得我们关注，因为即使是冲击型攻击波的出现也说明是有资金在主动性买入，这对我们分析当下主力所在的成本区有重要意义，因为主力的成本区就像是它的命脉一样，死守主力成本区一定会让你获得丰厚的利润。

下图左边的分时图中全天有明显的脉冲波，可能因为量能不足所以不是引起我们关注的重点，不过尾盘的拉升动作是非常值得我们关注的。分时图上有明显的量峰和量堆出现当天收盘在红盘区以上，这就是给我们提供的第一个异动信号。下图右边的分时图中的异常信号一样出现在尾盘，关键的信号点在于放量。每天的早盘和尾盘都是主力资金偏好的时间段，因为这两个点是决定当天 K 线性质的关键。

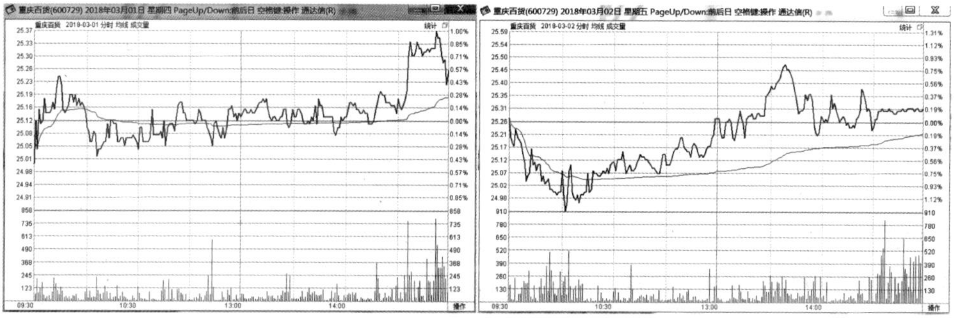

重庆百货（600729）2018 年 3 月 1 日和 2 日分时走势图

在上文的 K 线走势中最容易被我们关注的就是那根长下影线了，它是一根非常明显的标志性 K 线。在此之前股价在分时盘口中有出现过抢筹的迹象，但是因为技术形态还没有有效修复，所以说还没有出现最好的拉升时机，股价还处于反复震荡实现在尽量低的成本下吸筹的目的。下图左边的分时图是长下影当天的走势，从波形的形态上不难看出股价已经处于相对控盘状态，虽然当天股价的震荡比较大，除了两次刻意向下打压的波形外股价的走势非常不连贯。但是单从分时图的走势上是很难看出当天的日 K 线上是留下下影线的，因为这是一种非常典型的老鼠仓行为，不是所有的下影线都会发生老鼠仓，但是只要出现了下影线就值得关注并加以深度分析，因为一旦确认是老鼠仓的行为后，这个下影线成为波段低点的概率会被大大增加。

在长下影线的次日，股价走出了小幅拉升，虽然给投资者的感觉是股价运行较弱，但是从当天的日成交量上看已经在缓慢放量了。股价在波段低点到真正有效突破的这段时间是很难被投资者发现的，因为走势往往都是在这种悄然进行中完成修复的。在特殊的位置，一根不起眼的K线也会扭转乾坤，成为一根有着决定性作用的K线。

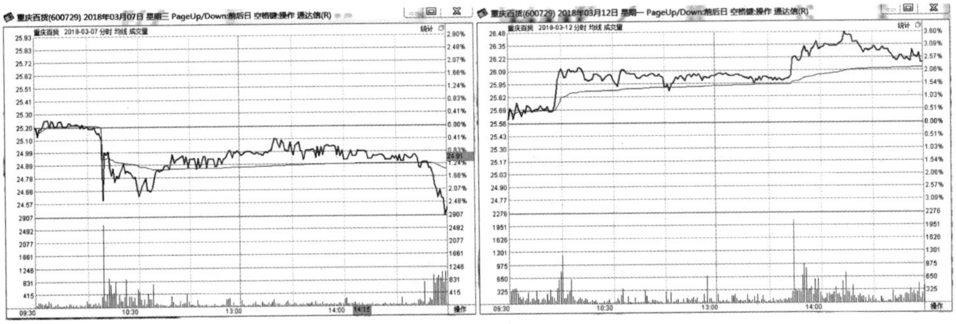

重庆百货（600729）2018年3月7日和12日分时走势图

上文分析了一根下影线，还要分析一下在它上升趋势运行过程中的另外一根重要K线的分时走势——长上影线。下图左边的走势图是重庆百货在拉升过程中出现的一根上影线，早盘的拉升让市场对它的走势充满了无限的期待，但是从当天上攻过程中的量能上就会发现，股价在不断创新高的过程中并没有较大的成交量放出，这对于一个在早盘想要强势拉升或者想要涨停的股票来说是不太可能的，因为没有强烈的做多意愿是不会走出强势拉升的。当天股价最高到7.3%的涨幅后开始震荡下跌，最终收在了绿盘，也就是说当天从最高点到收盘下跌的幅度超过了7%，这发生在上升趋势中是不正常的，基本可以确定股价要进入阶段性的调整中。

虽然前一天股价遭到了严重的抛压，但是在第二天却出现了一根中阳线，似乎对前一天得出的股价即将进入调整期的结论有所怀疑。但是从第二天分时图和全天的K线走势上不难发现，成交量已经开始出问题，在多方遭到打压后，如果没有强势的做多资金进场是很难维持持续性的上升趋势的，该中阳线上攻动能不足而且没有创新高，股价依然会处于调整状态。

智能自控的走势和重庆百货的走势截然不同，因为重庆百货的走势是周

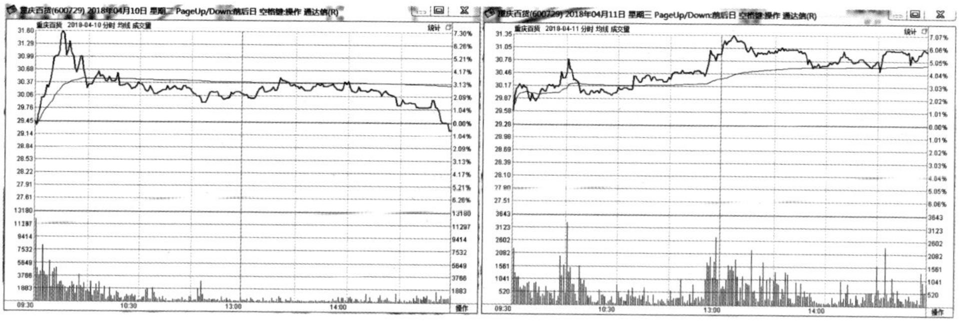

重庆百货（600729）2018 年 4 月 10 日和 11 日分时走势图

线级别的，而智能指控最多是 60 分钟级别的，也就是说背后的牵引资金的实力截然不同，想要操作的时间也有很大的差别。重庆百货是有几个月的横盘蓄势期的，这里足以让股价完成充分换手，但是智能指控是处于单底反弹的位置。在 2018 年的上半年，除了中小创的反弹行情外，操作的机会并不大，而在该反弹行情中均是以超跌后主力资金快速进场、拉升、出货为主的。

智能自控在经过一轮超跌后股价缓慢爬升，均是以弱势 K 线为主，虽然 K 线的实体在不断变强，但是前期密集区的压力依然是股价形成上升趋势必须要考虑的要素。单纯从技术形态的支撑和压力的角度分析股价的走势成功率是有限的，必须要充分结合主力资金的动向进行分析。

下图左边的分时图对应的是上图 K 线走势图中下方标注 1 的 K 线。在超跌后的底部，股价有走出小圆弧底的迹象，虽然前期 K 线均以弱势为主，但是从这一根开始，分时走势图中已经有明显的异动，早盘开盘不久就出现了强势的长波拉升的动作，最大涨幅有 7%，但是之后股价并没有维持在相对高位，而是开始震荡下跌，最终的涨幅收在了 2% 左右。

更值得引起关注的是，这样的长波拉升不是偶然性行为，在第二天再次出现，而且无论是发生的时间还是波形上都如出一辙。要引起关注的是，虽然股价前期是以弱势 K 线为主，但是一个波段下来也有可观的涨幅，如果是弱势资金参与的反弹行情，此时出货的概率会非常大的。不过仔细研究这两天拉升后震荡下跌的波形就会看出，股价这两天整体的量能并不大没有快速出货的迹象，最重要的是盘口的走势上，震荡下跌的过程是没有快速放量的，

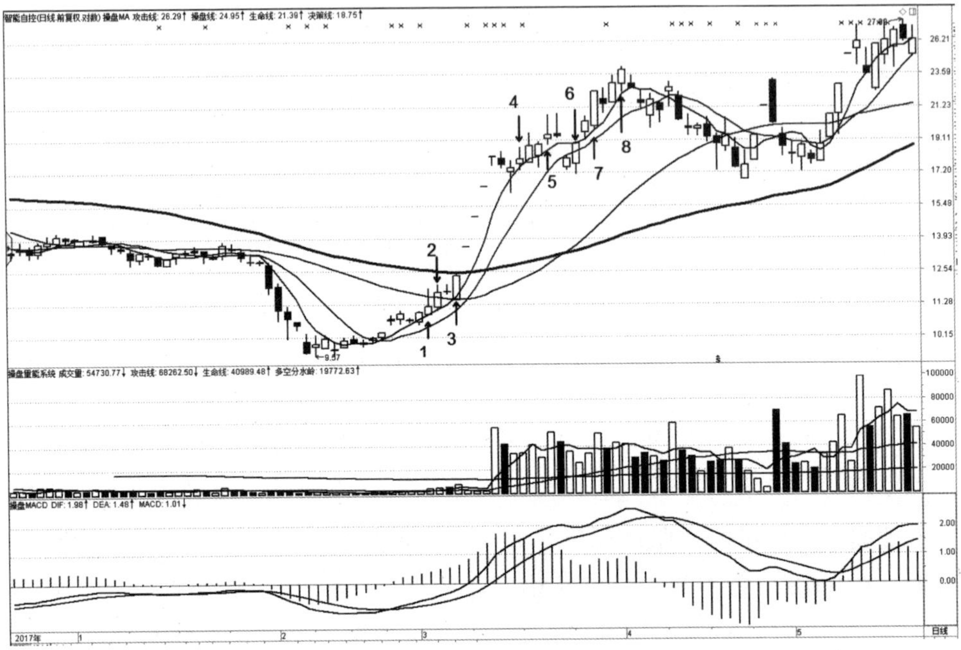

智能自控（002877）2017 年 12 月 21 日—2018 年 5 月 21 日日 K 线走势图

所以排除了前期进场资金出货的可能，同时也就得出了新的结论：强势资金开始加快吸筹进度，正在拉高建仓，同样的手法在 2017 年的方大炭素上也出现过。

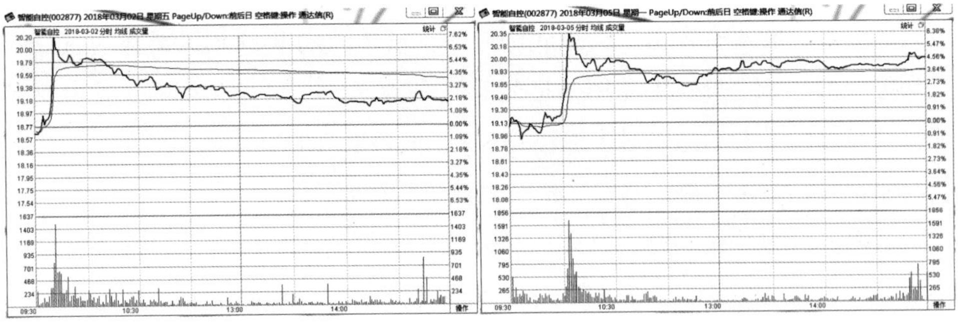

智能自控（002877）2018 年 3 月 2 日和 5 日分时走势图

判断股价有强势资金在抢筹一定要引起我们的注意，因为抢筹只有一种可能，就是再不拿到足够的筹码就会错过最好的拉升时机，或者就是好的拉升时机已经出来了，必须快速拿到筹码，以保证在拉升的时候获得充足的收益。

下图左边的走势图是出现两根抢筹K线后走出过一根十字星后的K线形态，在图中标记为3的K线。从该大阳线的分时图中得到信息，股价正在稳健、健康地上涨，市场上做多资金的一致性非常强，丝毫没有遇到前方阻力开始调整的迹象，更没有主力资金将要出货的痕迹，所以此时开始有试探性仓位进场了。

对于操作智能自控最大的遗憾就是没有给到非常合适的加仓机会，这是最典型的强势资金操作的股票，他们从缓慢吸筹到快速吸筹，当你觉得自己仿佛看懂的时候股价遇到了重要压力位，所以你会选择等待回调，可是股价非但没有回调反而以一字涨停板的方式强势上涨，不给跟风者一点机会。

下图右边的走势图对应的是连续一字板后的大幅调整K线，在上图中标注为4。在经过了一个大幅上涨的波段后，必然会有资金开始兑现筹码，所以盘中拉升后的震荡幅度明显变大。分析盘口的走势就是研究资金的细微变化，从这些细节中找到强势资金的蛛丝马迹。同前两幅分时图中拉升后的震荡相比，在阶段高位的分歧开始变大，对于散户来说，可操作性开始降低，我们一定要学会开始控制仓位，避免在这个位置盲目参与。

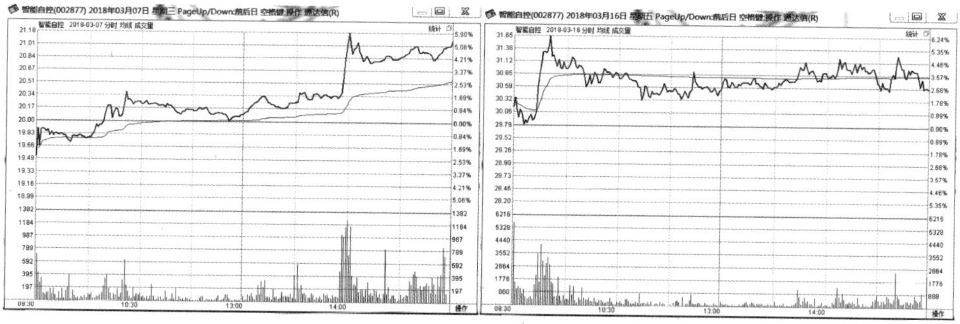

智能自控（002877）2018年3月7日和16日分时走势图

当股价运行到阶段性高位后，分时盘口的分歧也开始变大。下图左边的走势图中股价有强势冲击过涨停，但是封住的时间不足15分钟，最终选择震荡向下，该走势图同上一根 K 线的走势图非常相似，都是具有筹码兑现性质的分时走势。但是在该走势之后，出现了下图右边走势图的走势，该形态更多的是资金在缓慢吸筹的信号，但是出现的位置不太对，仔细看分时盘口的量能就知道，场外资金进场的量能是不足以牵引股价持续走强的。

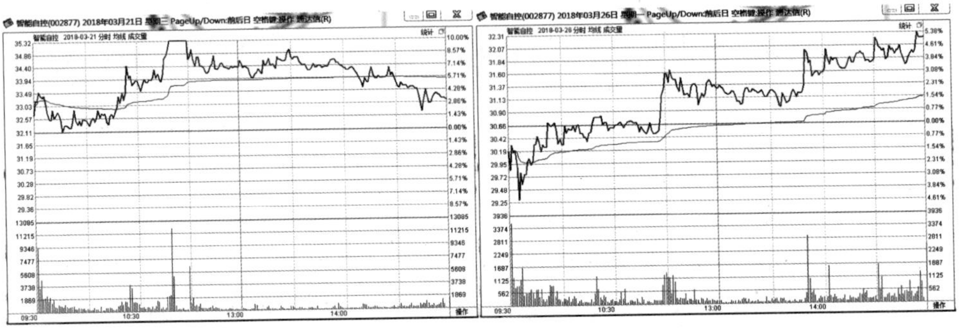

智能自控（002877）2018 年 3 月 21 日和 26 日分时走势图

请牢记主力资金都是在上升中出货的，所以在最后的出货区股价还会上涨，甚至还有涨得更疯狂的迹象，目的就是为了让你相信它不会跌，只有这样才能实现出货的目的。涨停板除了作为主升行情的重要构成外，还有更重要的作用就是出货！下图左边的走势图就是涨停板出货，下图右边的走势图的拉尾又是一种非常明显的诱多性行为所以在高位出现这种不健康的信号时，就要求我们要回避风险。

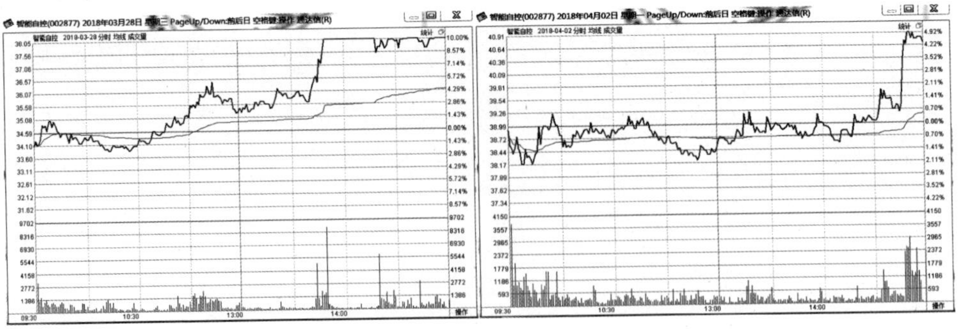

智能自控（002877）2018 年 3 月 28 日和 4 月 2 日分时走势图

第二节 支撑压力

分时盘口上的价格走势和在K线上的运行是一样的，每个转折的点位可能会遇到支撑和压力，所以对分时走势上支撑和压力的分析，是研判主力资金动向、寻找买卖点的重要因素。分时盘口的支撑和压力分析会比K线上的更快、变化更多，因为分时走势可以看作更小周期的K线图。在用15秒的走势做股指期货时更多运用的就是支撑和压力的原理，但是并不建议大家去参与这种交易，这是一种在市场规则足够健全、参与者足够多的时候才适用的一种交易方式，在对交易者有着非常高要求的同时必然会有很大的利益诱惑。

顶点软件的这一波也是超跌后的上升行情，很容易找到主力资金参与过程中的痕迹，这对我们分析股价后期走势和执行交易会有很大的帮助。36.79这个最低点出现后股价进入了缓慢爬升的通道中，只是这个通道的级别只是在60分钟或者30分钟上。如果你有认真地看过上文的内容就明白，从底部起来的第一个弱势上涨波段并不是要我们交易的，只是给我们判断股价可能见底的信号。

在这个波段的运行中股价站上60均线，也就是完成了股价从空方像多方的转变。之后股价和60均线的关系就至关重要了，一旦能够确认60均线多空分水的作用明显，后市行情可期。第一个小通道的上涨波段完成后股价运行了一个标准的ABC结构，无论是A的低点还是C的低点全部止跌于60均线，在C的低点出现强势涨停板大阳线来修复整体的走势。此时在技术形态上不难判断，股价已经有了充分的止跌迹象，从涨停大阳线的分时走势中不难发现，股价当天有明显的抢筹迹象，也就是说在重要的压力位，股价不但没有受到抛压导致持续下跌，反而有资金进场在推高股价，就说明股价已经进入了加速吸筹阶段。

从该段行情的走势中不难发现，股价后期走出的是快速拉高出货，然后股价快速见顶下跌的走势。这种出货的方式非常常见，是保证参与的主力获得最大收益最有效的方法。在这种位置股价会出现大幅震荡，值得关注的是每一次上涨都会增加一次主力资金急切兑现筹码的可能。

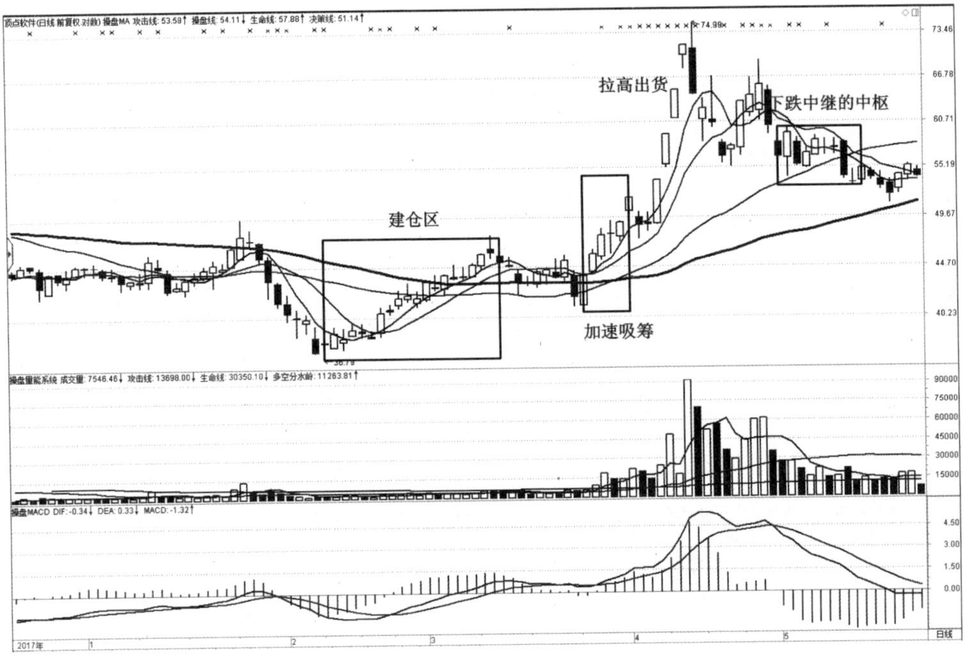

顶点软件（603383）2017 年 12 月 20 日—2018 年 5 月 23 日日 K 线走势图

K 线走势中圈注的几根 K 线是股价见顶后转为下跌过程中的一根小的中继形态，在分时走势图中对股价支撑和压力的分析能够更早、更有效地判断股价后期走势的。下图是股价在分时图上的 10 日连线走势图，对于趋势的转变、形态和结构的分析同 K 线走势图是一样的。

首先在经历了开始的一次下跌后，股价构筑了小双底形态，且股价在突破前期颈线的位置快速放量呼啸而过，也就是说此时没有形成大的抛压阻碍股价的上涨。股价运行到前高点后受到实质性和心理上的压力，之后股价快速下跌再次回到前期的底部横盘区。虽然股价止跌后缓慢上涨，但是新的通道已经明显说明股价的上涨动能开始减弱，所以很快股价就跌破了通道的下轨，而且在跌破时还出现了向下的跳空缺口。

股价在前期的底部形态上方展开了宽幅震荡，也就是说股价重心的变化直接决定支撑和压力的转化：支撑被突破后变成压力，压力被突破后变成支撑。当股价向下突破前期的颈线位的时候确认了新的下降趋势的成立，在该运行中对下降趋势线不断修正，直到会形成新的底部。

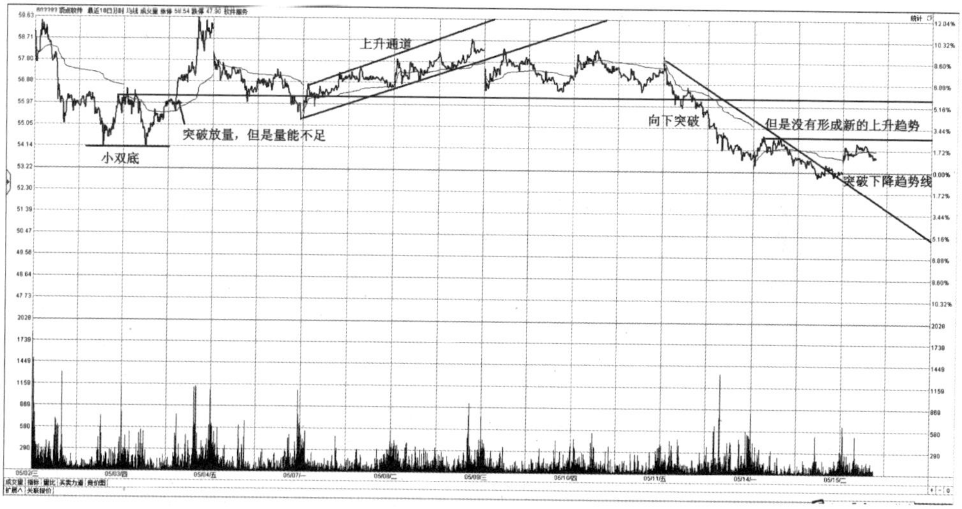

顶点软件（603383）2018 年 5 月 2 日—15 日连续的分时走势图

朗博科技上市后在经过了 13 个一字板后进入了宽幅震荡状态。该震荡期股价走出了非常明显的收敛形态，虽然成交量逐渐萎缩，但是股价的重心在不断上移，最重要的是在该过程中 K 线的实体越来越小，这是一种非常明显的能量聚集信号，在《股市立论与财富革命》一书中会深度讲解 K 线实体变小时带来的交易信号，它对股价后期方向的选择会起到决定性的作用。

对于次新股在本书的第一章有分析过，次新股对资金是非常敏感的，一旦是经历过充分换手和蓄能的，做多资金的进场就会成为行情的引爆点。传统的技术分析中，会一再和大家强调对收敛形态的突破，此时的量价关系对新趋势的形成是非常必要的，也是我们研判真假突破的核心要点。

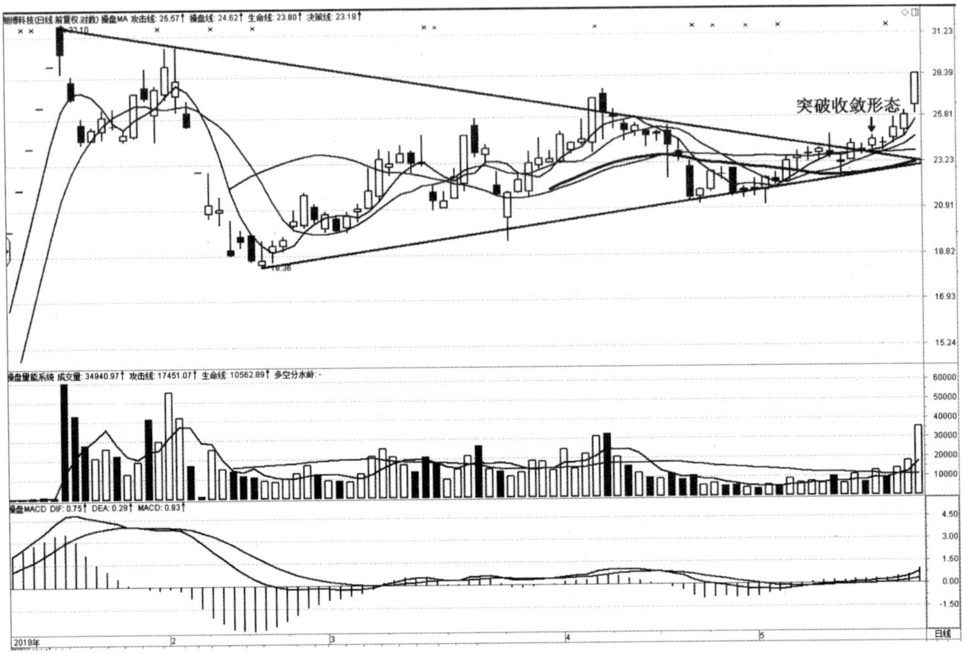

朗博科技（603655）2018 年 1 月 11 日—2018 年 5 月 23 日日 K 线走势图

上图中最后 10 根 K 线的分时走势图如下，该连续的走势是一个标准的坐底、上升趋势形成的过程。在对长期收敛的底部构成突破的时候确认了第一根趋势线 1，此时确认了上升趋势的形成，但是股价做多的动能并不是很强，股价上涨的角度较平缓，但是随着股价不断创新高，所以要对上升趋势线进行不断修正，以保证在上升角度不断陡峭的过程中能够及时跟随行情的变化。

趋势线的作用不是让我们迷信于它能够预测股价，而是能够及时有效地识别形态和趋势的演变。所以道氏理论在市场上的应用不仅适用于美股也适用于 A 股，不仅适用于几百年前，也适用于现在和未来，就是因为它用最简单的方式诠释了市场的核心逻辑。交易很多时候要求我们足够简单，返璞归真，最终你一定是收获最大的，因为市场的浮躁导致我们在面对股价变化的时候很难做出准确判断。

朗博科技（603655）2018 年 5 月 10 日—2018 年 5 月 23 日日分时走势图

第三节 吸筹盘口

一直会和我们学员强调，不要买没有主力建仓的股票。如果你对江氏操盘天机有所了解，那么对于强势资金吸筹一定有深刻的认识。因为参与股票交易最重要的就是找到自己要跟随的标杆，要么是趋势，要么是资金。

吸筹盘口是对判断主力资金吸筹区域最重要的辅助要素，尤其是想中长期控盘的资金，吸筹不是一天就能完成的，一定是在某个或者某几个区域内，日积月累才能够拿到他们想要的筹码。所以如果在一段时间内发现有吸筹或者抢筹迹象时，就是值得我们关注的信号。主力资金作为场外资金想要进场交易的时候，必须足够小心，一定要避免引起股价的大幅波动，因为此时是最脆弱的，一旦引起对手的关注很容易让自己前期的筹码尽数丢失。每一次选择的建仓点都是主力资金在做了充分分析后选择的天时地利人和点，一旦失守就必须等待下一次这样的点位出来，对于大资金操作者来说资金成本更为重要。

上柴股份的走势无论从主力思维的角度分析还是技术形态的角度分析都非常标准。股价前期经过了 ABC 的下跌后企稳，在 C 浪的下跌过程中走出的是快速超跌的走势，之后股价快速拉回到超跌之前的平台区，然后就在原平台的位置进行震荡，此时也让各周期均线再次聚合在一起，并且也出现了明显的异动 K 线。从走势中可以看出，股价在围绕 60 均线震荡的过程中逐渐形成了启动大多头行情的预备形态，所以此时的阳量引爆就是新的上升趋势的开始。

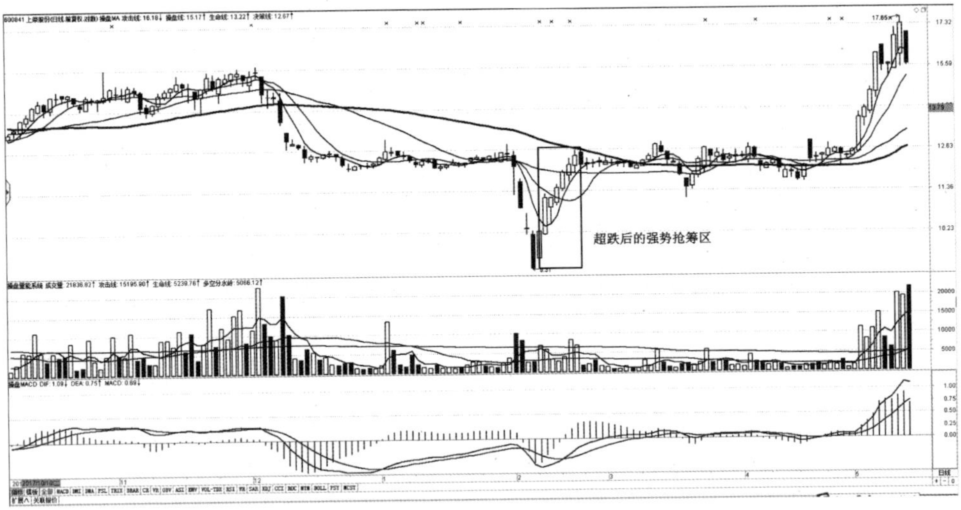

上柴股份（600841）2017 年 9 月 29 日—2018 年 5 月 15 日日 K 线走势图

本节要分析的是吸筹盘口，上柴股份的吸筹是一种非常典型的拉高吸筹，具有重要的分析价值，是抢筹的典型代表，更是我们捕捉强势股的重要依据之一。

下图左边分时图是 K 线图上下跌完毕后第一个涨停板的走势。虽然盘中的波形有些呆滞的迹象，但是股价的几次伴随成交量明显放大说明有资金量在进场。前一天股价还是一根大阴线，此时大阳线无疑是宣布空方动能基本结束，至少要进行构建底部形态的走势。下图右边分时图的走势同样值得关注，上午股价以横盘小幅震荡维护，但是在下午出现了两波非常明显的放量拉升，这是对昨天涨停阳线的有效补充，再次展现了多方强烈的做多意愿。

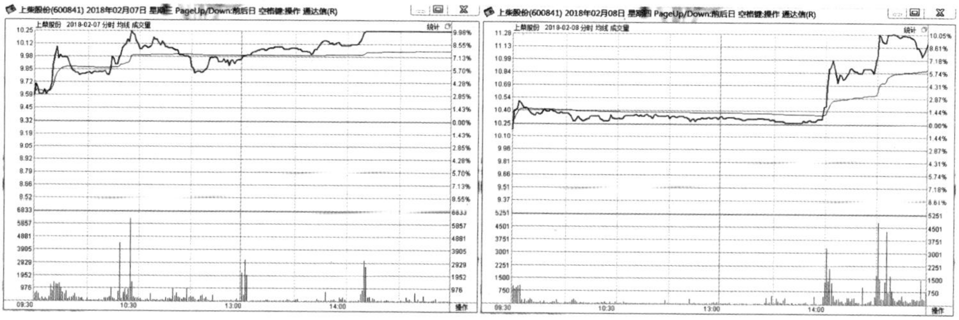

上柴股份（600841）2018 年 2 月 7 日和 8 日分时走势图

两天的上涨为市场注入了活力，就在大家拭目以待第三根阳线的时候，盘中受到了强烈打压，而且全天大部分时间都是在相对低位横盘，就在大家对前两天的阳线开始质疑的时候股价开始放量拉尾，股价最终收在了红盘区。下图右边的分时图是拉尾后的走势，虽然当天没有大涨，但是全天的量堆形态比前几天更为明显，充分说明场外资金的关注程度越来越高。

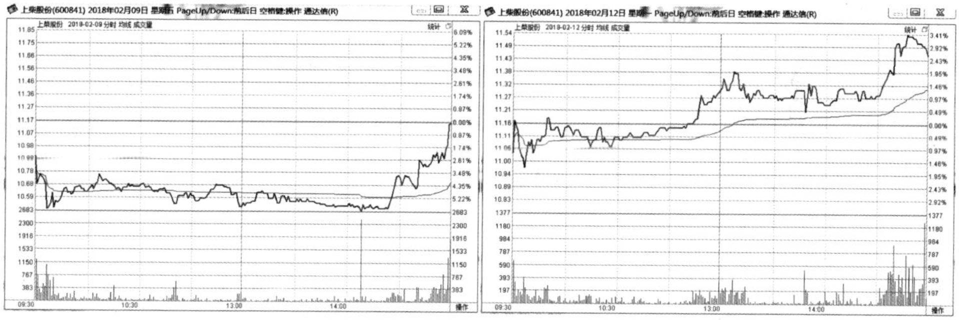

上柴股份（600841）2018 年 2 月 9 日和 12 日分时走势图

下面是第五根阳线的走势，前期的放量和量堆充分地展示出了参与资金的实力，但是从形态上看股价处于超跌后的反弹或者反抽，虽然目标空间可以看到前期的横盘区 12.3 左右，但是在股价走出来之前我们是很难判断它会以什么样的方式涨到 12.3，因为我们不是主力，只有主力自己才会知道。甚至即使是主力自己在完成这个拉升波段之前也很难确定自己就是一定以连续 7 根阳线的方式拉升到前高点，因为市场时刻在变化，他们也需要即使做出调整以应对市场的变化。

下图右边的分时图是第六根阳线，股价在中午用10分钟左右的时间快速从跌2.6%拉升到涨3%。操盘手都比较清楚，中午11点之后大家盯盘的动力会大打折扣，这个时候的拉升可以有效避免跟风盘的抢入，所以这个时候快速拉起基本上可以在尽量小的成本拿到尽量多的筹码。

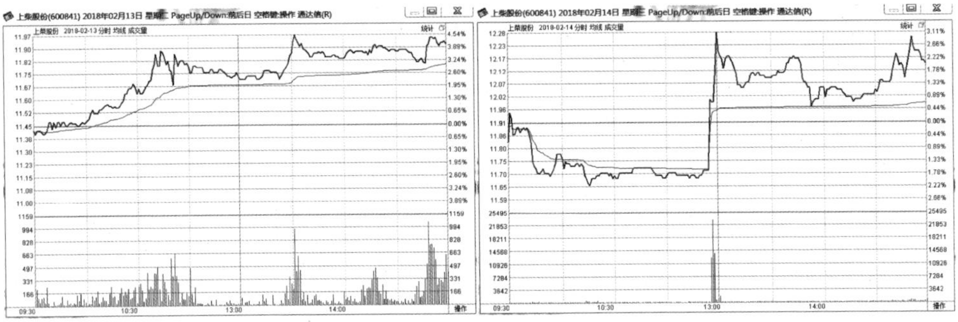

上柴股份（600841）2018年2月13日和14日分时走势图

下图左边的分时图是这一波拉升过程中的最后一根阳线，从股价波形的构成中可以看出又是以呆滞波为主，股价上涨的冲力并不足。最重要的是上冲动能的不足是较前6根阳线相比得出来的结论，也就是说虽然都是阳线，但是在运行中已经开始出现细微的变化，分析股价的走势就是关注到这些细微的变化，进而判断不同周期的转势点。下图右边的分时图从上涨转为下跌，是对前期连续上涨的终结，此时7连阳已经到了前期的重要压力位，大趋势的重要支撑和压力一半都会形成小周期的实质性拐点。

上柴股份（600841）2018年2月22日和23日分时走势图

从对上柴股份超跌后的修复性行情的分时走势中可以发现，强势抢筹的分时中必然伴随堆量和攻击型量峰出现，这才是场外资金进场的标志。

第四节 出货盘口

虽然一再强调识别出货和洗盘是在主升段能够坚定持仓的关键，但是市场和主力的操作手法一直都在调整和改变，所以在市场的大环境不同时主流的洗盘和出货手法就会进行调整。这也是我们通常会遇到的 3 个月前用的这个洗盘模型在 3 个月后不管用的原因。如果我们在分析股价趋势、运用操作模型时只关注形上的变化而忽略了它的实质就很难应对市场的变化。

资金是对人性的反应，市场中大部分股票当下处在的位置是截然不同的，所以大部分股票在低位和大部分股票在高位时，市场的人气氛围是不一样的。比如说 2018 年上半年市场整体是以弱势震荡为主，参与的资金并不多，各版块一致性上涨的几率不大，但是依然妖股不断，因为资金有限，大家不愿意再分散交易，只能看准了热点使劲拉。

诚迈科技是一只典型的集次新和热点为一体的妖股。同上柴股份相同的是都是在前期的弱势横盘后经历了一波超跌，之后股价开始对前期的超跌形成有效修复。上柴股份修复后是经过了一段时间的横盘，但是诚迈科技却是在 4 天连续下跌的强势洗盘后就启动了主升行情。在后期的连续 8 个涨停板的运行中完成了弱势市场环境下的有效逆袭。

对于诚迈科技的分析焦点一个是在遇到了前期高点后的洗盘，一个是在 8 个涨停板后的出货上。对于股评家来说，在股价已经走出来后分析是非常简单的，但是如果要指导我们的实盘交易，就需要我们对在重要位置出现的重要信号做出理性、客观的判断。

诚迈科技在遇到前期长期的横盘整理区的时候回撤是正常的，无论是洗盘还是技术性调整都是大概率事件，此时的减仓或者离场都是对的，但是此时的卖出行为并不代表我们认为这只股票就不会上涨，只是在这个当下股价受到前期的抛压较重，向下的概率会更大。所以此时的卖出反而要求我们更关注卖出后的走势，因为前期超跌修复完成后，就说明它已经有明显的场外资金进场，所以股价随时会出现调整到位的信号。

对于 8 个涨停板后的出货其实并不需要过多阐述了，如果 8 个涨停板后的股票还是你的主要狙击对象，那么你对市场还需要有更深层次的认识，因为你对于最起码的位置概念都不清楚。本节会着重和大家分析下出货的盘口，一旦再次遇到阶段性高位出现的出货盘口，一定是我们避而远之的，因为强势资金是不会选择在这个位置建仓的。

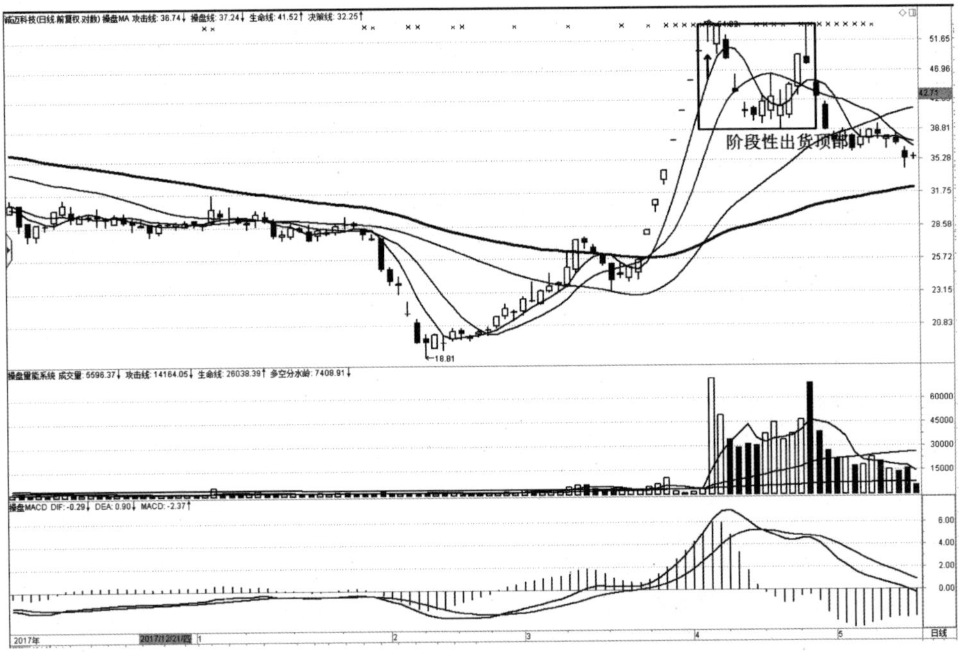

诚迈科技（300598）2017 年 12 月 1 日—2018 年 5 月 15 日日 K 线走势图

上图 K 线走势图中的箭头对应的就是下图左边的分时图，是上升趋势末期最后一个涨停板的分时走势图。虽然市场中“烂板也能成妖”的迹象越来越明显，但是分析烂板还是要结合位置，面对风险的时候绝对不能掉以轻心。在股价已经运行出了 1 倍以上的利润空间后，此时的获利盘随时会有出逃的需求，所以此时的烂板成为主力资金出逃的概率会变大，尤其涨停板打开的幅度超过 5% 的，一定是风险大于机会，此时不适合买进，考虑的应该是何时卖出。

通常情况下，涨停板的次日股价至少会有一次冲高的行为，但是下图右边的分时图中不难发现，股价当天直接以低开低走为主，也就是前一天的涨停板根本没有带来任何做多的动能，其实问题关键还是出在前期的 8 个涨停板上，此时获利盘已经盆满钵盘了，市场的风吹草动带来的就是让他们不计成本地抛出手上的筹码，两天的分时走势在此给股价所在的位置进行了定性，所以接下来一定是以宽幅震荡为主。

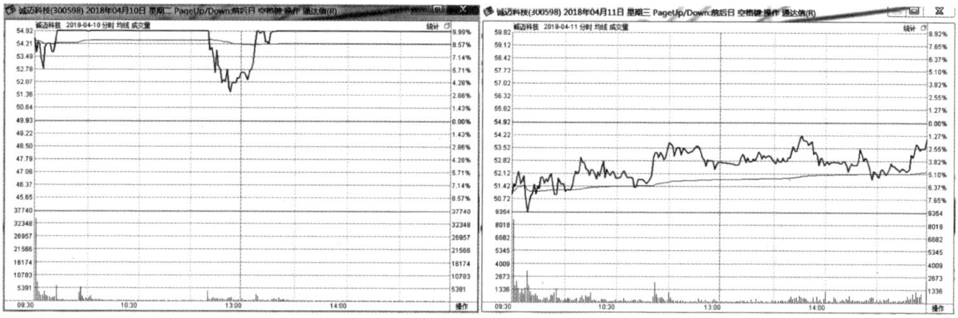

诚迈科技（300598）2018 年 4 月 10 日和 11 日分时走势图

在对最后一个涨停板和这个烂板次日的阴线分析后已经给股价进行了定性分析：无买入机会。虽然很多股票在连续涨停板或者强势上扬之后经过短暂的调整还会上涨甚至创新高，但是即使能够在这个位置获得收益也是刀尖舔血，很难实现长期稳定的收益。之后的走势出现了连续的两个跌停板，都是在早盘大幅低开后反复折腾几下被拍在了跌停板上。虽然这两天整体的量能较前两天有所萎缩，但是很明显较涨停之前比依然是大幅放量。在高位买卖双方的分歧加大，这种分歧将会带来股价的巨幅震荡，而最能够给我们带来盈利的是趋势的一致性。

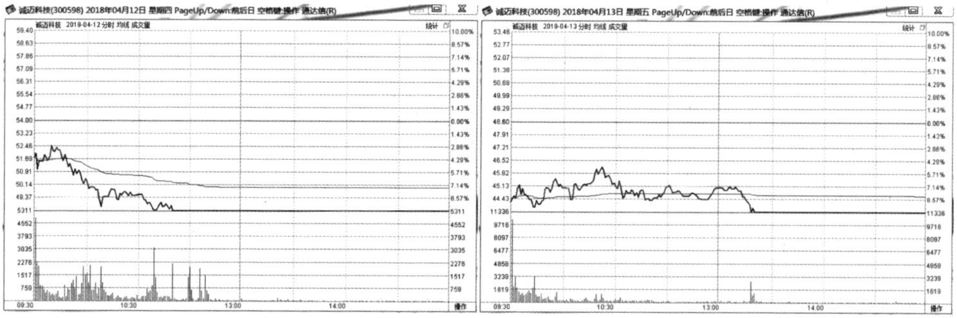

诚迈科技（300598）2018 年 4 月 12 日和 13 日分时走势图

两个跌停板已经让股价的空头氛围很浓了，所以继续下跌的概率非常大，虽然这个时候的股价随时会有强势逆转的可能，但是盲目下赌注只会让你的筹码越来越少，股价在没有真正企稳之前是不宜看多的，直到确认性止跌阳线出现。下图右边的走势图股价进入了宽幅震荡状态，而且从成交量上可以看到已经有了明显的下跌放量，但是上升推动时并没有放量的走势，也就是经常说的虚涨。

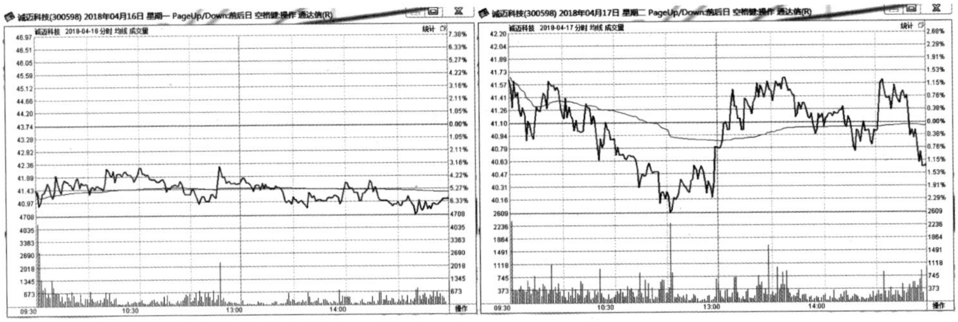

诚迈科技（300598）2018 年 4 月 16 日和 17 日分时走势图

虽然前一天股价虚涨的迹象明显，但是已经没有像之前那样强势下跌了，反弹在即。下图左边的走势图是诚迈科技见顶后的第一次有效反弹，这对于前期急于进场站岗的散户来说就像救命稻草一样，期待着能够解套。虽然从形态上股价开始反弹，但是从量能上可以看出，股价在强势上攻时的量能是不足的，也就是说没有给前期的套牢盘充分解套，这时股价没有能力走出强势的新的上升趋势。

虽然当天最大涨幅有 7%，但是尾盘的下滑注定了次日的低开，多空的分歧在此演绎得淋漓尽致。次日的走势中股价创了前一天的新高，但是在分时图上再次走出了上涨乏力的双头形态，此时的操作周期一直在降低，言外之意是确定性的机会一直在减少。该位置的股价依然会有盈利机会，但是要知道此时赚钱的难度有多大！

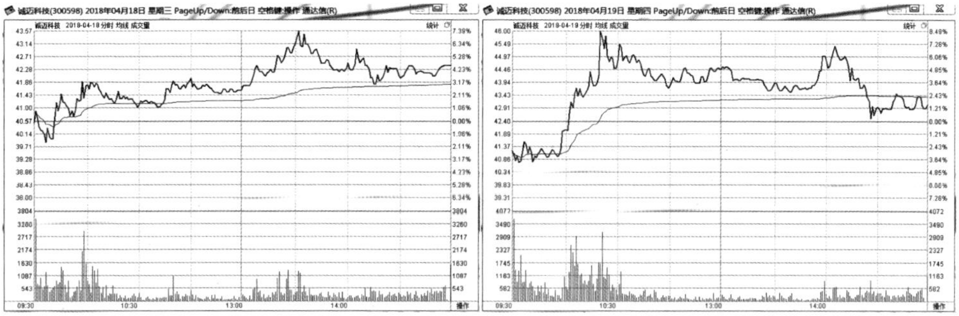

诚迈科技（300598）2018 年 4 月 18 日和 19 日分时走势图

本节讨论的焦点在于出货的盘口，想要更好地理解出货一定是要站在人性的角度上才能够分析清楚。股市中任何一个时间点上，都会同时存在看多和看空的人，当然先不考虑涨停板和跌停板，所以不要指望在这两种极端的静态情况下建仓或者出货。但是却可以通过制造动态的涨停板和跌停板进行骗现或者骗筹，因为这两种极端的现象会引起参与者心态上的重大变化以实现主力的目标。此外，还有一种最经典的现象就是巨幅震荡，因为巨幅震荡必然会带来参与者心态上的变化，当心态不稳定的时候就会更容易被市场的假象所欺骗。

下面的两幅图刚好一正一反完美地诠释了股价在分歧过程中出现的巨幅震荡。左边的走势图是向下打压后的巨幅震荡，右边的走势图是向上拉升后的巨幅震荡。此时的主要目标是希望散户积极进场，在向下打压的时候是想让你去抄底，上午的时候还坚定看空没有进场，在股价不断创新低的过程中不断感慨自己的英明，但是下午的拉升时就开始捶胸顿足了。涨 3% 的时候还坚持住不断告诉自己股价在诱多，但是涨 6% 的时候总是会忍不住想追一下。

就算当天管住手了，依然会因为第二天的连续上涨而感觉不是滋味，看着一次又一次新高的出现再次下定决心突破买进，但是殊不知股价在错失位置优势的时候会大大增加操作的风险，通常情况下很多散户是无法识别这些风险，更没有及时规避这样风险的能力。

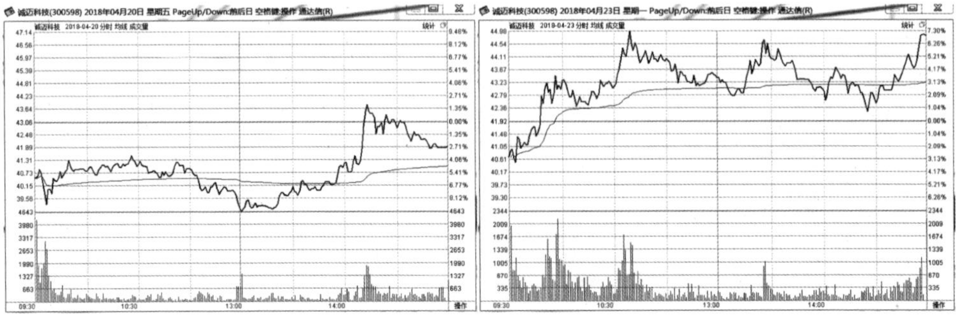

诚迈科技（300598）2018 年 4 月 20 日和 23 日分时走势图

无论是前一天还是前两天买进的，都会非常庆幸，因为股价连续创新高，而且又走出了涨停板，这是参与弱势股票时很难有的体验。下图左边的涨停板股价开始接近前期的高点，在右边涨停板形成的时候刚好到了前期的高点，此时是否封住涨停板将会直接决定它是否延续成为妖股。但是有过前面的分析基本判断的出此次股价再创新高强势上行的概率并不大，因为市场上的分歧太大了，强大的做空动能是不会让股价继续上涨的，所以及时兑现、规避风险！

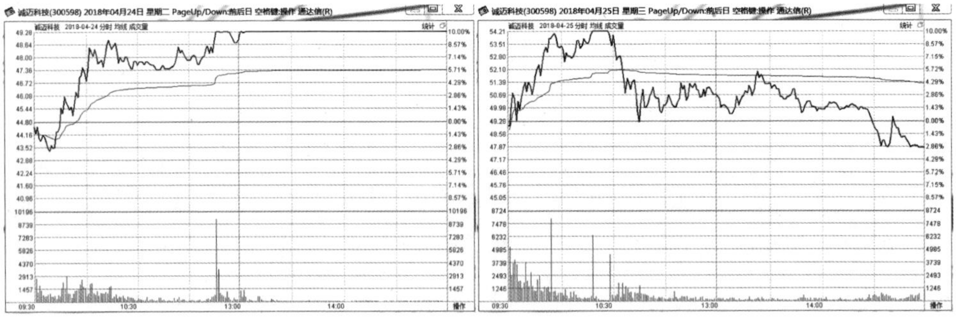

诚迈科技（300598）2018 年 4 月 24 日和 25 日分时走势图

很多朋友判断是不是高手的标准就是能不能判断股价的最低点和最高点，这是一种非常幼稚的表现，因为如果能够判断最低点和最高点的话他真的就是神了。我们通过运用各种分析方法，能够判断出来当下是处于吸筹、洗盘还是出货就已经很不容易了，如果把焦点过于放在细枝末节上很有可能会错失大局。

投资箴言

当股价在相对低位的时候，上涨的概率较大，此时不宜盲目止损；当股价在相对高位的时候，下跌的概率较大，此时不宜盲目买进。参与交易一定是参与大概率事件、放弃小概率事件。在小概率事件中挣扎也会有盈利，但是所花费的精力成本较大，问题是一旦踩到了小概率事件的地雷很可能带给你灭顶之灾。

经典答疑

提问者：上海的蔡女士【2018 年江氏精品操盘手班学员】

如何分辨洗盘和出货？我非常关注热点，很容易买到大牛股的，但是问题是每次都不能赚足，很多时候都是卖完了还有一大截的利润，比如科创新源在 5 月 14 日早晨开盘的时候抢入，5 月 16 日的时候卖掉了，也觉得这只股票好，但是后期再次启动的时候就不知道怎么买进了。

回答者：君洁老师

对洗盘和出货的区分是让很多投资者最头痛的问题，因为兵不厌诈。但是单纯地从技术形态的角度上来区分它们是有难度的，比如说没有跌破 5 日均线的是洗盘，但是第一天没有跌破第二天跌破了呢？所以分析洗盘和出货要求我们对主力行为进行深度分析，也就是说要综合各方面的信息后才能判断洗盘还是出货，绝对不能犯以偏概全的错误。

首先强调第一个问题，如果你只是做短线，只操作自己能够看懂的行情，那么洗盘之前会给到你一个小波段，这是市场给你的肉，照单全收就好了，但是同时你要学会放弃你看不懂的，也就是放弃洗盘之后的行情。如果捕捉一只大牛股不容易，还想从后面的强势行情中分一杯羹，那么就要学会分析洗盘还是出货。因为对于洗盘的分析针对不同性质的趋势会发生的方式是不同的，在这里和大家分享下基本的洗盘原则，更多的案例可以在课堂上和大家分享。

判断是否为洗盘的要从以下几个方面来分析：

（1）前期是否有场外资金进场？资金是否强势？

（2）主力的成本区在哪里？到当下的获利空间有多大？会满足主力资金的要求吗？

（3）这只股票是不是当下的热点？

（4）有没有跌破 5 日均线？

科创新源在你卖出的时候刚好遇到前期高点的抛压，此时的卖出行为也是对的，因为不确定后期股价会以什么方式进行调整。但是股价出现了放量的高开低走大阴线后，只是一个跳空低开后股价就被拉了回来，而且并没有改变 5 日均线向上的角度，也就是说虽然出现了一根看起来那么强势的大阴线，但是实际上股价依然处于上涨状态。后期的连续三根阳线继续维持股价的重心在 5 日均线之上，这是一种非常强势的表现。最重要的是在前期的一个较大的上涨波段中有明显的成交量放出，对应的进场资金的均价在 35 元左右，出现洗盘 K 线的时候股价还不到 40 元，只有 14% 的利润，此时主力资金一定还没有离场。

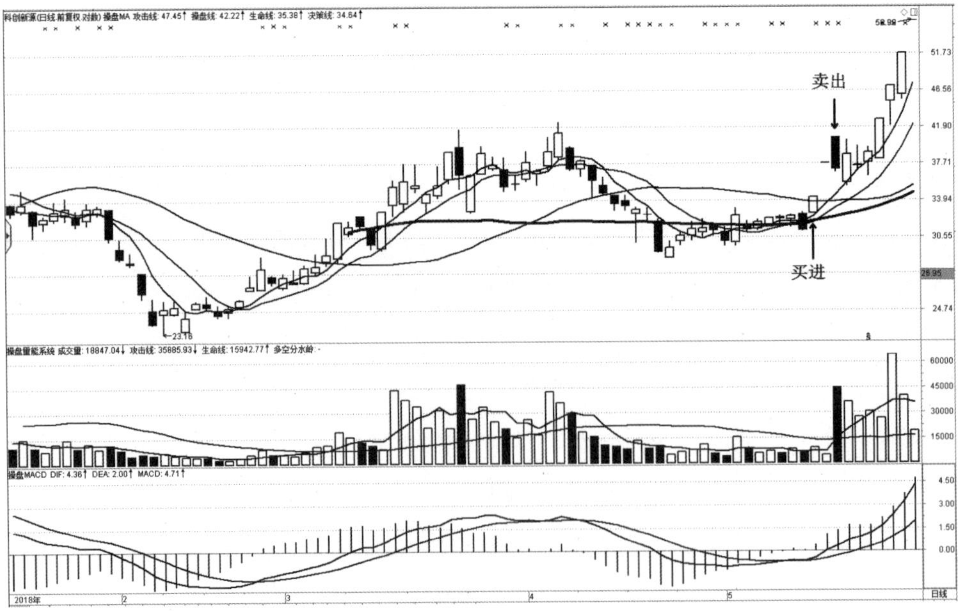

科创新源（300731）2018 年 1 月 18 日—2018 年 5 月 25 日日 K 线走势图

如果在股价回踩 5 日均线的时候不敢买入，在涨停大阳线再次出现屡次突破前期 K 线的高点时要敢于追高，因为此时不断创新高后，股价的上方是没有任何压力的，后期上涨的空间也比较大。所以遇到洗盘时，如果前期卖掉了，那么在股价屡创新高的时候就是再次买进的时机，因为此时已经把前期的所有套牢盘都解套了，又是上升的初期，股价上方几乎没有太多的压力，后市可期。

[本章小结]

本章讲述了分时盘口的变化传递给我们的重要信息，无论是从主力思维的角度还是技术分析的角度上，分时盘口的变化都会给我们的交易决策带来不可或缺的信息。

分时走势的支撑和压力同 K 线的支撑和压力一样，它们会构成趋势运行和顶底转化的重要依据，自然会对交易决策有着重要的影响：支撑被突破就变成压力，压力被突破就变成支撑。

长时间有场外资金积极吸筹的盘口是我们选股的重要依据，我们作为顺势者一定是跟随造势者的足迹，所以没有主力资金建仓的股票不是我们首选的标的。

在阶段性高位出现的拉升后快速打压都会伴随有主力资金出货的行为，这样的股票不是我们首选的标的，即使有上涨也不是我们要博取的收益，我们要参与的是相对低位启动、有明显强势资金参与的标的，因为我们不是造势者。

[思考题]

1. 为什么要分析分时走势？分时走势的变化对我们交易的影响大吗？
2. 分时走势上的支撑和压力如何指导我们进行买卖？
3. 吸筹盘口和出货盘口的特征是什么？他们和股价位置的关系是什么？
4. 当你判断股价见顶时，如果股价再涨 20% 你还能坚持你的判断吗？
5. 当你判断股价见底时，如果股价再跌 10% 你还能坚持你的判断吗？

第五章

操盘手巧用均线

均线是主力作盘的标尺，更是在低位骗筹、高位骗现的工具。上百年来投资者对这个工具的不断钻研，发现了很多规律，不过随着市场的变化，这种规律也在不断地被打破。操盘手关注均线，问题不在于均线的参数是多少，而是它带给我们对股价变化背后含义的思考。

第一节 均线系统

在江氏交易天机的整个系统中，主力思维无处不在，这也是江氏操盘哲学系列丛书的灵魂所在。在证券市场上有所斩获的投资者中，都会逐渐建立一套属于自己的交易系统，因为只有一套成熟的交易系统才能够应对市场的千变万化，才不至于成为这个市场中昙花一现的流星。在本节要和读者讨论的内容有两个方面，一个是主力操盘，一个是均线系统。

A 股最大的特色无外乎于无处不在的主力资金，虽然监管越来越规范，但是和成熟的证券市场相比，A 股还处在成长期，在逐渐走向完善的过程中也面临更多的机会。大资金的积极参与经常会不可避免地影响股价的运行，A 股最大的特征就是这种不可避免的行为发生的频率太高。大资金进出市场一定比普通投资者更有计划性，不会盲目地进进出出，均线就是大资金在交易过程中制定交易计划的重要标准之一。

重要均线的命名和其真正的含义如出一辙：攻击线的周期最短，变化最快，趋势性行情发生时一定要有攻击线打头阵才能够保证行情的强势；上升趋势中一旦股价跌破操盘线说明主力资金不想维持短期的上升趋势，下降趋势中一旦股价站稳操盘线就能说明有短期行情的机会；如果股价都没有站上生命线就说明股价暂时还没有生命，短时间内很难有大的行情机会；决策线是一根重要的多空分水岭的均价线，一旦股价跌破决策线中长期趋势转为空头，暂时不具有操作机会。

关于江氏操盘的四根均线已经做过多次介绍，可以参阅《黑马在线》，本书则是从短期、中期和长期均线的角度解析均线背后的含义，以及在不同时期均线相互配合时该如何确定更准确的交易点位。

1. 短期均线

通常是指3日均线或者5日均线，其变化速度最快，当股价发生趋势性转折时，短期均线会最先发生变化。在上升趋势中一旦股价出现了滞涨，短期均线会最先走平，呈现出上涨无力的走势；在下降趋势中一旦股价出现了止跌，短期均线会最先走平，呈现出下跌无力的走势；在横盘震荡期间，股价维持持续性在短期均线之上或者持续性在短期均线之下的时间不长，股价会围绕短期均线上下波动。

上文描述的是日线上的走势，横盘震荡走势是分级别的。震荡的幅度不同，股份围绕波动的均线周线也就不一样。当振幅小的时候，围绕波动的均线周期就小，当振幅大的时候，围绕波动的均线周期就大。

2. 中期均线

中期均线所指的均线通常是根据不同投资者的持仓风格来决定的，我们通常会把10、14、20、30作为常用的中期均线。一旦股价在中期均线之下，说明中期没有好的多头机会，如果短期均线也同时向下，则股价可能还会继续创新低。所以股价在中期均线之上不会有操作机会，一定是等待股价站稳中期均线后，短期均线向上攻击才会形成有效趋势的启动点。

3. 长期均线

我们通常把60、120、250作为长期均线参数，具体根据操盘者的风格不同最终所选择的参数也就不同。通常情况下我们选择的是60均线，并把它作为多空分水岭，在选股的时候股价还在长期均线之下的就不会成为我们首要关注的标的，只有站稳长期均线之上的才会考虑。当然这是指在用均线系统作为选股工具时候的做法，如果你操作的是超跌的反弹行情当然不能用这种方式进行选股。

隆盛科技前期在经过了一次连续一字跌停板的超跌后在底部展开了震荡，

但是并没有有效站稳60均线。如果你是趋势交易者，股价之前的涨涨跌跌和你的操作关系不大，因为最多会出现异动的信号，但是不会给到你交易的信号，因为股价没有站稳60均线。这是一个标准也是一个铁律，只有用这些标准和铁律过滤掉大批不满足条件的、小概率会上涨的股票后才能够保证操作的成功率，才能够实现稳健盈利。

下图中有进行标注，股价是以一根强势涨停大阳线站上60均线的，虽然是涨停大阳线，但是股价并没有持续强势上涨而是展开了回落，因为此时的60均线还没有拐头向上就是长期的技术形态还没有有效修复，只能在股价回落的过程中去寻找更好的上升趋势的启动点。

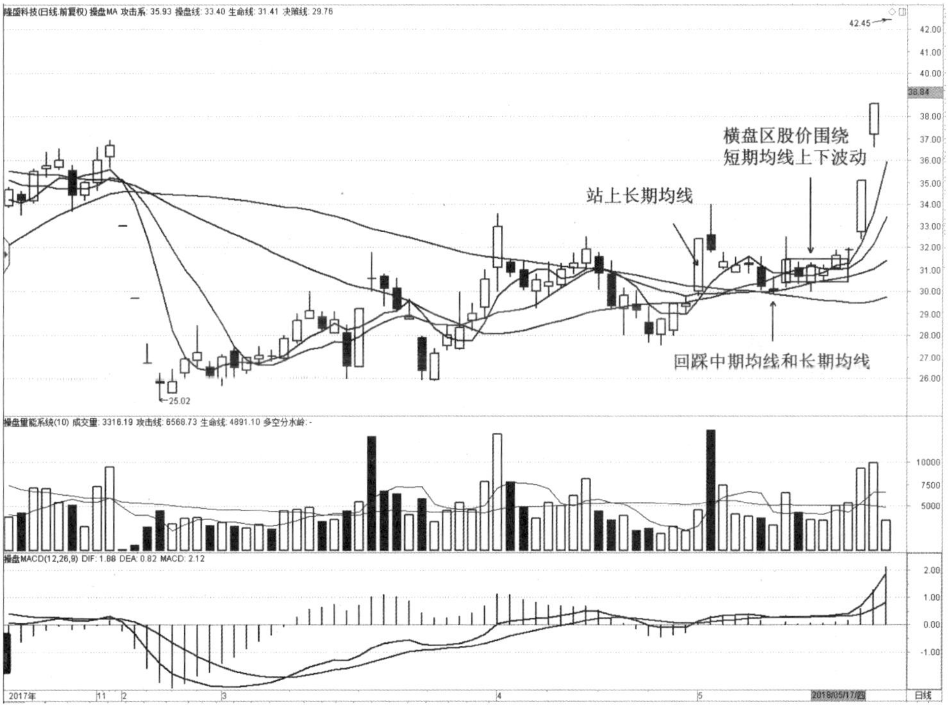

隆盛科技（300680）2017年10月23日—2018年5月25日日K线走势图

股价站上长期均线后开始回落，受到了中期均线和长期均线的有效支撑，此时是最应该引起我们注意，而且最值得我们参与交易的位置。虽然股价没有立刻上涨，但是股价的重心不再下移，而是通过在中期均线上方反复震荡进行横盘的方式进行蓄势，在各周期均线呈现多头排列且逐渐开始拐头向上的时候，就是上升趋势的启动点。

如果你能够充分理解不同周期均线之间的关系和含义，它们的缠绕足够你搭建好自己的交易系统。上文分析的隆盛科技关于均线的走势就是用均线系统进行交易最有效、实战作用最强的一种模式：站稳长期均线后，股价回踩中期均线，股价带动短期均线开始上攻。

第二节　四大买点

买点是落实到交易时必须要考虑的问题，如果不能解决买点的问题，就会导致一次交易无从着手，没有明确、定量的买点的信号对交易的指导意义不大。均线最大的优势就是在股价无序的变化中能够给我们非常明确的信号。

葛兰威尔的均线战法一直被交易者津津乐道，它最大的作用是帮我们搭建起了用均线指导交易的系统。而江氏交易天机则是深入到股价运行背后深层次的动因上，从多个元素、多个方位来诠释股价涨跌的动因，进而锁定准确率更高的交易点位。

本节和下一节详细介绍葛兰威尔的八大法则，为了让大家更清晰地理解均线，我们只选取一根均线，10 日均线也就是操盘线进行分析，对一根均线的变化深入了解后就更容易理解多根均线了。

首先要分析的是葛兰威尔的四大买入法则。该四个买点是从趋势形成过程均线的变化进行展开的，同时它也是波浪理论在不同位置的时候形成的买点，所以只有在理解了趋势的形成和转换之后才能够更好地理解四大买点。在我的每本书中都会一再和大家强调位置，因为任何脱离了位置的交易点位都会大打折扣，甚至说就变成了一次赌博。如果你对江氏操盘天机有一些初步理解，那么请把你所理解的一切知识带入到葛兰威尔的八大法则之中，只有这样才能够更全面、有效地理解均线、理解位置、理解买卖点。

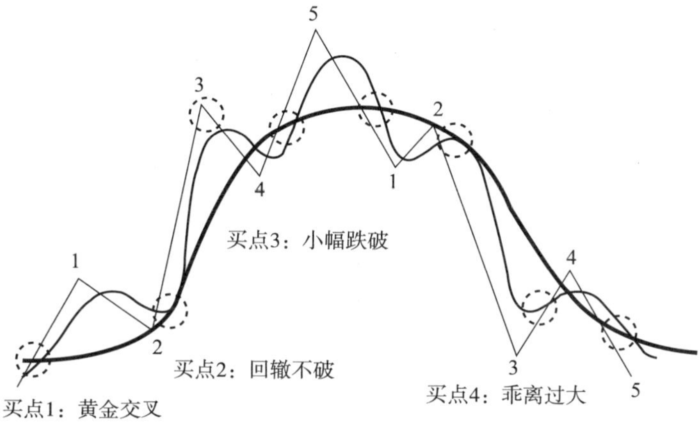

1. 黄金交叉

黄金交叉是指K线向上同操盘线形成的金叉，也就是操盘线从下降逐渐走平后转为上升，而股价从操盘线的下方向上突破操盘线时，为买进信号。黄金交叉的标准要求是当天的收盘价站稳操盘线。交易体系的构建不能只从单一的元素着手，一定是在充分理解量价时空的互补关系后才能让交易模型更完善。所以形成黄金交叉的时候，最好是放量的大阳线，而且它的内部结构越健康，股价后期上涨的概率就越大。

下图是联创互联剔除其他均线只留下操盘线的走势图，不难看出，在趋势性不是非常明显的情况下，股价会在操盘线上下进行摆动。请牢记不是因为我们选择了操盘线，这样的趋势会在均线上下摆动，而是股价的天性就是这样，它要么围绕某个通道进行运行，要么围绕某根均线进行摆动，能够找到这个通道或者均线是关键。

先看股价第一次站上操盘线的时候并没有带动操盘线拐头向上，而且从K线实体的强度上也不难发现股价上攻的强度一般，所以股价依然会以横盘震荡为主。原则上在股价回踩操盘线的时候就会构成一个买点，但是这个买点一旦是小周期上第五浪的启动点或者B浪的启动点就没有太大的参与价值，因为上方的利润空间有限。所以下图中股价第一次站上操盘线后的回踩不构成一个好的买点。

虽然股价跌破了操盘线进行调整，但是并没有创新低，这对趋势来说是非常值得关注的，我们要做的是等待新的进场信号。下图中特别标注的大阳线对操盘线形成了扭转，此时只出现了关注信号，我们需要等待股价有效回踩的时候出现买入信号。由 K 线图得知这次股价没有回踩操盘线，而是跌破了操盘线，但是股价在前低点和大阳线的开盘价的位置止跌了，尤其是第二天直接跳空高开高走的大阳线直接扭转了对该股价横盘整理的判断。次日股价直接低开回踩操盘线，此时会在小周期上构成买点，如果你是严格的趋势追随者可以等到股价创前一天新高的时候参与。

前面经过了一个完整的上涨波段后股价转为下降趋势，尤其是在大阴线超跌之后的反弹是非常具有诱惑性的，此时股价很容易以一种强势上涨的方式站上操盘线，但是此时操盘线基本是拐头向下，出现回踩也是第四浪或者反弹的 B 浪，所以没有好的操作机会。

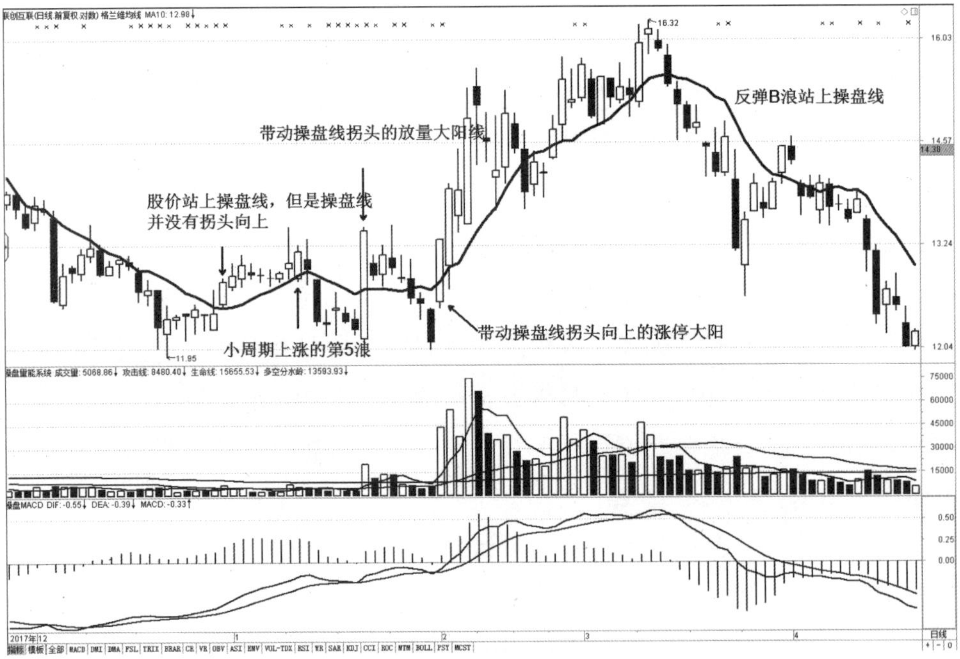

联创互联（300343）2017 年 11 月 28 日—2018 年 4 月 23 日日 K 线走势图

无论是上升趋势、下降趋势还是横盘整理期，不同股票都会以截然不同的方式运行，但是我们要明确的是哪种形式我们是能够识别和参与的，哪种是我们愿意放弃的，因为放弃是为了留下资金去选择更值得操作的标的。走势图中已经发现该上升趋势并不流畅，一旦进场点不是非常完美很容易被洗盘洗出来。

下图左边的走势图是出现的第一根大阳线的分时走势，如果你对股价的分时结构还没有充分了解可以看一下《庄散博弈》这本书，这是一种上涨不流畅、抛盘较重的一种盘口，也就预示着如果在短时间内没有充分的换手和主力的吸筹是很难走出强势、连贯性的上升趋势的。下图右边的分时图是上文中跳空高开高走涨停板的内部结构，虽然当天最终是封在涨停板的，但是涨停板被反复打开，主力震仓的意图非常明显，这就为股价后期会反复出现低开埋下了伏笔。

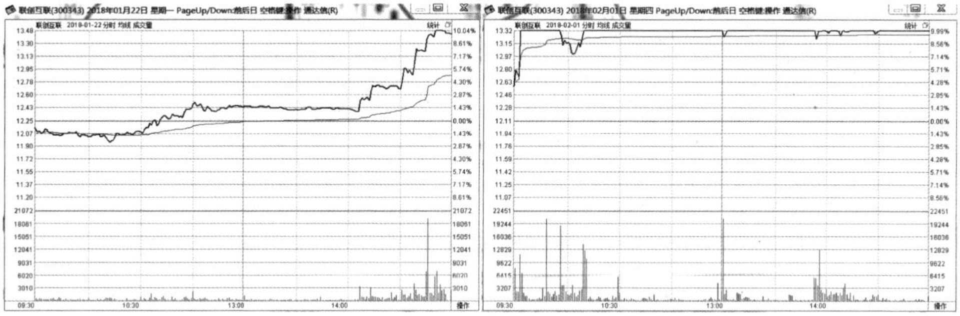

联创互联（300343）2018 年 1 月 22 日和 2 月 1 日分时走势图

大烨智能的走势较联创互联顺畅得多，在股价站上操盘线后就没有轻易跌破过，即使在洗盘的位置也只是短暂地跌破后再次收回。股价前期超跌后缓慢上涨，又是我们前面反复强调过的 2018 年上半年很多妖股和龙头运行的逻辑。超跌后股价以连续弱势 K 线的方式反弹到前期的整理平台后开始调整或者洗盘，给市场制造出一种上涨无力的迹象，但是大部分会在快速的回踩或者洗盘后强势拉升。

股价超跌后以弱势 K 线的方式站上了操盘线，此时操盘线没有出现拐点，所以暂时不能认为是买点，也就是说在下图中标注的第一根 K 线才有买入信号，之前两根小阳线是不具有买入参考价值的。交易时一定要严格遵守该规则，因为一旦你为了1%或者2%的利润而不遵守游戏规则就很可能犯大错。当然这是格兰威尔法则给到我们的交易信号，并不是江氏操盘天机给到我们的信号。如果你在对主力的建仓、洗盘和拉升有充分理解后，下图中标注的第二个点才是最好的买点。

详细分析大烨智能的洗盘方式，因为股价滞涨于前期的成交密集区后以任何方式调整或者下跌都是正常的，但是其中随时出现值得我们交易的操作机会。该洗盘过程是通过一个标准的ABC结构完成的，在弱势的反弹B的过程中注定了还会有一次下跌的C，在这样的位置出现这种结构的概率非常大，所以我们在参与的时候尽量回避弱势B的高点，如果不小心参与了要敢于在C出现后加仓。

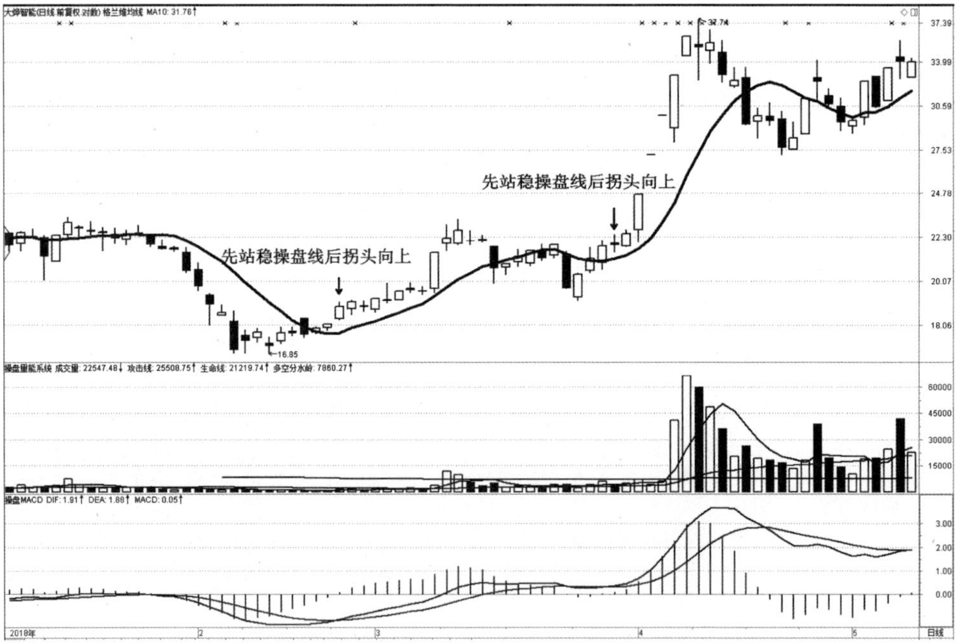

大烨智能（300670）2018年1月10日—2018年5月9日日K线走势图

下图左边的分时图对应的是上图中标注的第一根K线，虽然股价当天没有涨停，但是早盘的一个强势拉升波段已经充分说明当天有非常强势的资金在参与交易，这对使用第一个买点提供了有效的辅助作用。在我的系列书籍和课程中一再强调不要用单一的方法进行交易，一定是站在全局的高度，充分运用正确的思维方式全方位地分析股价才可以大大提高操作的成功率。

下图右边的分时图对应的上图中标注的第二根K线，这是一根振幅非常小的弱势K线，可以视为标准的十字星。虽然K线实体的力度不大，但是因为出现在了重要的位置，必然会起到重要的作用，因为它带动了操盘线的拐头向上。在趋势的运行过程中，尤其是上升趋势的初期，出现的十字星很可能成为加速站，所以只要是建立在对前期主力的建仓和洗盘进行过充分分析后，就是值得参与的。

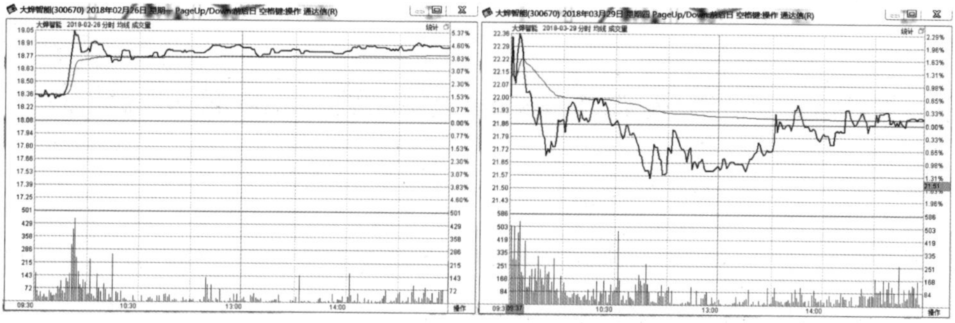

大烨智能（300670）2018年2月26日和3月29日分时走势图

2. 回撤不破

这是最好的买点。回撤不破是指股价站稳操盘线之后回踩不跌破操盘线，也就是说操盘线会起到非常重要的支撑作用，此时就会形成非常好的买点，此时可以积极参与加仓买进。重要的是次日的K线和成交量，只有能够显示是股价在上升趋势中形成的自然回踩才具有参与价值。

如果你对波浪理论和周期转换已经充分理解明白，该买点是小周期2浪的低点，它会带领我们参与到最强的主升浪，如果对于位置还有诸多疑问一定要认真阅读《趋势为王》这本书。下图中神力股份在超跌反弹的时候出现过一次回撤不破的走势，但是这个位置的买点并不是我们江氏操盘天机的买点，直到通过两次强势向下打压洗盘后，股价再次强势上行后回撤操盘线不破才会构成最好的买点。

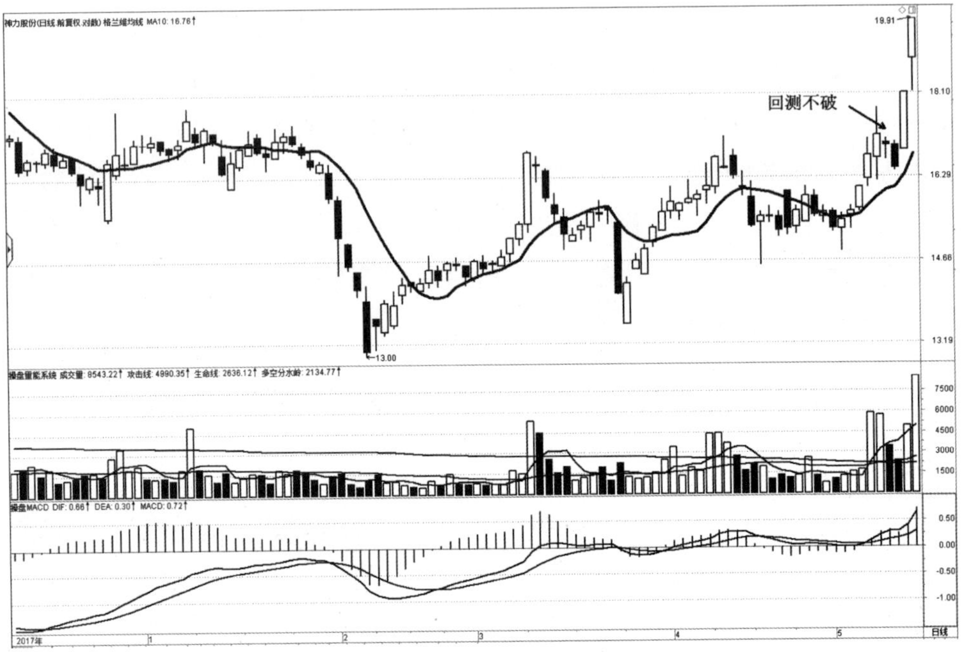

神力股份（603819）2017 年 12 月 11 日—2018 年 5 月 15 日日 K 线走势图

3. 小幅跌破

股价在上升趋势中回撤跌破操盘线，但是并没有构成实质性跌破，也就是说在跌破的时候要么跌破的幅度不大，要么就被快速拉回，起到了非常典型的诱空作用。此时股价已经有了一个波段的涨幅，获利盘开始涌出，需要这种诱空性的动作让获利盘出场，通常后续还会有比较好的上涨空间。

华谊兄弟从最低点起涨后出现过回踩操盘线，但是是以下影线的方式跌破了操盘线，随后就是大阳线快速修复。因为强势资金的参与程度还不够强，也没有快速拉升的信号，所以此时并不构成江氏操盘天机的买点。之后股价出现过两次洗盘，第一次是以连续 8 根阴线的方式完成，虽然股价非常明显地跌破了操盘线但还是快速修复，只是还不够强势所以没有好的交易信号。在第二次更深级别的洗盘时则不一样，股价 5 个交易日跌破了操盘线，随后以一根强势大阳线的方式修复的，这个时候可以从此时股价的位置，辩证地看待股价后期上涨的空间，再考虑是否值得参与。

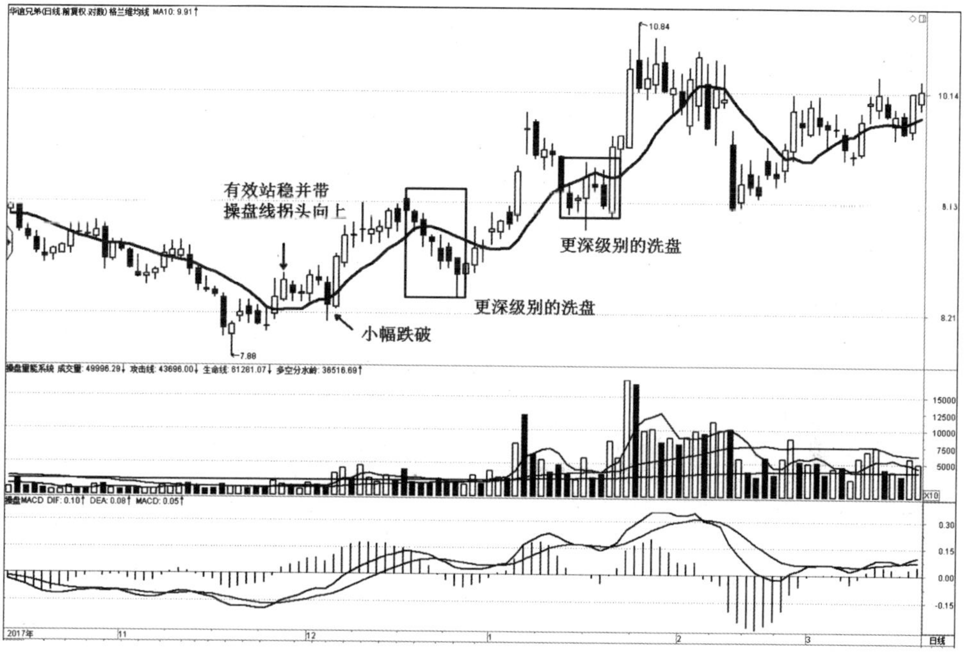

华谊兄弟（300027）2017 年 10 月 13 日—2018 年 3 月 20 日日 K 线走势图

小幅跌破会出现在股价的各种位置中，所以只有在对股价当前所在的位置做到了然于心的时候交易才会更有效地识别和应对风险。在大级别反弹的 B 浪要减少操作，因为此时股价已经丧失了强势上涨的动能和惯性，所以股价可能随时会出现回落，这种回落是会偏离技术分析工具的，也就是说不可控的因素会大大提高，那么对于我们来说放弃在这种位置的交易是最明智的选择。

最值得关注的小幅跌破就是洗盘，本书一直在强调洗盘和出货的区别，帮我们识别洗盘，能够尽量参与到洗盘之后更强势拉升的波段。所以在有明显的建仓迹象后，又是在没有明确的出货信号之前，股价出现快速下跌时就应该引起我们的注意。股价前期超跌后经过了小阳线缓慢推升的反弹行情后，连续 7 根小阴线跌破了操盘线，如果你对这种反弹加洗盘的模式已经很熟悉了，从第六根阴线开始就是不断加仓的机会。当然这和趋势理论是相悖的，但是如果你能够洞察主力资金的痕迹，你的所有交易行为都会先于趋势的形成和反转。

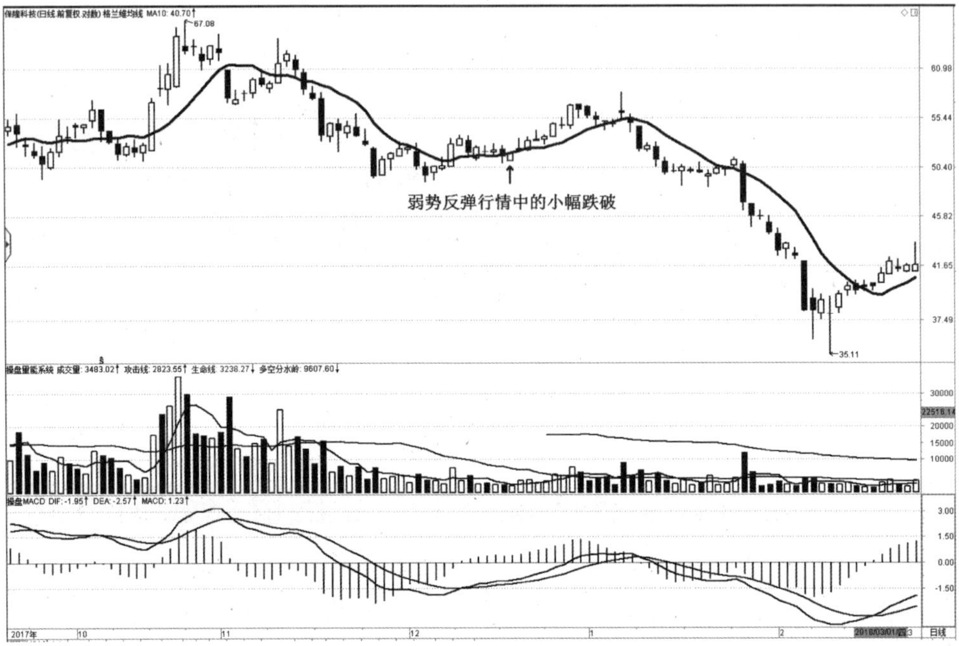

保隆科技（603197）2017 年 9 月 20 日—2018 年 3 月 2 日日 K 线走势图

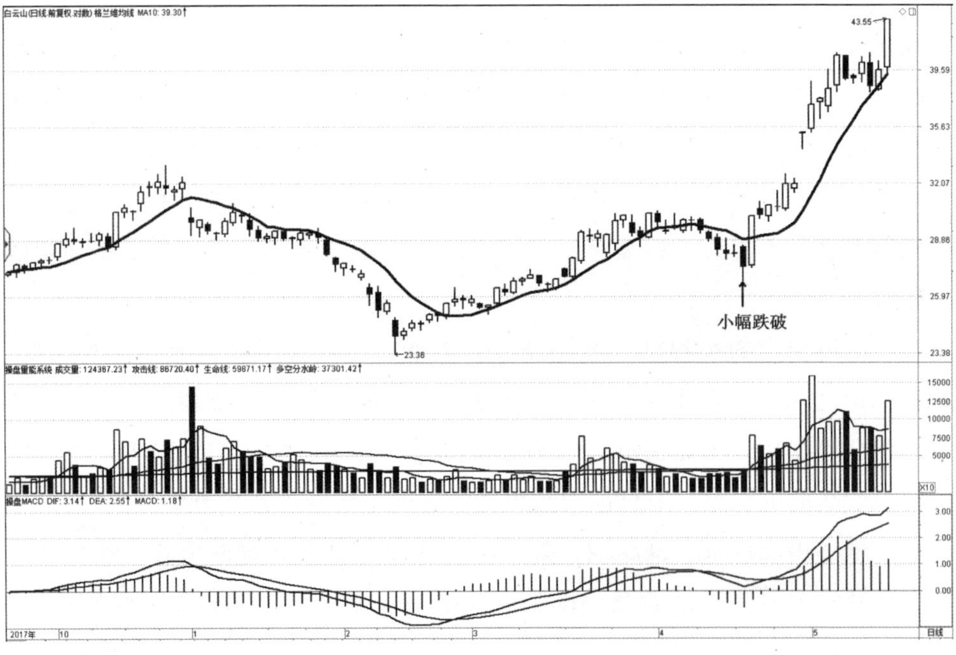

白云山（600332）2017 年 9 月 22 日—2018 年 5 月 15 日日 K 线走势图

4. 乖离过大

股价在操盘线下方，且同操盘线的距离较远，形成了非常明显的乖离的时候容易出现反弹行情。但是这种情况除非出现强势的大阳线止跌，否则股价走出强势反弹的概率并不大，而且该信号和趋势理论以及江氏操盘天机是相悖的。也就是说乖离过大的时候会形成买点，但是这个买点可参与的价值并不大，因为它失败的概率太高了。

在下图数据港的走势中，股价经过了一个非常强势的连续下跌过程，其间没有诱多的阳线所以在最终止跌的时候才会出现乖离过大的买点，但是从走势中不难发现参与乖离过大时尽管阳线的买点和金叉买点的盈利相差不到5%，但是它们所面临和要承担的风险是截然不同的。

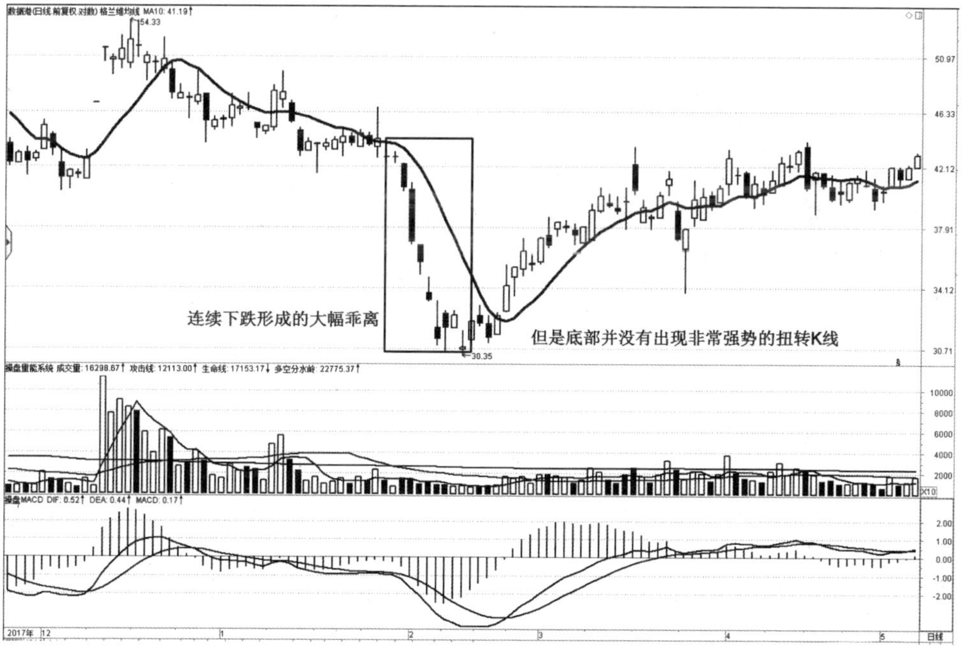

数据港（603881）2017 年 11 月 27 日—2018 年 5 月 8 日日 K 线走势图

第三节 四大卖点

卖点和买点是一个对称的关系，是构成一个事件的两个方面，对于一次完美的交易来说都是不可缺少的，所以根本不存在谁是师傅、谁是徒弟的说法。一再和大家强调，形成卖点的条件一定要比形成买点的条件更宽松，也就是说我们要有足够理由的时候才可以参与买入，葛兰威尔的四大买点配上我们的体系后只有第二个和第三个买点是值得参与的，不建议大家参与第一个和第四个买点。对于卖点则不太一样，通常只要发现异常的信号时就要卖出，至少先要清仓以锁定利润。因为和大家强调过，我们的交易体系更多的是投资式投机，并不是完全的投资，所以很少会出现持仓几年的情况，那么在短期出现调整需求的时候必然要规避。

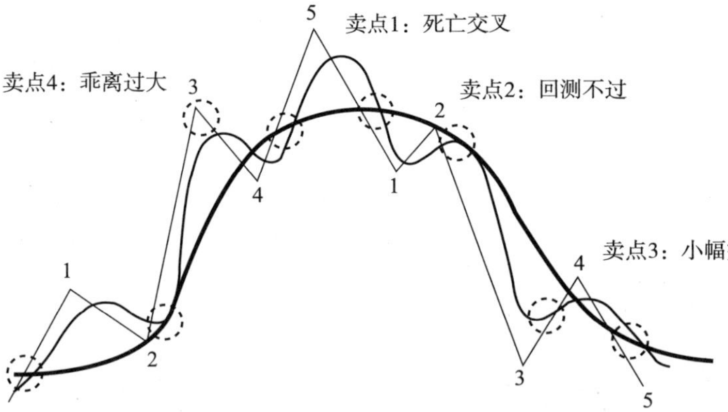

葛兰威尔的四大卖点和四大买点是对称，这也是导致了葛兰威尔八大法则在实战中的准确性不高的根本原因，因为市场本身就不存在对称的说法，而且股价上涨和下跌的逻辑是截然不同的，用脱离了实际情况的理论来分析股价就会显得脱离实际、可操作性不强。同样的对于四大卖点的理解也一定是建立在对波浪理论、位置理论有充分的理解之后，而且一对买卖点通常不会按照理论讲的一样规规矩矩，这要求我们在实战中要有能力应对股价的各种变化。其实股价的分析理论并不是非常复杂，问题是股价的真实走势会出

现很多变化和不规矩的情况，这就需要我们在理论的基础上活学活用，才能够做到真正地读懂、看懂股价。

1. 死亡交叉

死亡交叉是指股价和操盘线形成死叉的时候构成的卖点。在使用这种方法来指引交易的时候必须要清楚的是当下股价的位置，一个波段的运行是否完整，主力资金是否已经开始出场，只有在这几种情况下的死亡交叉才有意义，而且通常情况下如果满足了前面的几个前提条件时不需要等到死亡交叉的出现就会出现卖出信号。这就是我们在运用八大法则时通常会遇到的问题，指导买卖点的不是金叉、死叉，而是股价运行的背后逻辑。

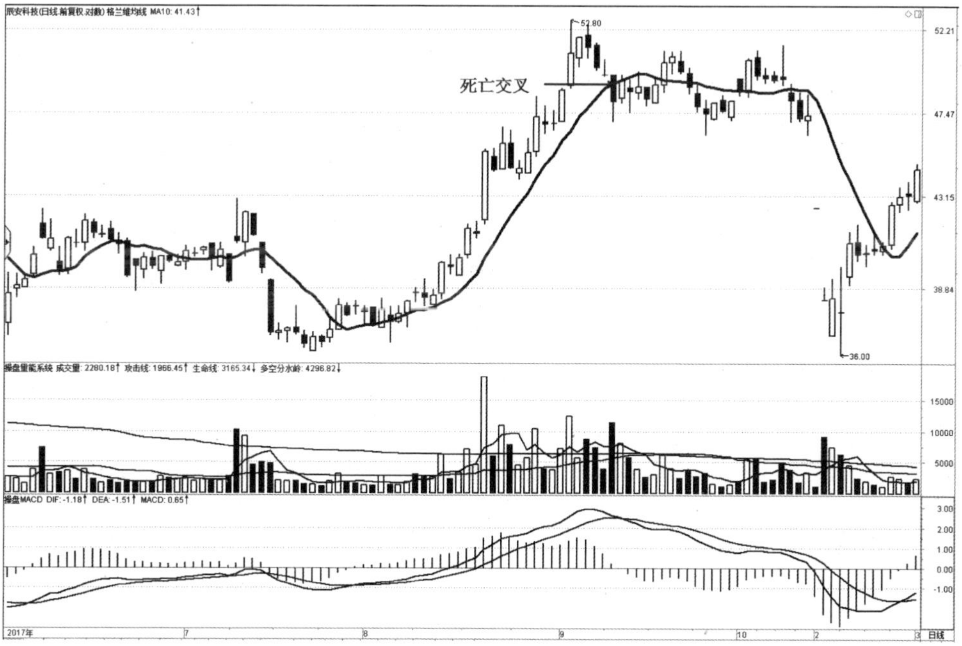

辰安科技（300523）2017 年 6 月 2 日—2018 年 3 月 1 日日 K 线走势图

辰安科技在最后一波强势上升趋势中一直维持股价在操盘线之上，从走势中可以看出股价第一次跌破操盘线之后就进入了横盘整理期，死亡交叉是一个非常好的卖点，至少保证了股价卖在了相对高位。但是如果从 60 分钟的走势图上来看，股价在最高点的位置时已经构成了非常明显的背离，此时无论是60分钟还是30分钟上出现破坏性K线都是要及时离场的信号，也就是说在真正的高位，是有办法比死亡交叉提前离场的，两者之间的利润至少会有10%的差距。

2. 回撤不过

同上升趋势中向下的回撤一样，在下降趋势中也会有向上的回撤。一旦确认了阶段性头部，股价将会以下跌为主，所以这个时候出现的上涨就是给到我们及时出逃的机会。而且如果反弹行情股价都没有站上操盘线，则说明市场做多的意愿并不是非常强烈，这是最好的减仓或者离场的机会。

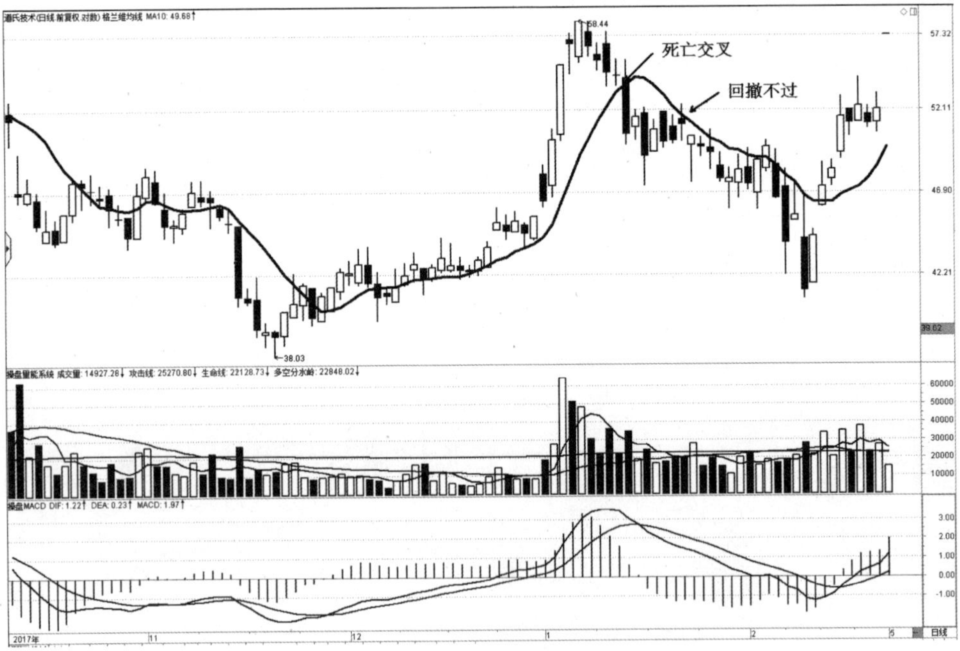

道氏技术（300409）2017年10月11日—2018年5月15日日K线走势图

道氏技术完成了一个波段的反弹行情后股价开始快速回落，先是向下跌破了操盘线形成死亡交叉，也就是第一个卖点，之后股价以横盘的方式等待操盘线向下。也就是说并不是因为股价的上涨带动回撤到操盘线，可见反弹的动能的贫乏。但是实盘的时候遇到这种情况，很多投资者还对后期走势盲目抱有幻想，其实市场已经明确地给出了走弱的信号，我们要做的是提升识别的能力和果断的执行力。

3. 小幅突破

对于小幅突破和回撤不过没有本质上的差别，只是小幅突破的诱多性质要比回撤不过更强。实盘操作的时候，一旦操盘线已经拐头向下了，股价在走出小幅突破之前一定是会走出一次黄金交叉的，但是此时股价的位置已经发生了明显的变化，已经不再是低位启动，所以即使出现带动操盘线拐头向上的大阳线，也不会构成标准的黄金交叉的买点。

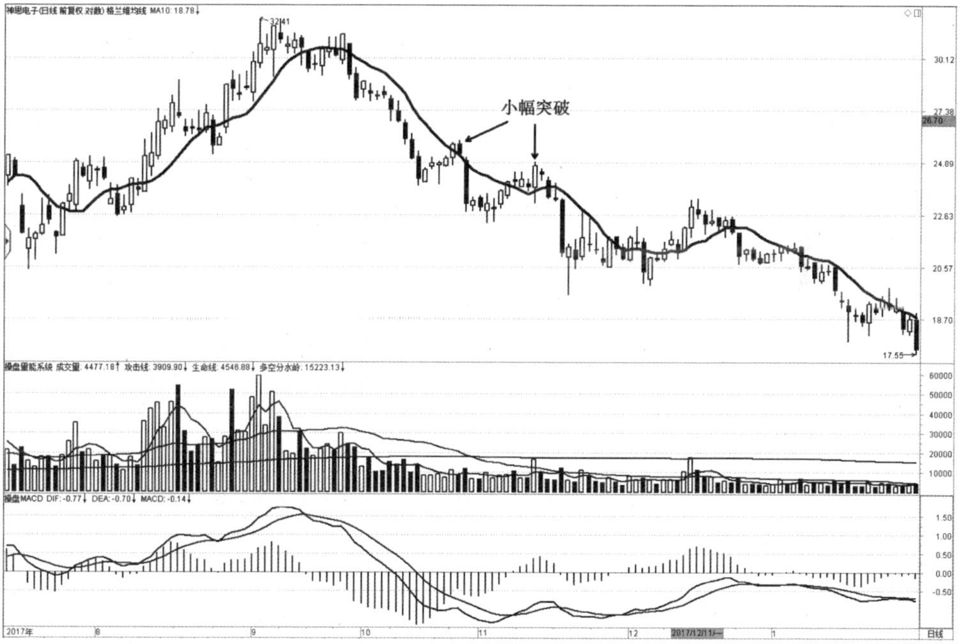

神思电子（300479）2017 年 7 月 13 日—2018 年 1 月 31 日日 K 线走势图

神思电子在下降趋势中出现过两次向上的小幅突破，第一次突破时操盘线还在向下并且没有能力带动操盘线拐头向上，所以这里不会构成黄金交叉的买点。第二次向上突破时的 K 线也非常弱，所以并没有带动操盘线拐头向上，但是因为停在操盘线之上的时间变长，导致再出现阳线的时候才带动操盘线拐头向上。其实如果单纯地依赖葛兰威尔法则来判断，这是一个非常好的买点，只有充分地结合江氏操盘的其他要素进行综合分析后才能得到更准确的判断：不是阶段性低位，没有坐底迹象，没有场外资金进场，股价上涨的意愿不强。

4. 乖离过大

当股价同操盘线形成较大乖离的时候会形成重要的卖点，但是这种卖点必须要结合其他的要素进行分析，否则会很容易错过强势股。因为市场中真正的强势股一定是在持续背离的过程中走出来的，如果你的焦点是用技术分析的标准来看待它，就一定会错失强势股。所以关于乖离过大的股票，分析的时候最好是结合盘口来看，只有出现了明显的出货盘口的时候才能够因为股价乖离过大而卖出，否则出现的乖离均是无效的。

江龙游艇在反弹的主升行情中走出了远离操盘线持续上涨的走势。四个涨停板必然会形成对多根均线的别离，但是我们不能因为股价在出现涨停板的时候却因为指标出现了背离而去卖股票，这简直太滑稽了。前两个涨停板出现时，给到我们的信号就是市场在持续性走强，并没有要卖出的信息，但是次一日走出来高开低走大阴线，和前期的涨停板相比，市场出现的抛盘越来越多，此时要引起注意，如果你没有能力判断是洗盘还是出货就先离场或者减仓。

之后股价再次走出两个涨停板，市场多头动能依然较强，直到出现跳空低开低走的大阴线。也就是说股价在真正地出现走弱信号之前，过度地关注乖离的意义不大，我们应该把焦点放在主力资金的行为分析上。

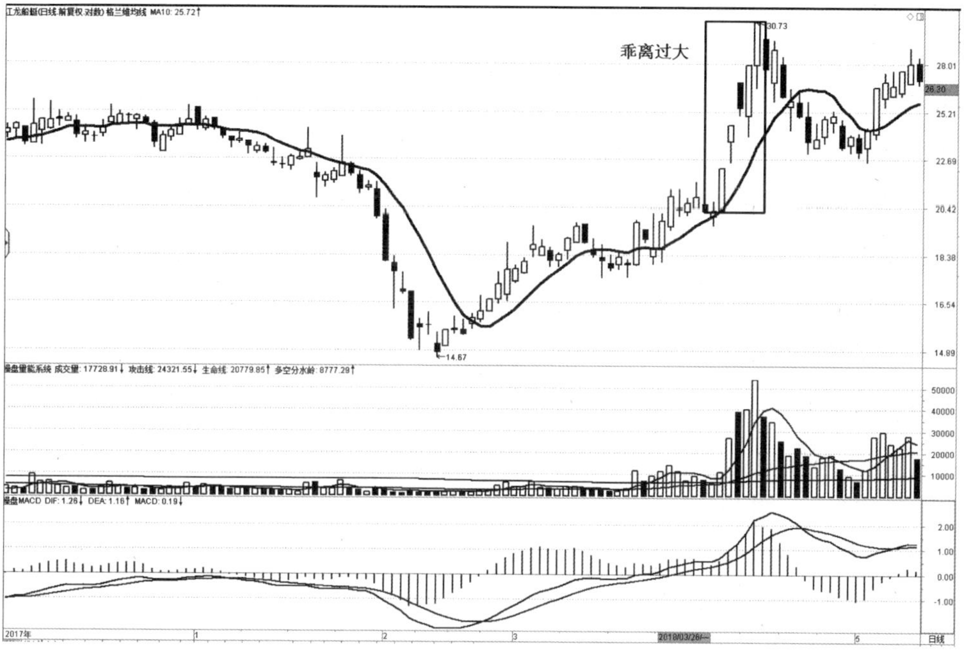

江龙游艇（300589）2017 年 11 月 30 日—2018 年 5 月 11 日日 K 线走势图

> **投资箴言**
>
> 尽信书不如无书。炒股也是一样，当你片面地相信某个技术的时候往往离失败不远了，只有学会站在人性的角度上，动态、辩证、全方位地分析股价的变化，才能够踏准市场轮动的节奏，把握好买卖的时机。

经典答疑

提问者：上海的许先生【2018 年江氏弟子班学员】

因为有太多根均线了，不同老师用的均线系统也不一样，总感觉用这个均线不灵的换一根均线就灵了，所以一直都认为均线系统看起来是非常强大，但是用起来是最没用的，因为它实在太滞后了。但是在江氏交易体系中对均线的重视程度又非常大，所以不知道该如何理解和对待这个问题。

回答者：君洁老师

在我们交易体系中一直把均线作为主力资金做盘的标尺，或者说它是主力资金做盘的一个工具。既然是工具，它能够起到的作用就取决于用它的人。其实在股价没有走出来之前，是很难确定地说股价就会遇到操盘线止跌，但是一旦股价回踩到操盘线就要引起我们的注意，因为从历史的走势中不难发现，操盘线的上下是短线多空的分水岭，所以它在大概率上会形成重要的支撑和压力。

分析股价的运行就是研究大概率事件，学各方面的分析方法也是为了让我们分析结果的准确率更高。所以股价回撤到操盘线的时候要关注这一大概率事件是否会发生，最重要的信号就是在小周期的走势上会不会率先出现向上拉升的信号。

同样的，当股价回到生命线、决策线的时候也是一样的，它为我们分析股价找到了一个定量的标准。随着你的盘感越来越强，对均线的依赖会越来越小，因为每个周期均线背后的含义以及它能够给你多少信息全部了然于心。

格兰威尔的八大法则只是均线最基础的一部分，如果想进一步了解均线可以参考《黑马在线》。

[本章小结]

本章讲述了均线对搭建我们自己的交易系统的重要性，尤其着重分析了为什么很多人用葛兰威尔八大法则的时候会失败，江氏操盘天机又是如何进行有效补充的。

均线系统：一个完整的均线系统必须同时具备短期、中期和长期均线，否则对走势的分析是不全面的，因为任何一个当下股价都会同时处在基本运动、次级运动和日常运动之中，只有对股价在三个时期的走势进行分析后才会知道股价当下所对应的运动性质和方向，以及是否会构成好的交易机会、

四大买点：黄金交叉的第一买单点，但是一定是在出现了阶段性底部后才有效，回撤不过这是最好的买点，它的稳定性和安全性是最强的，小幅跌破最容易出现在洗盘之后，所以只有在小周期出现上攻的信号后才能参与，乖离过大的买点通常不建议参与，除非是超跌之后出现涨停板才值得考虑。

四大卖点：关于卖点更应该站在主力思维的角度上进行分析，如果一定等到技术形态出现了卖点信号时一般都比较晚了。用K线能量来分析可以先于死亡交叉找卖点，回撤不过和小幅突破都是要求我们要及时离场不能有幻想的，乖离过大不能作为卖点，一定要有主力出货行为的信号配合才能确定。

[思考题]

1. 江氏操盘的均线系统对应的均线是哪些，它们背后的含义是什么？
2. 葛兰威尔的四大买点中哪个买点最好？
3. 在不同级别的行情中四大买点和四大卖点是如何呈现的？
4. 在运用四大买点和四大卖点进行买卖的时候如何配合仓位管理？
5. 均线系统需要和哪些要素结合才能够提高操作的成功率？

第六章

操盘手都玩德州扑克

赌博和博弈的英文单词都是“Gaming”，但是我们对这两个词的理解却是截然不同的，一般都觉得赌博是不务正业，而博弈却是一件高深莫测的事情。追根溯源，它们有着相同的本质：在一定条件下，遵守一定的规则，一个或几个拥有绝对理性思维的人或团队，从各自允许选择的行为或策略中进行选择并加以实施，并从中各自取得相应结果或收益的过程。

炒股是赌博还是博弈？这是本章要带领大家深入探讨的问题！

第一节 内在联系

为什么操盘手都在玩德州扑克?

其实操盘手不都是没有业余生活的，但是如果给他们找个除了交易之外的爱好可能就是德州扑克了。其实在很多城市都有一些这样的娱乐场所，他们会给陌生人提供玩牌的机会，但是这种场所用的不是游戏币，而是在所有参与者都是面对面的基础上用实实在在的人民币进行“游戏”。我没有很直接地说出“赌博”两个字，毕竟对于不能理性地处理诱惑的人来说，强行禁止是对弱势群体最好的保护方式。

交易员和操盘手一直被视为异类，这里所说的异类并不是贬义词，而是因为高收入、少社交，在我们正常的生活中很难遇到，尤其是在想找位前辈指点迷津的时候发现很多所谓的高手不再高了。但是在很多高端的德州扑克的牌局中是很容易遇到操盘手的，而且级别都是较高的，如果你对德州扑克的规则有了深度了解，和你一起在牌局中的交易员的水平是瞒不过你的。

对于交易员或者操盘手来说，在德州扑克牌局上的修炼是不可缺少的，因为这里会用更少的成本让他们懂得更深奥的投资逻辑。大多数交易员在时间很紧的情况下，依然会抽出来一定的时间花在牌局上，因为每一次参与牌局都会让他们对市场有所顿悟。全世界各国的顶级基金公司和基金经理、交易员都推荐德州扑克，因为在看似简单的游戏里面，蕴含了一个人的自律、耐心、洞察、专注、逻辑思维、随机应变等多方面的能力，而这些都是一名顶级的操盘手必须具备的。

当交易上升到哲学、心理学、行为学等学科的层面之后，就不会像一些喜欢教战法的老师那样接地气啦，但是正是这些的修炼，才决定你是否能够走上金字塔的塔尖。其实只有在我的操盘手班上才会组织大家一起玩德州扑

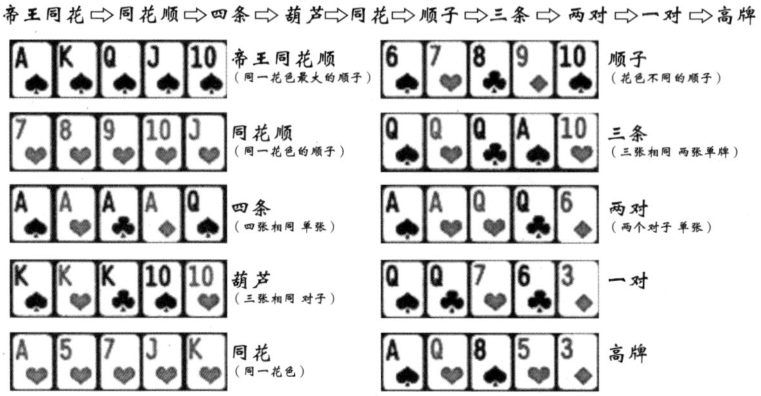

克，并针对每个人在盘局中的表现给予点评和指引，在本书中和大家深度解读德州扑克和交易之间的关系，单纯地希望在 A 股市场中处于劣势的朋友们能够日日增进，能够从周遭的点点滴滴中汲取投资大智慧。

第二节　风险类别

你在最开始炒股的时候，是不是想用十万的本金赚几百万回去？其实大部分人对市场都会有这种期待，因为他会理直气壮地说："如果我想到的是亏钱就不会买股票了。"在市场中赚钱是我们想要实现的结果，但是我们要明确的是为了实现这个结果要做好哪些准备，至少要知道，这 10 万我能够接受的亏损是多少。

面对亏损，我们大部分都很无奈，而且会刻意回避这个问题。最常见的现象就是总觉得周围的人炒股都比我好，都赚钱了，天天听到他们说手上的股票涨停板了，很少听到说亏钱了，所以羡慕不已。终于等到大神荐股了，买进去就是深套。参与交易，不是意味着我们把裁判权交给了市场或者身边的"大神"，而且要清晰地明白我们才是自己财富的主导者，我们要参与交易。

风险到底来自哪里？很少有投资者思考这个问题，因为这是一个一点都不实在的问题，没有"在什么位置可以买进"更有指导意义。但是如果你是一个

想以交易为生的人，就需要把投资这件事弄通透，并且让自己成为一位在交易过程中也通透的人。风险来自我们赋予账户里的资金所能承受的风险。

比如说，账户里的50万元是我3个月后要买房的钱，是有两种情景假设的：一种情况是还差20万的首付，我的预期是3个月时间到的时候要赚到20万而且不接受亏损；另一种情况是虽然我买房还差20万但是我清楚地知道投资的风险，股市是不会只赚不亏的，所以我可以接受的最大亏损是10万，也就是说在三个月内一旦出现10万的亏损我就会离场，去公司加班把这个10万补回来，把自己买房的时间向后延长。

如果你对市场已经有了理性的认识，非常清楚第二种情况会比第一种情况交易时更加轻松，因为你给自己留下了喘息的机会，这个机会也是你留给市场的，因为第一种情况会完全被市场绑架，股价只要有一点波动，你的小心脏就跟跳出来了一样。市场的真实走势是这样的：参与交易一个半月后，我的资金刚好亏损10%，如果我的预期是第二种我就会选择退出市场不再交易，以亏损10%的失败告终；如果我的预期是第一种就会果断止损之后继续交易，因为我已经被3个月赚20万的预期绑架了。但是这支让我选择止损的股票在我止损后立刻止跌，开始逐渐上扬，最终强势上行，也就是说我卖在了最低点。

市场永远是对的，问题在于我们是否有能力踏准市场的节奏，因为我们只是市场的一个跟随者。所以参与交易就意味着我们选择了风险，我们账户里能够接受的最大亏损就是我们参与交易的成本，如果你不想出成本就能把收益带回家，除非你天赋异禀。因为我们资金承受回撤的能力不同，导致我们必须要面对终止交易时候所面临的风险，但是这只是从最终亏损的角度上分析了风险的来源，也就是结果性风险，除此之外市场上还有系统风险、策略风险和个人风险，这三种过程性风险。

1. 第一种风险：系统风险

在交易中经常会遇到这种情况：本来通过分析和研判得出 80% 可能出现大的上涨机会，结果没有出来，尤其是在错误的判断反复出现几次后，心态一下就变坏了，导致盘中乱做，最后亏了 20% 甚至更多才停下来。在打牌的时候这种现象是非常常见的，在和我学习时间不到 1 年的学员会更多，因为自己并不是自己情绪的主人，反而被市场或者牌局所操控着。

很多投资者在股市中不得不面临这样的轮回：我经过股市数年的蹂躏后，终于摸索出了一个能够稳定盈利的模式，这个标的简直占尽了天时地利和人和，如果我不重仓怎么对得起我数年的勤奋呢？所以我决定鼓起勇气重仓加杠杆买入，但是给我留下的是多么痛的领悟：之前数年从市场中获得的所有经验都是为了成就今天的一个大坑。但是回过头来看这次交易的时候，却发现完全按照之前的模式操作了，也做到了有效执行，只是之前每次都会获利的模式这次不灵了，我找到的盈利圣杯碎了。

经典牌局

今年 3 月份在我们上海的教室里，经典的场面再一次发生。在一次牌打到最后时，只剩我跟一个学员单挑了，还有最后一张牌要发，台面上已经有 3 张草花了，我手上也有两张草花，其中最大的那张是草花 Q，我已经成花了。而我的对手还必须再发一张草花才能赢我，他手上两张牌一张是没有用的杂牌，另一张是草花 K。

整副牌一共只有 13 张草花，现在我们两人已经拿走了 3 张草花，台面上也发出来 3 张草花了，那就是还有 13 - 6 = 7 张草花，而一副牌去掉大小王一共 52 张，8 人的牌局，起手牌发掉 16 张，公共牌发掉 4 张，削牌发掉 3 张，最后一张牌是从剩余的29张中发出，如果前面弃牌的12张里没有一张草花，那么他赢我的最大概率是7/31 = 22.5%，我的赢面是超过77.5%，而前面12张中没有一张草花的概率更是微乎其微。

然后在发最后一张牌前，他还可以叫一次注，他问了我一句，你还有多少钱？我回答一共5万（筹码币），他说那好吧，我就下老师全部的钱，5万！我不需要任何深层次的思考只需要1秒就可以确认他是在作弊，他现在手上的牌几乎没有可能比我大，但他通过巨大的下注，却实实在在给了我巨大的压力，因为他直接压了我台面上所有的身家。虽然我早已确定他是在作弊，希望通过巨大的金额逼迫我弃牌从而拿下桌面上总数超过12万的筹码。无论是交易还是玩牌，能够给我们带来收益的一定是那么几次可以给我们带来大幅收益的机会，一旦错过不知道要等到多久，我确定当时手上的牌就是我当天会给我带来大概率赢面的机会，所以我果断叫Call。（游戏规则：此时我们各加5万的筹码，因为这是全部的筹码，所以双方可以先看底牌，但是最终的输赢还是在发完第五张公共牌才能决定。）

开牌后发现他只有一个K，我自然相当高兴，因为知道我赢的概率是他赢的概率的4倍，但是此时我也略有一些担心，毕竟还有20%的概率，一旦小概率事件不代表不可能发生。2秒后最后一张牌发了出来，真的就是一张草花！

我在概率、判断、计算、胆量等所有方面全部没有犯错误的前提下，却得来了失去一个爆仓的结果，而这个是用成为当天最大赢家的概率换来的，而这整个事情的发生前后不过3分钟！只要参与交易，就要承担它所带来的风险，因为想完全规避风险就是存银行，而对于一名职业的操盘手来说，陷在前面败局的情绪里的时间最多几分钟，这是同普通交易者最大的区别，所以我重新兑换好筹码，进入新的交易中，当天游戏结束时我把上一局亏掉的全部赢了回来。

虽然前面的事情从概率的角度上来说是小概率事件，但事实上在每一轮牌局中都会遇到过，很多学员一旦碰到这样的情况经常会在心态失去控制，导致出现非常可怕的结果，直接在接下来的10分钟就可以让你再次输10万。

系统性风险是不以我们的意志为转移的，是在一个游戏制定之初，就由它的游戏规则所赋予的。系统性风险有以下的特征：不可避免，始终存在，还有就是赢亏同源！大家可以简单地设想一下，如果假设那个人一样的牌，一样的打法，我们一共玩5次，那是不是可以说我获得利润的原因与获得亏损的原因是一样的，这就是我们参与交易必须要承担的系统性风险，也就是赢亏同源。

君洁老师就是学数理统计的，大学毕业后也花了近3年的时间研究市场机会的概率问题，但是总是发现，在理论上得到非常好的结果后，在实际操作时基本没有办法实现。而且这是在系统风险没有发生的情况下，而且她那时也觉得可以通过理论上的大概率策略驰骋牌场，结果当然是以失败告终，因为市场还有两种不可忽视的风险：策略风险和个人风险。

2. 第二种风险：策略风险

关于解决系统性风险的问题，最好的策略就是对冲，对冲得越完全风险就越小，但是随着市场有效性逐渐变强，大家发现对冲的结果就是获得的收益还不如银行存款。所以承担系统风险是为了在它没有暴露之前能够获得超额收益，而不是为了把所有的系统性风险全部规避掉。所以你想暴露多少的系统风险，就是你要依赖投资策略换取超额收益的部分。

虽然系统风险给德州扑克带来了非常大的风险，但是并不妨碍它成为世界上最伟大、最流行的博弈游戏，其原因就是玩家可以通过策略来获得超额收益，所以策略的好坏是决定玩家收益千差万别的根本。

用简单的话来说，策略型风险就是指我们每个人所采用的不同的交易模型，比如说有的人用5、10均线金叉作为交易模型，这就是一个非常简单的策略。用5、10均线金叉可以作为交易的信号，但是我们要明确的是每次交易的时候必然要承担金叉后快速死叉的风险，或者说在主升行情启动的时候这个策略是管用的，在横盘期间是失灵的，而在走出主升行情之前大部分人是没有能力判断当下是主升还是震荡。

通过对200只股票最近两年的走势分析和统计后发现，5、10均线金叉作为买点的成功率有51%，而且一旦成功后的利润空间是止损幅度的三倍以上。也就是说单纯地从数理逻辑上看，这是一个非常好的策略，但是当你开始实盘交易的时候却发现它让你亏得很惨。对历史数据和标的的选取都是具有一定的人为选择性的，所以策略在评估开始时就出现了问题，导致了策略较差的适用性。

江氏操盘最大的核心点就是洞察主力行为，所以通过对我们系统的学习会在策略上取得较大的优势进而尽量地去避免策略风险。我一再和大家强调，主力的行为是反人性的，所以A股股民最大的痛苦就是在和主力的博弈上，总觉得自己被骗了，但是其实是因为自己的策略出现了问题。比如说我们通过对各种信息的分析后判断股价会继续延续强势的上升趋势，但是主力资金偏偏来次快速打压进行洗盘，而且洗盘的极限是在散户心理能够承受的极限，所以大家都选择在这里出逃，这个时候我们就正中下怀，导致最终被策略！

因为能够控制股价的一方在我们觉得该买的时候他卖，在我们觉得该卖的时候他买，所以总是给我们一种摸不准套路的感觉。我们一旦觉得自己看穿了主力的意图就会大大提高我们参与交易的信心和决心，但是结果却依然会有很大的差异。因为策略是有优劣的，其所带来的风险必然也是有优劣的。

所以散户亏钱是正常的，因为不但自己没有策略，反而经常被别人策略了。前面分析过系统风险，已经让在市场中拼搏的小散户苦不堪言了，再加上策略风险，更是大大地降低了赚钱的概率。

3. 第三种风险：个人风险

存在前面两种风险，散户不禁感叹自己是多么地可悲，但是其实隐藏在这两种风险背后还有更大的风险，就是我们自己。我们什么遇到最多的是亏钱怪市场的，因为觉得是股市让他亏了钱，但是没有想明白是谁让他参与买卖的。市场没有招惹你，它按照它自己本该存在的规律存在着，而我们自己偏要在其中分一杯羹，就要承担分不到时候的风险。

相比前两种风险来看，个人风险似乎更容易规避一些，毕竟这是由自己决定的。但是世界上最难的事情是与自己和谐相处，因为知易行难，很少有人可以真正地做到知行合一。因为人性的弱点，就是很多时候不能够客观地看问题，老是会主观臆断，是偏离事物发展的根本规律的，那么又如何能够获得如预期所料的结果呢？

就说前面玩牌的故事，如果我输了这把牌后心情难以平复，对自己的控制力又稍微差一点，等我换好筹码再回到牌桌上很可能就是一顿乱下注，最后把新的筹码全部输光。市场永远是不可战胜的，当你想要战胜市场、凌驾于市场之上的时候，就已经确定了你必输的结局。玩德州扑克的人都会遇到心态不好的时候，我也是，尤其是刚进入市场那几年，因为之前的几年实体生意的得意让我对股市并没有该有的敬畏，所以在每次桀骜不驯地对待市场的时候，它都会给我响当当的教训。所以说这个市场的高手都是亏损堆出来的，因为只有在一次次亏损和失去后才会反思、才会顿悟。

和我的学员一直都有强调，心态不好不是交易亏损的理由，因为一定是你的技术或者心性的修为还不够，当你已经具备了需要你立足于证券市场该有的特质时，虽然你还会有亏损，但是已经不会让你对市场有所怨言和疑虑。对于德州扑克的高手，一般可以在 1 – 10 分钟以内就平复心情，因为我们知道发脾气对事情的改变，根本没有任何帮助，只会让人有机可乘。交易也是如此，尤其在做 15 秒中的股指期货交易时，如果你不能够在几秒的时间内从上次交易失败的失落或者获利的喜悦中出来，下一秒市场会给你响当当的教训。

无论和哪位老师学习，除非你能够真正地意识到个人风险并且能够积极去规避，你才能够成为市场中的大赢家，否则最多成为一个搬运工，常年陷在交易的旋涡中，却就是看不到收益的增长。在第四节力挽狂澜中会和大家强调心灵力量的重要性，但是如果你对能量场和意愿的力量没有深度感受，建议跳过第四节，因为你会对本书前面所讲的东西产生怀疑，你会觉得世界本应该是唯物的，怎么可以唯心？但是事物的变化都是辩证的，哪怕是我们自己和事物的关系也是如此，只有愿意正视这种关系的人才会成为真正的赢家。

关于人为风险最典型的特征就是明明理论上都可以避免，但是由于自己操作上的失误直接导致亏损。区分职业操盘手和非职业的标准就是看他是否还处于主观性交易阶段，只有突破这个阶段的才有晋升到高级操盘手或者高手的可能。

第三节 资金对垒

如果你参加过各种资金级别的德州扑克，你就会感觉到资金优势无处不在。在一轮同样资金级别的游戏中，如果在前 5 轮的游戏中有人占据了资金优势，无论是运气好还是有策略优势的原因，会直接导致他在这个牌局中的优势。比如 8 个人的牌局，每人 10 万的筹码，如果在前 5 局有人的筹码数到了 15 万，此时一定有人的筹码即将少于 9 万，甚至会少于 8 万。如果手上有 15 万筹码的人，在手上的牌相对不错的情况下一旦叫出了 4 万的金额，其他人是很难跟注的，因为 4 万对于他来说只是收益的一部分而已，但是对自己来说却是手上所剩本金的一半了，除非有足够的胜算，否则基本会选择放弃。此时即使所有人都不跟注，这个人也可以获得彩池中的全部筹码，很可能三次下来就会变成 20 万，而此时可能就会有人因为筹码不足而被淘汰出局。

比如牌桌上还有我和你两个人，此时我的筹码是 15 万，你的筹码是 8 万，我手上的牌是一个方片 Q 和一张梅花 7，已经发出的三张公共牌是黑桃 9、红桃 Q 和方片 2，彩池中的筹码是 2 万。此时可以得到的信息是你能够成同花的概率几乎为 0，成顺子的概率也很小，除非你手里有对 A、对 K、对 9、对 Q、对 2，否则你能够赢我的概率就小之又小。

此时后面的两张牌非常重要，如果双方的底牌没有决定性优势，那么后两张牌的大小或者是否能够出现对子就是输赢的关键，此时对于已经处于资金劣势的玩家要想办法获得看到后面两张牌的机会，因为拥有资金优势的一方将会直接决定要不要给你看牌的机会。

此时具有资金优势的一方会有几种可能：手上的牌还可以，但是后两张牌看过后会增加对手赢的概率，所以会选择速战速决，最好能够把彩池里的钱拿到自己手里，所以此时最好的办法就是通过叫较高的筹码把对手吓到，让对手知难而退，进而达到自己恐吓的目的。还有一种情况就是手上的牌非常好，但是只有一个人参与游戏，想从他那边赢更多的钱，最好的办法就是不能让对方感觉到自己手上的牌很强势的前提下尽量地加大筹码，以实现提高自己收益的目的。

资金的优势在德州扑克的竞技中是非常明显的，而且玩家有很多机会和彼此进行沟通，所以很容易获得不同资金情况、不同策略结果的情况下每位参与者的心态发生了什么变化，但是在股票市场中却很难。和我们交流最多的是周围和我们一样亏钱的散户，因为我们很难遇到主力，其实玩德州扑克也基本上是水平相差不多的人会交流更多，水平相差较多的玩家之间的交流并不多，为了让自己能够和更高级的高手交流我们一定要不断提高自己的水平。

股票中资金的博弈是更加赤裸裸的，最明显的就是在上升趋势中的大阴线和下降趋势中的大阳线，只有在市场中具有相当资金优势的人才能够引导或者做出这样的K线，因为单纯的散户资金是分散的，是很难走出逆势运行的信号的。如果你在上升趋势中本来是想坚定持仓的，但是遇到了大阴线选择离场的概率特别大，因为你的资金有限，面对形态被破坏，你更多地会选择暂时规避风险，但是在你快速把手上的筹码全部卖光之后就会发现自己卖在了最低点。

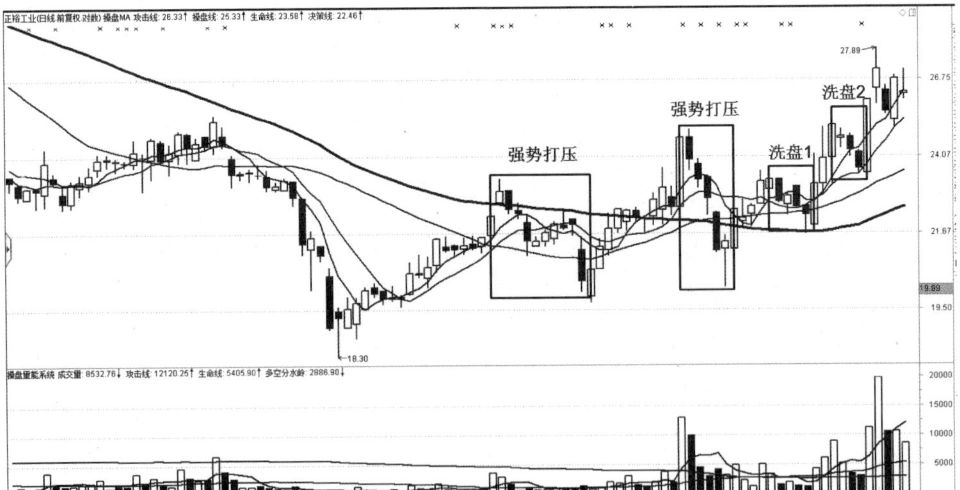

正裕工业（603089）2017年12月25日—2018年5月18日日K线走势图

在正裕工业的坐底阶段，股价经历了反复的拉升与打压。图中有标注出来两次强势打压，并没有标注成洗盘，因为第一次强势打压之前没有明显的场外资金进场的信号所以不能确定是洗盘，第二次的强势打压幅度太深也不符合洗盘的标准预期，但是在这个过程中技术系统得到了充分修复。我们要明白的是股价的剧烈变化一定是因为有强势资金的引导才会出现的，也就是市场的一致性做多的时候才会有大阳线、一致性做空的时候才会有大阴线，我们的资金处于劣势，又不知道后期股价的方向，所以只能尽力在股价的上蹿下跳中找到规律。

第四节　力挽狂澜

在对三种风险进行了深度阐述之后，相信你对于市场的认知又上了一个全新的台阶，你会重新审视这个市场，审视你自己，审视每一次交易。但是现实的情况是无论你多么地想从市场、想从牌桌上赚到钱，但是现实总是和你预想的有所差距，仿佛市场就是喜欢和你作对，尤其是在熊市的时候，老是没有办法克制自己想要进场的欲望，虽然自己也明确我的盲目进场很可能会被市场吞掉但是还是忍不住想参与。在牌桌上也是如此，明知道受伤的牌胜率不大，但是总想试一试，“万一别人比我小呢，万一别人能被我吓住呢”，现实是每次我们有这种念头的时候市场就会给我们响当当的教训。

君洁老师在 2018 年只玩过一次德州扑克，她说这次的收获最大的是明白了信念是如何产生的，信念能够带给我们多大的力量。在那次牌局中，她的牌没有非常特殊的表现，也就是一直处于大熊市中，其中尝试了几次但是都没有获得较好的收益。牌局接近尾声，剩下最后的两轮，此时她手上还有一半的筹码，也就是说如果在这两轮中如果她不获利当天的游戏就会以失败告终。所以她把所有的注意力收了回来，拿走旁边的零食而且不再说话，把所有的思绪都集中在还在参与有游戏几个人的状态中，根据三张公开牌和每个人的性格在推演自己该如何下注。其实大家都知道游戏即将尾声，前期获利较多的人基本不想参与了要保住自己的本金，但是牌桌上还剩下几位都是亏损的，都是把希望寄托在最后的两轮牌上的，大家都做出了孤注一掷的打算，所以毫无依据地把筹码的额度提高了，她淡定地跟了注，因为她已经有了一对 10，根据对另外几位玩家的状态判断他们手上的牌是不会打过她的，她要做的是让大家把筹码先交出来一部分，下一局只要不出现大于 10 的牌她就要收场，否则等到第五张牌出现大于 10 的牌的概率会大大增加。

第四张是一张红桃 3，而公共牌中只有一张 3，最大的是方片 10，因为不确定其他人手中单张的数字，此时她选择了收网。她跟了前面的注后选择了 ALL IN，因为自己之前稳健的性格别人对她已经比较了解，就是在没有大牌的情况下是不会这么激进的，所以别人相信她的手上至少会有两对。所以大家都决定退场了，彩池中的筹码全部归她。但是处于好奇大家一起看了第五张牌是一张 A，而刚才腿长的 3 位中有两位底牌有 A。

她是这么分享的：在那轮牌中，我只有一个目标就是要拿下彩池中的筹码，但是当然不能用抢的，我需要对每个人和彩池有足够的关注和分心，我相信大家的计谋不会逃过我的眼里，最重要的是我必须等到 3 位大户全部撤出后才有机会，他们不撤出我是不能和其他小户叫板的，因为这时我才是相对的大户。在对整个牌面和剩下几位参与者做到充分分析后，我知道这轮我必赢，那种强烈的信心和坚定是从来没有过的，因为就在那几分钟内我知道整个局面完全在我的掌控之中，我对每个人接下来的行为是分明的，所以最终这轮我赢了，而且拿回来了我当晚所有的亏损。

信念和信心不是盲目的预期和希望，而是当你专注一件事后，对各方信息都了如指掌后的分明。当你进入到这个状态的时候，一切的发生都不会让你意外，都不会让你不知所措，你能够坦然地面的这些，因为眼前所发生的一切都只是之前发生的结果而已。

投资箴言

交易最吸引人的地方，就是不确定性，就像拳手永远不知道对手先出左拳还是右拳，你只需要做好防守和进攻就行了。交易的过程中是可以追求完美的，但是交易做到什么程度可以称得上完美？在你可以坦然地接受不完美的时候。

[本章小结]

内在联系：德州扑克一直被交易员津津乐道，因为其所蕴含的风险、策略逻辑是相通的。如果你还在成为优秀的操盘手的路上，可以通过适当地参加德州扑克积攒对人性上的感悟。

风险类别：系统风险是不可规避的也不需要规避，因为你规避它就也在规避利润；策略风险是决定我们是否能够获得超额收益的关键；个人风险我们一定要规避，因为它本身并不能给你带来利润，但是却会吞噬你的赢利。

资金对垒：大鱼吃小鱼，小鱼吃虾米，股市和德州扑克的牌局都是如此。大资金在掌控一切，小资金很难有上桌的机会，而小资金又不得不逐渐消耗存在于市场之中必然要支付的成本，比如佣金，比如为了看下一张牌必须跟的筹码。

力挽狂澜：无论是股票交易还是德州扑克，我们必须而且只能抱有一个目标，就是赚钱和获利，但是我们要清楚地知道希望和信念的差别。如果这个目标只是你的希望，结果一定不如人愿，但是如果这个目标已经变成了你的信念，那么它会在你焦灼之战时给你无穷的力量。信念来源于你对市场孜孜不倦地探索、积累、总结、实战……

[思考题]

1. 德州扑克和炒股的关系？
2. 还有哪些赌博游戏和炒股的关系大？
3. 投资的风险有哪几类？
4. 你是否已经有了应对各种风险的办法？
5. 股市有风险，我们还要参与吗？该带着什么样的心态参与？

思考题答案

在本书一些章节的最后会留下了一些问题，读者翻看此页的目的一定是迫不及待地寻找答案来了。我只能非常遗憾地告诉您，这一页给不了您想要的答案，哪怕是我们见面也无法给您明确的答案。或者您可以选择向一些在这个市场上已经有很深造诣的前辈来提问，但是我敢保证他们也无法给您一个标准的答案，因为对于每个人都会有不同的答案。

那么怎么样才能找到属于我们自己的答案？只有通过学习对这个市场有了充分的研究和洞察之后，并建立了自己的交易体系和交易模型才是最好的答案。而且还要解决思维层面上的问题，股市是一个弱肉强食的战场，想在这个市场上成为赢家，一定要养成强者的思维——主力思维。

无数的投资者在这个市场中前仆后继，甚至在这里摸爬滚打了几十年，但是依然不知道每次交易为什么赚钱，为什么亏钱。时间只是增加股龄，却没有改变自己在这个市场中追涨杀跌的散户思维，更没有站在一个庄家运作这只股票价格的高度，去斟酌每次交易决策是否顺时顺势。

江氏操盘体系是在市场中经过了无数次实战印证的，愿意同本人一起将这套体系进行拓展的同仁越来越多，大家都认为我们应该帮助更多想在这个市场中破风斩棘的有缘人，所以我们会将江氏操盘体系全部的内容通过书籍、培训等多种方式发扬光大。阅览本系列丛书不一定帮您在这个市场上有所作为，但是一定会让执着于这个市场的人少走弯路。

这是一个需要有前辈指引方向的战场，但更是需要自己潜心研究、做好充足的战前规划和部署的战场，愿本系列丛书能够帮您在股票投资这条道路上有所斩获。

后　记

当您看到后记时，即使没有对本书的内容有深度研读，也一定有了初步的了解。我们整套书籍是为想要长久在市场中有所斩获的投资者和操盘手准备的，越是深入了解对您认识这个市场和走近这个市场越有帮助。但是大家要明白一个道理，持续、稳健地盈利是需要长时间基础知识的累计和操作经验的积累才会实现的，而非一蹴而就的。任何想要在市场中快速一夜暴富的思想都是幼稚的，流星容易恒星难，很多投资者都是抱着先赚点钱再学习的态度，殊不知没有渔网能够捕到鱼的概率小之又小。

从 2015 年 5178 的高点之后，整个证券市场进行了一次大洗牌，市场的运行模式都在变化。一些机构的操盘手越来越年轻，从之前的 60 后、70 后逐渐向 80 后甚至是 90 后转变，思维方式更加活跃和激进，市场上爱学习的股民越来越多，所以经常会形成一致性的支撑和压力，而主力操作时就是要破坏这种支撑和压力。

证券投资的学习分为术、法、道三个层次，如果投资者的学习是关注在术的层面很难应对市场的变化，这也就是很多投资者学习的一些交易模式一段时间可以盈利但是换一段行情就开始亏损的原因，只有晋升到法和道的层面上才会有能力应对市场的千变万化。

最后，非常感谢北京大学中国金融研究中心证券研究所吕所长在百忙之中抽出时间为本书作序，感谢我的助手曲君洁对我们培训的材料进行整理和归纳，并从市场中搜集了最新的案例，才能促使本书的顺利出版。同时，也要感谢我的父母和我的爱人贾红秀、女儿孙艺玮和儿子孙乾翔对我从事这个行业的支持，感谢中国经济出版社的丁楠编辑及所有工作人员对本书出版的支持和付出。更要感谢阅读完本书的您，如果您对本书有任何意见或者建议欢迎同我们联系，我及我的团队的所有成员欢迎您的指正。

江海老师已出版图书

买在起涨
K线组合利器
江海 著
江氏K线解读

涨停聚金
短线操作利器
江海 著
江氏短线解读

趋势为王
波段操作利器
江海 著
江氏波段解读

庄散博弈
盘口识庄利器
江海 著
江氏盘口解读

黑马在线
均线实战利器
江海 著
江氏均线解读

价值爆点
牛股挖掘利器
江海 著
江氏选股解读

股市立论
与财富革命
STOCK MARKET